JN014967

知的キャンパスライフのすすめ

—スタディ・スキルズから自己開発へ—

第4版

金沢大学「大学・社会生活論」テキスト編集会議 ●編

学術図書出版社

はしがき

本書は，金沢大学の共通教育科目において1年の前期（2016年度より第1クオーター）全学必修で行われる「大学・社会生活論」のテキストです。また，本書に基づいて，「大学・社会生活論」のeラーニングによる理解度テストが出題されます。それらについて少し説明し，「はしがき」としたいと思います。

「大学・社会生活論」は，2006年のカリキュラム改革の際に，高校から大学への橋渡しをする導入教育（導入科目）の一つとして初登場した授業科目です。このような授業科目が新設されたのは，次第に高校から大学への転換がうまくできない学生の増加が目立つようになったからです。

導入科目新設に当たってまず検討されたのは，多くの大学が行っている新入生向けのゼミでした。これはこれとして実現し，1年必修の「初学者ゼミ」となりました。しかし，その検討過程でわかってきたのは，かなりの大学でゼミの名の下にスタディ・スキルズや学生生活のガイダンス，時にはキャリア教育的な自己開発の授業なども行われているということでした。たしかに，大学にうまく適合できないケースをみると，これらの必要性は高いと思われましたが，これに時間が取られてしまうと，学生が自ら考え・調べ・発表するゼミ本来の良さが失われてしまうという懸念もありました。そこで考えられたのが，スタディ・スキルズや学生生活ガイダンス，キャリア教育などを分離して，別の導入科目の授業を立ち上げることでした。

カリキュラム改革でもう一つ問題になったのは，大学がその教育理念として掲げる「国際感覚と倫理観を有する人間性豊かな人材」の育成に合致する授業科目，たとえば環境・人権・健康・職業倫理などの今までとは違う新しい教養の授業を，すべての学生に提供するのがむずかしいという点でした。とくに健康以外の分野では担当可能な教員が少なく，いくつかの授業は立ち上げられても，約1,800人もいる1学年全体をカバーするのは不可能でした。それでも理念として掲げる以上，学生たちにそのエッセンスだけでも提供すべきだと思われました。エッセンスを聴くことで興味を持ち，モチベーションを持って個別の新しい授業を取ってもらえるかもしれない，という導入的効果も期待されました。そこで，上記の導入科目のなかに新しい教養のエッセンスとなる授業を組み込むことが考えられたのです。

こうして金沢大学独自の導入科目，「大学・社会生活論」は生まれました。そこにはこの金沢大学が展開しようとしているさまざまな教育の基礎部分が組み込まれ，大学4年間（6年間）に身に付けてほしいことのメッセージが詰め込まれています。

ただ，実際に授業を始めてみると，個々の授業が一過性のものとなっているのではないかという懸念が生じました。授業資料などをきちんと残すようにポートフォリオの作成を促しましたが，どこまでしっかりできているかは不明確でした。また，学部ごとにクラス編成をしたのですが，学部固有の新入生に伝えたい内容が存在するため，全学的に必要と思われる授業内容の一部をカットせざるを得ない場合もありました。これに加え，大学を取り巻く状況の変化から入学当初の学生に伝えたい内容は増える傾向にありましたし，2008年度には従来の8学部から16学類に大学が再編される関係でクラス数も増やさなければならず，担当者の確保がよりむずかしくなりました。そこで考えられたのが，テキストの導入とeラーニングの利用でした。

テキスト導入のねらいは，予復習可能にして授業の理解度をあげること，形に残るようにしてその後も利用できるようにすること，にあります。しかし，それだけではなく，eラーニング利用との連携も意図されています。つまり，eラーニングでは一部内容のビデオ授業と，「大学・社会生活論」の理解度確認テストが行われます。ビデオ授業の内容はテキストに含まれており，これによって授業がわかりやすくなるようになっています。また，冒頭にも述べましたように，理解度確認テストはこのテキストに基づくことになっています。それは，実際の授業では行われずテキストにしかない内容も出題されるということです。このことで各学類の必要性でカットされた内容も，すべての学生が学習しなければならないことになります。そこが大きなねらいなのです。つまり，このテキストとeラーニングによる理解度テストを通して，金沢大学の学生であれば誰でも獲得しているはずのスタンダードな知的技術と知識の確立が目指されているのです。

私たちは，このテキストが学生のみなさんのキャンパスライフにとって必ず役に立つと信じています。それゆえに，タイトルも「知的キャンパスライフのすすめ」としました。

学生のみなさんには，ぜひじっくりとこのテキストを読んでほしいと思います。すでに知っていること，わかっていることも当然あると思います。それを確認することも大切なことです。また，大学ではこんなこともできるのかと初めて気づくこともあると思います。それをきっかけに新たな自分を開発していってもらえたら幸いです。「大学・社会生活論」の授業とテキストを出発点にして，皆さんがよいキャンパスライフを送り，社会に巣立っていってくれることを願っています。

なお，本書が成るに当たっては，金沢大学共通教育委員会の多くの委員の方々や「大学・社会生活論」の授業担当者，及びいくつかのFD等に参加された教員の方々との意見交換がありました。また，具体的な原稿の作成では，実際の執筆者以外に，それ以上の数の教職員の方々や，外部の石川県消費生活支援センター・日本自動車連盟（JAF）などのみなさまの助言・支援がありました。一々氏名を挙げませんが，ここに記すことで感謝の意を示させていただきます。最後に，遅れに遅れた本書の入稿を辛抱強く待っていただいた学術図書出版社の杉浦幹男さんに感謝し，この拙い「はしがき」の筆を擱きます。

2008年2月　　　　金沢大学「大学・社会生活論」テキスト編集会議

代表　　古畑　徹

目　次

第1章

はじめに

1.1 「大学・社会生活論」のねらい

—「生徒」から「学生」へ

1.1.1 君たちは＜教える側＞にいる

このテキストを使って行う「大学・社会生活論」は，新入生の皆さんに対し，大学生活をできるだけ早く軌道に乗せられるようにサポートをしながら，有意義で充実した大学生活を送るために必要な知識・情報を提供し，自分の将来イメージを形成してもらおうとする授業です。このような授業を企画した一番の理由は，大学生活が高校までのそれと大きく異なるからです。

大学生活と高校生活とでは，いったい何が違うのでしょうか。探せばいくつも見つかると思いますが，絶対に落としてはいけない根本的な違いは，＜世間＞からの呼ばれ方です。つまり，高校生までは「生徒」でしたが，大学に入ると**「学生」**と呼ばれるようになるのです。では，「生徒」と「学生」の違いはわかりますか。試しに国語辞典を引いてみましょう。ここでは『広辞苑』（第五版）の例を挙げます。

> 生徒＝学校などで教育を受ける者。とくに，中等学校（中学校・高等学校）で教育を受ける者。
> 学生＝学業を修めるもの。特に大学で学ぶもの。

違いのポイントは，自分が置かれている位置です。「生徒」では，学校が与えてくれる教育を受ける側，つまり受け身の位置に自分がいます。これに対し，「学生」では，学業を修める主体の位置に自分がいます。つまり，「学生」の意味のなかには，「自分から進んで」という積極的な姿勢が含まれているのです。したがって，「学生」になった以上，皆さんには，自分で疑問を持ち，自分で調べ，考え，問題を解決するといった**＜攻めの学習＞姿勢**が求められているのです。

では，なぜ「学生」になると，急にそのような＜攻めの学習＞が求められるのでしょうか。その解答のヒントは，「学生」になったことで初めてできるようになったアルバイトにあります。「生徒」ではできないが，「学生」だとできるアルバイト。それは塾講師や家庭教師などといった「教える」側の仕事です。つまり，あなた方は「学生」となった段階から，「教えられる」側から「教える」側へと，その位置がシフトしたのです。

ここで，自分の20年後を想像してみてください。いろいろな道があると思いますが，おそらくその多くは，その仕事の場・生活の場で中堅以上のポジションにいる自分ではないでしょうか。それは皆さんが思っているだけでなく，＜世間＞が期待していることでもあります。＜世間＞は「学生」に，将来の社会を担う中核としての存在，いいかえれば社会のなかで「教える」側のポジションに就くことを期待しているのです。とりわけ，金沢大学の「学生」には，そうしたなかでのリーダー的な位置が期待されています。それゆえ，金沢大学もその教育目標として「リーダーシップを発揮」できる人材の養成を掲げているのです。

こういう期待を負っているからこそ，塾講師や家庭教師といった「教える」側のアルバイトが成立するのです。当然まだ「教える側」として＜一人前＞ではありませんから，正確には「教える側」の＜予備軍＞だといえるでしょう。しかし，たとえそうだとしても，皆さんが「教える」側への道に足を踏み出したことに変わりはないのです。

自分が「教える側」の存在だということに気がつくとき，そうした人が受け身であってはならないことは容易に想像がつくでしょう。そして，＜攻めの学習＞の必要性もわかってもらえるだろうと思います。

1.1.2　＜攻めの学習＞者になるために—スタディ・スキルズの必要性

しかし，長い間受け身の勉強を続けてきた人が，急に＜攻めの学習＞者に変身しようとしても，どうしたらよいのかわからないのが普通です。そこで必要となるのが，＜攻めの学習＞に必要な**スタディ・スキルズ**（学習技術）の習得です。これが身に付いているかどうかで，その後の学生生活が大きく変わります。また，スタディ・スキルズは，卒業後にどのような道に進もうとも必ず役に立つものです。この習得のサポートが，この「大学・社会生活論」の授業でまず行おうとしていることです。

大学で「学ぶ」ためには九つの力が必要だといわれます。「聴く」「読む」「調べる」「整理する」「まとめる」「書く」「表現する」「伝える」，そして「考える」です。簡単にそれらを解説し，それと授業で行うスタディ・スキルズとの関係を見てみましょう。

まず，**「聴く」**。「聴く」とは，「聞こえるものの内容を理解しようとして進んで聞く」ことです。大学の学びはまず講義を「聴く」から始まるわけで，これこそが＜攻めの学習＞の基礎といえるでしょう。たとえ授業に出たとしても，教員の話を90分間ぼーっと聞いていたのでは，時間を無駄に過ごすだけでなく，そこから大学そのものがいやになってくることさえあります。授業への積極的な姿勢を維持するには，心構えだけでなく，高校とは違う技術が必要です。そこで，「聴く」に関わるノート・テイキングを第2章の最初に置いてあります。

「読む」も，今までとは異なって学術的な本や論文を読むことが大幅に増えます。学問は，ある事象・現象に対して，それがなぜ起こるのかといった疑問からスタートするものであり，そこから論理的に物事を考えていきます。したがって，学術関係の書物は，一連の筋道がきちんと立てられて書かれています。「読む」のポイントは，掲げられた疑問と，その論理の筋道をきちんと把握することですが，それができるようになるにはそのテーマとなる事実や現象，それらを取り巻く背景をまず知らなければなりません。読み方や基礎知識にはそれぞれの学問固有の要素もあるため，このテキストでは特に「読む」についての章は立ててありませんが，日頃の授業がそうした訓練と知識獲得の場であることを認識してもらえればと思います。

「聴く」「読む」を積極的に行っていけば，自ずとわからないことが出てきます。高校までは，そのような場合に先生に聞くのが一般だったと思います。大学でも教員に質問することはよいことですが，学問的な疑問はそれだけで解決するほど簡単ではありませんし，教員も直接的な答えより「調べ方」を教える方が多くなります。専門になって増えてくる演習は，まさにその**「調べる」**の力をつける授業だと思った方がいいでしょう。その場合でも，「調べる」の中核には常に大学図書館があります。大学図書館は単に本を借りるところではなく，情報の宝庫です。このテキストでは，第2章第3節で大学図書館の利用法を詳しく説明します。

集めた情報はきちんと「整理」しなければ，うまく活用できません。これも非常に重要なスタディ・スキルなのですが，これを軽視している学生は少なくなく，それがいざ試験というときに失敗する原因の一つになっています。**「整理する」**にはいろいろな方法がありますが，どれか一つでも完全にマスターしておくといろいろに応用可能です。そこで，そのスキルの一つを獲得するために，この授業では，学習ポートフォリオ（学習履歴のファイル）用のノートファイルを自分で作り，ファイリングをしてこの授業のポートフォリオを作成することを推奨しています。その方法については，第2章第1節のなかで解説します。

大学では，授業の理解度を測るために，レポートと呼ばれるものがよく課されます。授業を「聴き」，テキストや参考文献を「読み」，わからないことを「調べ」，それらを「整理して」きたものを，一つの文章の形に「まとめて」「書く」のです。この作業の最大・最終のものが卒業論文です。ですから，個々の授業におけるレポートには，学生生活の集大成である卒業論文を書くための練習という側面があります。また，社会に出ると頻繁に書かなければならなくなる企画書・報告書も，レポートの書き方と基本は同じですから，その訓練でもあるのです。**「まとめる」「書く」**の力は，まさにレポートによって養われるといってよいでしょう。このレポートには書き方のルールがあり，それをまずきちんとマスターする必要がありますので，これを第2章の第2節で取り上げてあります。

レポートや論文は文章で成果を**「表現する」**方法ですが，口頭で成果を発表することも頻繁に行われます。聴衆の前で口頭で説明することはプレゼンテーションと呼ばれます。プレゼンテーションは，単に「表現する」のではなく，それを相手に的確に，そして関心を持ってもらえるように**「伝える」**ということでもあります。このプレゼンテーションの場は，将来において学会発表，企画説明，新商品の売り込みなどの重要な局面で大幅に増えていきます。したがって，プレゼンテーションの機会がある授業は，将来に向けた訓練の場としてとても貴重なものといえます。ですので，これについては第2章の第4節で詳しく説明することにしました。

最後の**「考える」**は，今までのすべての力に関わっていました。「考える」という作業なしに積極性は生まれませんし，どんな作業をしてもそれらの力が実際につくことはありません。上記の八つの力の中核にあり，どれを通しても養われていくのが「考える」という力です。スタディ・スキルズを単なる技術にしてしまうか，真の能力養成の技術とするかは，「考える」を伴うか否かにかかっているといえるでしょう。この点はきちんと頭に入れてほしいと思います。

1.1.3　学生生活を有意義に過ごすために—タイム・マネジメントの必要性

大学と高校との違いでもう一つ挙げなければならないのは，いろいろなことを**自分で管理しなければならない**ということです。高校までは与えられた授業を受けていればよかったのですが，大学では自分の意志で授業を選択して時間割を作成し，自分の意志で授業に出て単位を取っていきます。それは「自分で計画を立てて，実行していく」という，＜一人前＞の社会人としての生き方の基本と同じことです。「学生」は，社会に出る前の存在として扱われますが，考えてみると，高校卒業時に同年代の半数近くは就職して「社会人」になっているわけですから，同じことはできて当たり前なのです。

こうした時間割作成や授業への出席などの学生生活における自己管理において，最も重要で中心となっているのが**タイム・マネジメント**（時間管理）です。最も身近なタイム・マネジメントの例として，時間割作成を挙げましょう。

かつて，時間割作成時点において，空いている時限をすべて埋めようとしてあれもこれも履修した結果，授業が始まるとすべてにはついていけなくなり，数多くの単位を落としてしまうというケースがしばしば見受けられました。これは大半の授業が，授業時間以外にその約2倍にのぼる予習・復習時間を想定して組まれているという，大学における講義の基本的な単位制度のしくみが理解されていないことにもよりますが，考え方が高校までの受け身の勉強のままであるということにも原因がありました。＜攻めの学習＞には，「調べる」「整理する」といった授業時間外の学習時間が当然必要なのです。その時間を確保した時間割作成をしなければならないのに，それがなされていませんでした。そこで大学では，1学期に履修できる単位の上限を設定しました。これによって上述のようなケースが少なくなりましたが，それでもアルバイトやサークル活動などとの兼ね合いをよく考えずに時間割を作成して，失敗するケースはけっこうあります。

ですから，そうした時間も入れた**1週間のタイム・スケジュール**を作ることをお勧めします。その場合，睡眠時間の確保や，起床時間をばらばらにしないことなどにも注意してください。眠いままに授業に出ても教員の話に集中できず，積極的な姿勢など持ちようもありません。授業のスタートから話の聞けない遅刻などは以てのほかです。＜攻めの学習＞はまずタイム・スケジュール作りからといった方がいいでしょう。

ただ，1週間のタイム・スケジュール作りは，短期的な発想だけではできないことにも注意してください。アルバイトやサークル活動といったものは，何となくやったのではあまり自分の成長に役立ちません。そこには何か目標があるべきであり，それに合わせて活動のあり方も変わってくるものです。また，時間割作成でも，どんな授業を履修するかは，大学に入ってきた目標や1年後・2年後といった中期的な目標と不可分な関係にあるはずです。

ですから，1 週間のタイム・スケジュールを作るのと同時に，少なくとも 1 年間の**年間目標**を作りましょう。できるだけ具体的にこの 1 年で**やってみたいこと**を挙げておきましょう。さらに，それを達成するために必要なことを，メモしておきましょう。時間がかかるか，お金がかかるかなども，きちんと書いておきましょう。そうすれば，それを目指して何をすればよいかがはっきりし，今何をしなければならないかも明確になってきます。そして，これを書いた日付をその紙に記入し，1 年後にその達成度を見直してみてください。目標を明記すること，それが自分を前向きにする大きな要因ともなります。

さらに，もし可能なら卒業する 4 年後（学類によっては 6 年後）までの目標も明確にしましょう。皆さんは何を目指して大学に入ってきたのでしょうか。人によっては，それが明確でないまま入学したという人もいるでしょう。そういう人は，学生生活を過ごすなかで考えていけばよいのです。ただ，ある程度の目標ができてきたら，卒業までの過程を自らきちんと確認しておくためにも，とくに明文化したものを作っておくことをお勧めします。一度作ったものは不変なのではなく，状況に応じて更新していけばよいのです。

このテキストの付録に，1 週間のタイム・スケジュールと，1 年間の年間目標の様式，およびそれらの書き方が用意されています。これをコピーして，書き込んでみてほしいと思います。

1.1.4　「学生」は社会生活では＜一人前＞として扱われる

前項で，同年代の約半数が「社会人」となっていて，同じことはできて当たり前だと書きました。このことはタイム・マネジメントだけでなく，社会生活一般でもいえることです。＜世間＞は，「学生」だからといって大目に見てはくれません。「学生」であるのは，大学へ行っているという点だけであり，日常生活では同年代の「社会人」と区別する理由はないのです。

しかしながら，高校までの生活で，社会生活一般について学ぶ機会がどれほどあったでしょうか。受験に力を入れすぎると，それだけが価値あることに思えてしまい，それ以外は無駄なものとして切り捨ててしまいがちなものです。この傾向は，皆さんにも，あるいは皆さんの出身校にも，多かれ少なかれあったと思います。「社会生活」にまったく関心を払わないという極端な高校もあったでしょうし，たとえ高校が「これだけは大切」と思って講演会を開いても，その切実さが無い皆さんにはなかなかそれは身に付かなかっただろうと思います。講演会を聞いたから，「わかった」つもりになっている，といったケースも少なくありません。

そこで，この「大学・社会生活論」では，日常生活に必要な基礎的な常識・知識を獲得してもらおうという講義をいくつか組んでいます。とはいっても，大学の講義ですから，単なる「社会人入門」であっては面白くありません。そこで，ハラスメントの基本的な考え方，悪質商法への対処法，麻薬の危険性，交通安全の常識，健康生活のあり方，ゴミの分別といった基本的なことから，そうしたことの背後にある地球環境問題や人権問題，職業的倫理観の育成の問題などといった大きな社会の問題へと問題関心が広がるように，授業の全体を設計しました。今までに学んだことであっても，違う角度から問題にアプローチすることで，日常の社会生活に関心を払い，＜一人前＞の社会人としての生活態度を体得し，将来に役立つ問題意識を持ってほしいというのが，大学の側の思いなのです。

1.1.5　大学には＜宝＞が落ちている—自分に投資しよう

社会生活において＜一人前＞の社会人として扱われるとはいえ，皆さんは学習を本分として家族などからの金銭その他の支援を受ける「学生」であり，就職などをして自分で稼いでいる真の意味の「社会人」とは，どうしても一線を画する存在です。とはいっても，4年後あるいは6年後には，真の意味の「社会人」として巣立っていかなければなりません。自分は大学院へ行くから関係ないと思う人もいるかもしれませんが，それも数年の猶予があるだけで，その先には同じ姿が待っています。ですから，学生時代には，社会に出たときの自分を想定し，そこで活躍できるような自分へと**自己開発**をしていくことが望まれます。そうでなければ，同年代の約半数の人たちよりも遅れて社会に出ることの意味が，なくなってしまうでしょう。

大学には，やる気があれば，いろいろなことにチャレンジできる場がさまざまに用意されています。そのすべてを入学時のガイダンスで紹介することはできませんし，新入生の皆さんも目の前のことに忙しく，紹介されてもそれを把握することはなかなかできないでしょう。また，学生生活が始まると，その日常に流されて，そうしたことに気づきにくくもなります。

有意義な学生生活を過ごすためのサポートを意図した「大学・社会生活論」のもう一つのねらいは，皆さんの自己発見・自己開発を応援することです。ですから，ガイダンスだけでは十分に伝えられない情報，日常生活のなかでは気づきにくい情報を次々と提供し，皆さんのステップ・アップにつながればと考えています。例えば，留学の情報，進学や就職の情報，あるいはボランティア活動の情報などです。そのなかには体験談なども含まれており，多くの刺激を与えてくれると思います。スタディ・スキルズや社会生活の話のなかにも，大学のさまざまな部署が多様な活動をしていて，そこに自分が参加できることを示してくれるものもあります。

新しい一歩に踏み出すためには，「勇気」と「きっかけ」が必要です。「勇気」は皆さんが用意してください。「きっかけ」はこの授業を通して大学が用意しましょう。

大学のなかには「宝」がいっぱい転がっています。それを上手に拾って，自分に投資してほしいというのが，私たちの願いです。それは本当にお金のかかることの場合もありますが，可能な限りケチらないことです。ときどき教科書代やノート代もケチろうとする学生がいますが，これは論外です。それこそ目先に流されて大きなリスクを背負う行為だといえるでしょう。ぜひ，**大学は「自分に投資する場」**なのだという意識を持ってもらいたいというのが，この授業を企画した私たちの思いです。そしてその意識が身に付いたときが，皆さんが真に「生徒」から「学生」になれたときなのです。

（古畑　徹）

第 2 章

大学における学習の基礎
—スタディ・スキルズ

2.1　ノート・テイキング

2.1.1　ノートについての考え方を改めよう

ある講義でのことです。その先生は，最近，講義中にノートを取らない学生がけっこういる，なかにはノートすら開けていない学生がいることが気になってしかたありませんでした。そこで授業中に，学生に「なんで？」と聞いてみました。すると，「この授業には板書がないから」という答えが返ってきました。その先生はびっくりしました。黒板には，講義のキーワードや耳で聞いただけではわかりにくい漢字などをきちんと書いていたからです。しかし，学生たちは，これは板書ではないというのです。気になって，開けていた学生のノートを見せてもらうと，そこにはその先生が黒板に書いたことしか載っていません。ノートを開けていなかった学生を見ると，配付したプリントに黒板に書いたことだけメモしていた人もいましたが，なかにはまったく何も書き込んでいない人もいました。これはたいへんだと思ったその先生は，この日の講義予定を変更し，なぜノートを取るのか，どうやってノートを取ればよいのかという話をすることにしたそうです。

なぜこの先生が大変だと思ったかわかるでしょうか。学生たちが「板書」と呼んでいたものは，高校までの授業で行われていた，先生が授業内容を丁寧にまとめて黒板に書いたもののことです。高校までは，この「板書を写す」ことが「ノートを取る」ことでした。しかし学生は，それに当たるものがこの授業ではプリントとして配られていると思っていたのです。だから，学生たちはノートを取らなかったわけですし，必要もないと思ったのです。

一方その先生は，学生たちに自分の講義をきちんと聴いて理解してほしいので，その補助となる資料として，授業全体の筋書きをプリントにしていました。そこに書かれていることは，この講義がどのように展開するかのシナリオであって，学生たちに伝えたいことそのものではなかったのです。ですから，学生たちが自分たちで聴いてこれが大切だと思ったことを，ノートに次々とメモしていかなければ，この講義は意味のないものになってしまうのです。

ここで第1章の内容を思い出してください。高校までの学習と大学の学習との大きな違いは何でしたか。それは「受身」と「攻め」の姿勢の違いだったはずです。高校までの授業の板書は，生徒がそれを写して効率よく暗記するためのものでした。一方，この授業における板書は，あくまで学生が授業を聴いて理解するための補助なのです。そして，聴いて理解したことを書き留めていくのが，大学における**「攻め」のノートの取り方**なのです。

2.1.2　講義のスタイルを知っておこう

とはいっても，上記の話のような講義だけが，大学の講義ではありません。大学にはさまざまなスタイルの講義が存在し，それに応じてノートの取り方も変わってきます。そこで，まず講義スタイルを整理しましょう。

①　高校の授業と同じスタイルの講義

大学でも専門の基礎になる知識をマスターすることを重視する場合，高校と同じように，教員が要点をきれいに板書して丁寧に解説する授業を行うことがあります。教科書のある理系の専門基礎的な授業にこうした傾向が見られます。この場合でも，大学の教員は高校の先生ほどにはすべてを書いたりはしません。したがって，板書をきちんと写すことは当然ですが，教員が強調して話したことは，しっかりメモを取りましょう。

②　レジュメのある学会発表風の講義

講義の骨子・要点などを書いたプリントを配付して，それに従って説明を加えながら進行させていく，プレゼンテーション型の授業です。最近では，OHPやパワーポイントを使う授業も増えています。このような授業で使う骨子・要点を書いたプリントのことを**レジュメ**といいます。学生の皆さんも学年が進行するに従って，このレジュメを作って自分で発表する機会が増えていきます。社会に出ればなおさらです。レジュメということばを覚えるとともに，その書き方や発表のしかたを，こうしたタイプの講義を体験するなかからつかむように心がけることが大切です。なお，本節冒頭の話に出てきた授業はこのスタイルです。

このタイプの講義，とくにレジュメがあってパワーポイントを使う授業の場合，資料は既に配布されているし，部屋は薄暗いしで，安心してしまって講義中に眠くなってしまう学生が多いかもしれません。しかしこのタイプの講義は①や③の講義に比べて講義の「進み」が速いことが多いのです。「攻め」のノート・テイキングを忘れずに，積極的に講義に参加していれば眠気を催すゆとりはないはずです。

③　レジュメのない講演会風の講義

要するに教員の話だけで，骨子・要点を書いたプリントが手元にない講義です。OHPやパワーポイントを使うだけで，それをプリントにしていない場合や，話の素材になる資料だけを配付する場合も，このスタイルに入ります。時にはメモ的な板書すらないこともあります。話を聞いて理解することに集中し，ノートに次々とメモしていかなければなりませんから，このスタイルが初心者にとって最も手強いものなのです。しかし，社会に出ると，これに類する機会はものすごく増加します。商談などで相手の話をきちんと聞き取ってメモすることや，工場長から機械操作の説明や注意を聞き取ってメモすることなどが，それです。よく集中力がとぎれてノート取りをあきらめてしまう人がいますが，社会に出て活躍できるようになるための訓練と位置づければ，もう一踏ん張りできるかもしれません。

この 3 パターンのうち，②③への対応を身につけることが，新入生の皆さんには急務といえるでしょう。②③の講義では，高校までによくあった，「ノートは写せましたか？」とか「重要ですからメモを取ってください」といった先生の指示は，まず無いと思った方がいいでしょう。指示を待たずに自分からノートを取らなければならないのだということをわかってもらったところで，②③の講義に対するノートの取り方のコツを，これから見ていきましょう。

なお，ここまで述べた①②③の講義に対し，最近，**アクティブ・ラーニング**と呼ばれる新たなスタイルの講義が増えてきていますので，これについても少し述べておきます。

アクティブ・ラーニングとは，教員が知識を一方的に伝達するのではなく，学生の方が発言・発表・調査活動などをして能動的に活動することでさまざまな能力・知識を実践的に身に付けさせようとする教授法・学習法です。これは今までも演習・実習などで行われていましたが，近年では講義でもこの手法が取り入れられ，①②③の講義であっても，一部にグループ・ディスカッション，ディベート，グループ・ワーク，プレゼンテーションなどを組み込んで，教授した知識をしっかり定着させようとすることが行われています。なかには，事前に教員が伝えるべき内容をビデオ収録してネット上で配信し，学生は授業前にこれを視聴し，授業ではそれを前提にグループ・ディスカッションやグループ・ワークをするという講義も出てきています。これを**反転授業**といいます。アクティブ・ラーニングの活動中はノートを取らない場合も多いのですが，反転授業に典型的なように，大半は前提として知識などを伝達する講義がセットになっています。そこできちんとノートが取れているか否かでアクティブ・ラーニングの活動の成果も大きく異なってきます。このことは，しっかりと肝に銘じてほしく思います。

2.1.3 なぜノートをとる必要があるのか

ノートの取り方には，人それぞれに自分にあったやり方というのがあり，“これが絶対”というものはありません。自分にあったやり方は試行錯誤しながら身につけていくしかありませんが，それでもたたき台となるべきいくつかの方法がわかっていれば，その試行錯誤もしやすいというものです。ですから，これから見ていくノートの取り方のコツは，あくまで一般的・平均的なものと理解し，これを参考に自分で工夫を加えていってほしいと思います。ただ，この技術的な話に入る前に，なぜノートを取る必要があるのかという本源的なことを，もう少し理解しておきましょう。

ノートを取らずに講義を聴いていても，その講義を理解することはできます。しかし，その理解したことを，時間が経っても忘れずにいることはできるでしょうか。余程の天才でもなければ，それは不可能なことでしょう。しっかり講義を聴いたうえでノートを取っていれば，見直すことによってその記憶はよみがえります。また，大切だと思ったことをノートに書くという，脳と同時に手を動かす行為それ自体が，脳にその思ったことをインプットする役割を果たします。つまり，ノートを取ることは記憶自体を形成することでもあるのです。だからこそ，記憶再生のスイッチを入れる装置としてノートほど優れたものはなく，授業のレジュメがあろうとも別にノートを取っていくことが有効なのです。

ノートの役割は，記憶再生だけではありません。ノートを取っておくと，その後もそれを何度も読み返すことができます。講義を受けたときに何も考えつかなかったのに，時間をおいてノートを読み返してみると，そこに新たな疑問が見つかったり，今までわからなかったものが突然クリアーに見えてきたり，あるいは新発想のヒントがあったり，といったことがしばしば起こります。それは時として大発見につながることもあります。大発見とはいかなくても，これに類する経験を持っている大学の教員は少なくありませんから，アドバイス教員に忌憚なく聞いてみるとおもしろいかもしれません。

ノートを取ることの必要性が少しはわかってもらえたでしょうか。ついでにいいますが，上記のような有効性は，あくまで自分でノートを取ったからこそ生まれるものです。他人のノートを見るだけで講義が本当に理解できる人は，そのことについて自分なりの学習を人一倍し，もともとよくわかっている人だけです。よく昔の大学生の話として，授業に出ないで他人のノートを借りて勉強し，よい成績を取ったという例が出てきます。昔の大学生には知識のスタンダードがあり，今以上に多くの学問的知識を持っていたこともありますが，当時は教授が話したことをすべて一言一句ノートに書き取らせるような授業があったので，他人のノートを読んで理解することもできたのです。今はそのような授業はありません。ですから，他人のノートは実際にはあまり役に立たないのです。自分でしっかり授業に出てノートを取らなければいけないということを，肝に銘じておく必要があります。

2.1.4　講義への向き合い方とノート・テイキング

では，ノート・テイキングのコツを，実際の講義を受けるときの手順を追いながら，その心構えと合わせて紹介しましょう。

a）講義前

まず，講義前にすべきことですが，第一に**予習**をしておくことが大切です。講義パターン①のように**教科書**がある場合は当然，教科書で予習をして，難しい専門用語（テクニカル・ターム）は調べておくということになります。では，講義パターンの②や③の場合はどうでしょう。「教科書が無いのに予習？」と思うかもしれませんが，教科書がなくても，**シラバス**があります。シラバスは，授業担当者と受講者の間の契約書のようなものです。授業担当者がどのような学習目標をたて，どのような流れで授業を計画し，どのように成績を評価するのかが，シラバスには示されています。それをしっかり読んで，全体の流れがどのようになっていて，そのなかで今度授業を受ける回がどのような位置づけになっているかを確認しておくと，授業がよりよく理解できます。また，キーワードも載っていますから，それを手がかりに事前学習もできます。

講義開始直前には，前回のノートに必ず目を通しておきましょう。連続性のある講義の場合，教員は必ず前回を踏まえて授業をしていますから，その回の教員の話を正しく理解するためには是非ともやっておくべきことです。したがって，遅刻はいうまでもなく厳禁です。教員は講義の最初で，前回の復習をしたり，その日の講義の目的・概要・計画などを話したりするものです。これを聞き逃すことは，その日の授業の理解に大きく影響します。欠席の場合はさらにハンディが大きくなります。最近，「この授業は何回欠席してもよいですか」と聞く学生がけっこういます。こう聞く学生の多くが，欠席をすることが楽をすることだと思っているようですが，それは全くの逆です。欠席すればその回が飛んでしまい，授業の連続性が失われ，その後の授業の理解が難しくなるのです。それを補うには人一倍の学習が必要になります。欠席を安易に考えないことが大切です。

b）講義中

いよいよ講義開始です。まず，いつの授業であるかがわかるように，ノートに日付をつけましょう。そのとき，前回までとの区切りがわかるよう，改ページをした方がいいでしょう。こういうところでノートをけちってはいけません。

次に，講義を集中して「聴き」ましょう。「聞く」ではなく，「聴く」です。前者は，＜音や声を耳に感じて認識すること＞，後者は，＜聞こえるものの内容を理解しようと思って積極的に聞くこと＞，です。だから，「聴く」が大切なのです。そして，「聴く」と頭の中でそれが「記憶」され，同時に「理解」されます。そうして「記憶」され「理解」された内容，いいかえれば自分がこれらの作業を通して大事だと思った要点を，「ノートに取る」のです。したがって，「ノートを取る」という作業は，受動的な作業ではなく，能動的な作業だといえます。

こうしたことが，とくに意識しなくてもできるようにならなければいけないのですが，最初のうちは慣れない人も多いと思います。そこで，要点をつかむコツを6点ほど挙げておきましょう。

1. 集中して「聴く」。とくに，人文・社会系の講義では論旨（論理展開）に注意して聴くことが大切。
2. 記号類なども利用しながら，できるだけ早くメモする。
3. 内容が不確かなときは，「？」などつけておき，あとで調べる。
4. 漢字やスペリングなどがわからないときは，とりあえずカナ書きして，あとで調べる。
5. テキストや参考書等のページ数などが示されたら，すぐにメモする。
6. あとでテキストや参考書等で確認できる人名・年号等には気をとられない。

また，ノートは自分でわかればよいのですから，そんなに丁寧に書く必要はありません。きれいな字を書こうとして講義を聴き逃してしまうよりは，殴り書きの方がましです。とはいえ，あとで読み返そうとして何だかわからないのも困りものです。そこで心がけておくとよいのが，**ノートのレイアウト化・ビジュアル化**です。

ノートは，罫線に従って一行一行きっちり書く必要はありません。重要だと思ったら文字は行をはみ出して大きく書いたってかまいません。空白は，むしろノートを見やすくします。あとで調べて書き込むためにも必要です。いやがらずに積極的に活用するとよいでしょう。**数字や記号**は，積極的に使うと，整理されたわかりやすいノートになります。とくに**アンダーラインと矢印**は，語句の解説を書き込んだり，論理展開を明確にしたりするときに有効です。また，あとでの書き込みを意識して，ノートに3分の1ほどに線を引き，広い方に授業中のメモ書きをし，狭い方に調べたことや気づいたことなどを書き込むようにする，といった方法もあります。ここまでやらなくても，教員が話したことと，それを受けて自分でそのときに気づいたこととを，あとで読んでもきちんと区別できるようにしておくことは重要です。ともかくも，あれこれ試行錯誤して，自分にあった方法を見つけてください。

c）講義後

講義が終わったあとにもすべきことがあります。必ずしてほしいのが，その日のうちにノートを見直すことです。休み時間や帰宅のバスのなかでもかまいません。さっと見直すだけでけっこうです。ノートを解読できればその授業は理解できたことになりますし，見てもきちんと解読できなければ，理解できていなかったことがわかります。その場合は，さっそく対応のために図書館で調べたり，友人に聞いてみたり，先生に質問しに行ったりする必要があるでしょう。この短時間の確認が，その後の結果を大きく左右するのです。

また，ノートの空白もできるだけ早く埋めましょう。記憶が残っているうちに，やるのが効果的です。このとき，友人のノートと照合するのもよいでしょう。

最後に，このノートと講義中に配付された資料などとを整理して保存することが必要ですが，これについては次の項を見て下さい。。

なお，よくノートを改めて清書することを勧める人がいます。いわゆる「ダブルノート」の勧めです。しかし，これは時間ばかりとられて非効率であり，非現実的です。ここではあまりお勧めしません。

2.1.5　紙ベース資料の整理方法

ノートの取り方と同時に重要なのが，講義で配られるレジュメや資料プリントなどの紙ベース資料の整理のしかたです。これについても少し述べておきたいと思います。

最近では，こうしたものを事前にネットで配信し，パソコン上で整理できるようにしている授業もありますが，実際に授業を受ける際には，これを打ち出して持っていく場合が多く，そこに書き込みをしていることもよくあります。こうなるとパソコンに入っているものとは別の資料として，学習内容を思い出すうえで重要なものになってきます。また，紙でないと学生がきちんと読まない傾向があるということで，あえて紙ベースの資料を配っているという教員もいます。さらに，近年盛んになっているアクティブ・ラーニングの授業の多くではプレゼンテーションが行われますが，そこでもプレゼン資料を印刷して配布することがよく行われます。

ですので，こうした紙ベースの資料をどのように整理するかは，学修を効率的かつ効果的に進めるうえで非常に重要なことなのです。

紙ベースの資料の整理方法には，さまざまな方法がありますが，ここではファイリングリーフとクリアリーフをセットにした「ノートファイル」を使って行う**「学習ポートフォリオ」**という資料整理法をご紹介します。ポートフォリオとは，もともとは画家や写真家が自分の作品を収めた折カバンや紙バサミのことをいいます。しかし，教育の方面ではこれとは少し違う意味で使います。定義を以下に示します。

> ポートフォリオは、自分が自発的に学びの伸びや変容を多面的多角的かつ長期的に評価し新たな学びに生かすために学習物等を集めたものである。

この定義を少し難しいと思う人は，いつ何を学び，何を考えたかをきちんと記録に残し，それを集めていつでも再確認できるようにしたもの，と捉えれば，大過ないでしょう。もっと簡単な言い方をすれば，学習履歴のファイルとでもいえばよいでしょう。

つまり，学習ポートフォリオではノート・資料等が時間順（年月日順）で配列されることになります。この点がただの学習ファイルと違う点で，このことによって，いつの時点で何を学んだかが明確になり，あとでの振り返りに大いに役立つというわけです。

学習ポートフォリオを作る場合，まず重要なのは，資料整理のためにどんなファイルを選ぶかです。これにはケースファイルやドキュメントファイルを使う方法もありますが，ここではリング式バインダーにセットされた着脱式クリアファイルを選びたいと思います。これだと，配布されたプリントや資料が簡単に入り，比較的落ちにくく，差し替えが自由で，持ち運びやすいからです。これと同じバインダーにクリアリーフ（罫紙）を付ければ「ノートファイル」となり，授業内容を書いたノートと資料を一緒にファイリングでき，両者の関係付けが容易になります。

これを使ったファイリングの方法を図示すると次のようになります。

使用前　当日使用のファイリングリーフ（罫紙）の DATE 欄に年月日を記入。

授業中　資料受け取り＝年月日記入。ノート・テイキング。

授業後　配布された資料や，ファイリングリーフに書いた以外のメモを，1 枚のクリアファイルに入れる。

＊この日の授業タイトル・テーマが表から見えるように入れるのがポイント。

インデックスラベル 1 片に日付を書き，クリアリーフの端に貼る。

ノート・テイクしたファイリングリーフを，同じ日のクリアリーフの前に入れる。

後日　この回の授業に関連して気づいたこと・思いついたこと・体験したことなどがあれば，メモして，日付を記入し，同じクリアファイルの中に入れる。

＊メモはクリアリーフの裏側から見えるように入れるのがよい。

レポートを書いて提出した場合には，できればそのコピーをクリアファイルに入れておきましょう。レポートやテストが採点・添削されて返却されてきた場合には，これもクリアファイルの中に入れましょう。これで学習成果に当たるものまで揃いましたので，ポートフォリオは一応完成です。できれば，ファイリングリーフ1枚を使って目次を付けておきましょう。より完全なポートフォリオになります。

こうしてできあがったものには，バインダーの背に授業名と開講学期を書いて，本棚に立てておくとよいでしょう。こうした「ノートファイル」がいくつも並ぶと，自分がどんな授業を受けて何を獲得してきたのかが一目瞭然となり，大学での学習成果が実感できます。

先にも述べましたように，これはあくまで事例です。経験のなかで，最終的に，自分に合った整理法を探すように心がけてください。

参考文献

安藤輝次『ポートフォリオで総合的な学習を創る—学習ファイルからポートフォリオへ』（図書文化社，2001年）

学習研究会編著『大学生からのスタディスキルズ　知へのステップ　改訂版』（くろしお出版，2006年）

砂原陽一「ノートの作り方」（金沢大学文学部編『人文科学の発想とスキル』金沢大学文学部発行，2004年）

（古畑　徹）

2.2　レポートの書き方

2.2.1　アカデミックな文章とは

大学での授業の成績評価というのは，主に筆記試験かレポートになります。高校までの試験のような穴埋め問題や記号問題は，大学ではほとんどないと思ってください。したがって，「文章を書く」機会が多くなりますし，文章を書けるか書けないかが大学での成績評価を左右します。しかも，単に「文章を書く」のではなく，「アカデミックな文章を書く」ことが求められます。そのような文章は，授業でのレポート課題，学生実験のレポート，研究室でのゼミの発表要旨など，大学にいる間，要求されます。最終的には，卒業論文という形で大学での自分の学修成果を完成させるのです。そして，皆さんが社会に出たときに求められることは，大学で学んだレポートや論文をまとめることができる能力なのです。つまり，相手に伝わる明確な文章や論理的に筋の通った文章が書けることが求められるのです。

それでは，「アカデミックな文章」とはどういう文章なのでしょうか。まずは，作文とレポートや論文は違うということを理解しましょう。おそらく，皆さんが高校までに書いてきました夏休みの読書感想文があると思いますが，これは「アカデミックな文章」ではありません。あるいは，卒業文集などで書いた「修学旅行の思い出」も「アカデミックな文章」ではありません。これらは，作文と言われるものです。そもそも，作文とは自分自身の経験したことや感じたことを書いたものを言います。これらは出来事や感想が中心の文章になります。ですから，主観的要素が強いもので，誰かを説得させようというものではありません。たとえば，日記などはまさにそういうものです。(むしろ，日記は他人には読まれたくないものでしょう。最近では，ブログという他人に読まれることを前提にしたものもありますが。) それに対して，レポートや論文は事実や理論に基づいて，客観的根拠（文献の典拠・実験データなど）を挙げながら，自分の意見を説明し，読み手を説得する文章なのです。ですから，客観的要素が強くなり，論証がメインとなります。自分の主張をする上で，必ずその根拠を示さないといけないし，その根拠がどれだけ信用性があるのかということが問われてくるのです。

さて，「アカデミックな文章」に最低限必要なものとは，何でしょうか。以下の三つが挙げられます。「問題提起」・「主張」・「根拠」が挙げられます。「問題提起」とは「問い」です。「問い」がなければ，そのレポートや論文は何を扱っているのかわからなくなります。たとえば，「問い」とは「なぜ，○○は〜〜なのか」とか「○○と××の違いは何か」とか「○○は〜〜をすべきか」と言ったようなものです。こうした明確な問いを立て，それに対する答えを示すのが，「アカデミックな文章」なのです。

「主張」とは，「問い」に対する「答え」です。この「答え」が，明確でないと何を言っているのかがわからなくなります。たとえば，「地球温暖化を防ぐために二酸化炭素を出さないようにするべきだ。そのために，火力発電はやめて原子力発電に依存するのも仕方がない。しかし，原子力発電は日本のような地震の多い国では，危険なのでやめるべきである」と言った結論では，何を主張したいのかわからなくなります。さらに，「この問題は難しいので，今後の課題である」と言ってしまっては，結局どうしたらいいのかの主張がなされていないことになります。単に，問題の解決を先送りをしていることになります。矛盾した結論や曖昧な主張は，「アカデミックな文章」とは言えなくなります。明確な結論や主張を示しましょう。

そして，自分の「主張」に客観性を持たせるために，「根拠」が必要となってきます。つまり，自分の「主張」を裏づけたり根拠づかせるのに，説明や理由が大事なのです。このことが欠けていると論証が欠けていることになり，いくら結論が正しくて良いことを言っていても「アカデミックな文章」とは言えなくなります。ちゃんとした主張には，ちゃんとした理由や説明が必要なのです。その理由や説明に納得してもらうために，その出所として信頼できるデータというものが必要となります。文系では，その領域でいわゆる権威となっているような文献や信頼できる資料の引用が重視されます。理系では，実際に行った実験のデータが重視されます。世の中には，いろんな出版物や文献があり，なかにはトンデモ本もあります。そういう文献の引用をしただけで評価が下がることもありますから，気をつけてください。

このように「アカデミックな文章」には，「問題提起」・「主張」・「根拠」が最低限必要であり，逆にそれ以外のものは書かないことです。さらには，「アカデミックな文章」として，評価を上げるために「独自性（originality）」が重要になってきます。この「独自性」があるのとないのとでは，評価は大きく分かれます。月並みなテーマ設定やありきたりな主張，よく見かける論理構成では，それなりの評価しかされません。他人とは異なるテーマ設定や問題の切り口，新しい視点や知見を示すと「独自性」があると見なされ，高い評価を得ることができます。しかし，「独自性」を出すために，奇をてらった問題設定や結論は必要ありません。「独自性」と言っても，全くのゼロから何かを生み出すことはできません。むしろ，先行研究に則っていることが前提であり，そのようななかで「独自性」を出すことが求められます。ささやかな「独自性」を何か一つでもレポートや論文の中に織り込むことができれば大きな一歩となるでしょう。

逆に，「アカデミックな文章」として，評価を下げてしまうものには，以下のものが挙げられます。まず，「問い」に対する「答え」ができていないことです。「問い」の設定はいいのに，結論が矛盾していたり，曖昧な主張になっていて，何を言いたいのかよくわからないことになっている場合です。また，意見を求められているのに，感想やこれからの自分の抱負で終わっているのは，「アカデミックな文章」とは言えません。これは，小学校・中学校・高校までの読書感想文の影響があるように思います。また，主張の根拠がなかったり，論理が飛躍していたり，間違った論理を使っている場合は，評価が下がります。さらに，「アカデミックな文章」ばかりではないのですが，最もしてはいけないことは，コピペ（コピー＆ペースト）です。現在，インターネットによって，いろいろ調べることが楽になりましたが，それに伴って，コピペも増えてきています。コピペは剽窃であり盗作でありパクリです。他人の作品から無断で持ってきて，いかにも自分が書いたかのように書くのは，最近のニュースを見ても大きな社会問題になっていることは，よくわかると思います。文章に関しては，決まった引用方法がありますので，それに従って行えば，剽窃にはなりません。詳しくは，2.2.5の「引用の仕方」で述べたいと思います。

2.2.2　レポートを書く前にすること

ここでは，レポートを書く前にしておくべきことを述べておきたいと思います。まず，レポートを書く前にすることとしては，どのようなレポート課題が出されたのかということを確認しておきましょう。課題として出されたレポートが，どのような課題であり，どのような意図をもって課題として出されたのか，そして，教員の側としてはどのようなレポートを学生に書いてもらいたいのかということを意識することです。つまり，教員の「出題意図」や「課題の趣旨」を理解することです。

次に，レポートの字数や枚数を確認しましょう。自分がこれから取り組むレポートが，どのくらいの分量なのかを把握していないと，どのように議論を作ろうか見通しがつかなくなります。ですから，レポートの書く分量を知っておくことは大事なのです。

それから，提出方法と提出期限も確認しておきましょう。提出方法に関しては，学務係に提出するのか，授業時に提出するのか，メール等で添付ファイルにして提出するのかを確認しておきましょう。そして，レポートを提出するのに最も重要なのが提出期限です。つまり，締め切りです。締め切りを過ぎると，教員によっては評価を下げますし，受理しない場合もあり，印象は悪くなります。締め切りは必ず守りましょう。そして，提出期限を確認して，自分の書くペースを考えて少し余裕をもったスケジュールを立てましょう。レポートを書くのに，締め切りギリギリに取り組むのだけは避けましょう。

2.2.3　レポートの主題（テーマ）を決める

いよいよ，レポートを書く段階になってきたところで，最初にやることはレポートの主題（テーマ）を考えることです。もう既に前述しましたが，レポートの主題（テーマ）を考える際には，教員の「出題意図」や「課題の趣旨」を理解することが大事です。なぜなら，教員の側としては，レポート課題を出す理由があるからです。もう既に，授業の中で教員の側から主題（テーマ）が設定されていれば，それについて書いてもらえればいいのですが，「主題（テーマ）を自由に論じよ」という場合は，自分で考えないといけません。その際に，どういう主題（テーマ）にするのか，どういう切り口で論じるのか，教員がどういう出題意図を持って出したのかを考えないといけません。「自由に論じよ」を言葉通りに受け取るのは，言葉の意味をよくわかっていない人なのです。たとえば，ファミレスのドリンクバーで，「ご自由にお取りください」と書いてあっても，砂糖やミルクを自由に好きなだけ取って家に持って帰る人はいないでしょう。そういうことをやってはいけないことであり，「自由に論じよ」というのもそのことと同じです。「自由に論じよ」といっても，レポートや論文となると，そこにはルールというか作法がありますので，それに従わないといけません。当然，主題（テーマ）設定についても，授業の内容を十分に理解して，適切な主題（テーマ）を決めないといけません。ですから，意外と「自由に論じよ」という課題は難しいのです。

では，「自由に論じよ」とは，どういうことを言っているのでしょうか。たとえば，「死刑制度について廃止にするべきか存続するべきかについて自由に論じよ」という場合，ここでの「自由に論じよ」とは，結論が「廃止にするべき」でも「存続するべき」でもどちらでもいい，ということです。そして，このことについて論じてきた学者の説を根拠にしてもいいし，反論してもいいし，諸外国の事情を考えてもいいし，統計調査なども使ってもいいし，とにかく論じる上での資料や材料を使って，自分の主張を論証していくことが，「自由に論じよ」ということなのです。そして，その際に根拠となる資料や材料は他人があとからチェックできるように示しておかないといけないのです。このことは，注を使ったりして示さないといけないのです。注については，2.2.6 の「注・参考文献一覧のつけ方」で述べたいと思います。

さて，テーマを設定するということは，自分なりに問題を見つけることなのです。そして，どういう視点で問題を捉えるか，どういう切り口で問題を扱うのかということは，レポートを書く人の責任によって任されているのです。では，テーマを設定するにはどうしたらいいのでしょうか。このことが，レポートや論文を書くときに，かなり時間を要するところです。つまり，「レポートを書く」場合に，実際にレポートを書く時間よりも，ここで時間を取られる場合の方が多いのです。逆に，いいテーマが決まると，書くのはそんなに時間がかからなくなるとも言えるでしょう。（もちろん，資料を探したり，資料を読んでいくのも時間がかかるし，実験も時間がかかることですが。）レポートを書く際に，お勧めとしては，課題が出されたら，それに関する新書を読んでもらえればいいと思います。大学生なら新書は 1 日で読めると思います。そして，読むときに，問題意識を持って読むことが大事であり，そのときの問題意識とは，本を読んでいて「なるほど，納得」とか「私もそう思っていた」とか「なんか違うな」とか「これ，違うんじゃないの」とか色々出てくると思いますが，こうした思いが出てきたら，それが問いを見つけるヒントになります。そこから，自分が一番インパクトの強い話題を取り上げて，「問い」の形に練り上げていきます。そして，できるだけ「問い」は絞った方がいいということです。「問い」が絞りきれていないと議論が散漫になってしまい，結局，何を言いたいのかがわからなくなってしまいます。逆に，問いが絞りきれていると，議論を深めていくことができます。議論を深めていくと，レポートを読む教員から「これは，いいレポートだ」という評価を得ることができます。

2.2.4　レポートの構造を考える

ここでは，レポートの構造を紹介しましょう。レポートは，次の三つの構造からできています。つまり，① タイトル・氏名　② 本文　③ 注・参考文献一覧です。さらに，本文は三つの構造からできています。つまり，序論・本論・結論です。これらについて，説明していきたいと思います。

① のタイトル・氏名は，わかっているからいいという人もいると思いますが，念のために，説明します。タイトルは，凝ったタイトルにする必要はないのですが，少なくとも何について書いたのか，何を問題としているのかがわかるタイトルをつけて欲しいのです。よく見かけるのは課題図書が出されて，「その本を読んで自由に論じよ」という場合，タイトルにその本のタイトルを書いて，「○○を読んで」というのはダメです。こういう場合，「問い」がはっきりして

いなくて，何を問題としているのかがわからなくて，まさに本を読んだ感想でしかないからです。教員からすると，別にあなたの本の感想を聞きたいわけではないのにと思ってしまいます。

次に，② の本文ですが，まさに，ここが「レポートを書く」ということになるかと思います。上述したように，② 本文は三つの構造からできています。つまり，序論・本論・結論ですが，もしかして，多くの人はいきなり序論から書く人が多いのではないでしょうか。でも，皆さんは文章の達人ではありません。いきなり「レポートを書く」のはやめた方がいいと思います。つまり，本文にいきなり取り掛かるのではなく，本文を書く上での設計図あるいはアウトラインを作った方がいいのです。アウトラインの作り方の前に，そもそも序論・本論・結論とは何かの説明をしたいと思います。

序論とは，レポートの見出しで言うと「はじめに」というものです。ここでは，問題提起を示します。つまり，どういう問題に取り組もうとするのか（問題の提示），どういう問題があるのか（問題の説明），そして，何故このことが問題になるのか，いつからその問題があるのか（問題の背景），その問いにはどのような意義があるのか（問題の重要性）など，「問い」を明確にしてほしいのです。そして，この「はじめに」で，本論では，どのような論証が展開されて，結論はどういうふうになるのかを簡単に示してもらえると，読む教員にとっては嬉しいのです。

本論とは，自分の主張（結論）を論証していく部分です。つまり，「問い」に対する自分の主張（結論）が，いかに正しくて，説得力があるのかということを論拠を挙げて論証する部分なのです。論拠として，何らかの調査結果を用いるのであれば，その調査方法や調査結果から得られたデータやデータの分析方法及び分析結果の解釈などを説明してもらいます。また，自分の主張の論拠として他の人の研究結果や論文を使おうとするのなら，引用やその人の見解の要約を示したりします。逆に，他の人の研究結果や論文を批判することで，自分の正当性を主張したいなら，批判する人の文章の引用や要約を示す必要があります。また，自分の主張の正当性を示すために，自分の見解と他人の見解を比較したりして，それぞれの問題点や補足点を示すこともあります。このようにして，論拠を挙げて自分の正当性を主張していき，議論を作っていくところが本論の部分なのです。そして，それぞれの議論する部分を章ごとにまとめてもらえればいいのです。

結論とは，レポートの見出しで言えば，「おわりに」とか「まとめ」というものです。まさに，自分の主張がなされる部分です。「問い」に対する「答え」が来ないと，最後が締まりが悪くなりグダグダになってしまいます。よくあるパターンは，「以上のように，この問題は難しい問題なので，今後の課題としたい」というものです。これでは，結局，これまでの論証（議論）は何だったの？ って，ことになり，結論を先延ばしにしているだけです。これではいけません。一応，これまで議論してきたなかで，こういうことが言えるということまでは言ってもらいたいのです。以上が，序論・本論・結論の中身です。

さて，前述しましたように，本文の部分を書く上で，いきなり書いてはいけないのであって，アウトラインを作る作業をしなくてはいけません。なぜなら，皆さんは文章の天才ではないのですから，そのことを自覚しましょう。アウトラインとはレポートの構造ですから，いいレポートと悪いレポートの境目になるのは，いいアウトラインができているかどうかで判断されます。アウトラインとは，大まかな骨組みのことです。もう少し具体的に言えば，章や節の見出しになるものです。つまり，この章ではこういうことを説明しようとか，この章では反論を紹介しようとか，この章では反論を批判しようとか，といった議論の流れを大まかに作るための設計図なのです。（ガンプラを作るのにも設計図がないと困ります。）この設計図ができれば，その設計図に従って，文字を入力していけばいいのです。もちろん，最初にできたものは暫定的なものとして考えて，書いているうちにアウトラインを変更することも可能です。実際，書いていることが考えることに繋がりますので，書いているうちに，「ここは要らないな～」とか「ここはこの議論を付け加えよう」とかして，変わってくるのも当然です。ですから，最初からビシッと決まったアウトラインにしない方がいいと思います。

ところで，これまで述べてきたのは，主に文系の課題レポートの書き方と言ってもいいでしょう。レポートや論文のスタイルは文系・理系または分野によって異なってきますが，基本は同じだと考えてもらえればいいでしょう。理系の課題レポートとなると，主に実験結果のレポートになります。大まかなアウトラインは，次のようになります。「背景」（introduction）・「方法」（method）・「結果」（result）・「考察」（discussion）といった章立てになります。「背景」という章では，その調査，観察，実験の対象を設定するに至った経緯，なぜその対象を調べようとするのか，その対象についてどの程度わかっているのか，その対象を調べることによって何を明らかにしようとしているのか，ということを書きます。「方法」の章では，調査，観察，実験の方法を正確に簡潔に記述していきます。これは，レポートの読者が改めて，その調査や実験を行って，追試することができるようにするためです。そのために，方法の記述は正確でなければなりません。「結果」の章では，調査や実験の結果を表やグラフにまとめて，それらの読み方，見方，それらの意味することを解説します。「考察」の章では，結果の章で明らかになったことに基づいて，複数の結果からどういうことが言えるのか，あるいはこれまでの先行研究を援用しながら結論を導きます。結局，文系・理系を問わず，レポートとは，問題提起をして自分の主張（結論）にどれだけ説得力を持って，論証することができるのかという思考の流れを文章で示すことなのです。

2.2.5　引用の仕方

ここでは引用の仕方について説明したいと思います。2.2.1の「アカデミックな文章とは」の最後のところでも少し書きましたが，最近の学生はインターネットというツールがあり，レポートを書くことが簡単になったような錯覚を覚えていたりします。もちろん，昔に比べると，パソコンやインターネットの普及によって断然作業は容易になったかもしれません。そのため，その手軽さゆえに，してはいけないことをしてしまうこともあるわけです。それが，コピペ（コピー＆ペースト）です。コピペは，剽窃でありパクリなのです。

それでは，コピペが全て悪いかといえば，そうではないのです。コピペしたものでも，引用として使うなら，問題はありません。なぜなら，引用とコピペは違うからです。アカデミックな世界では，全くのオリジナリティに溢れた論文というものはありません。なぜなら，これまでの膨大な先行研究に則って，論文を書いているからです。他人がこれまで明らかにしてくれたことがらの蓄積の上に，ほんの少しだけ，自分の見解を初めて明らかにしたことを付け加えていく作業が，論文を書く作業だからです。このほんの少しだけの部分がオリジナリティと言われるものなのです。それは，学生の皆さんが書くレポートも同じです。これまでの先行研究の積み重ねの上に書いていくことが，「アカデミックな文章」を書くことなのです。逆に，全くのオリジナリティに溢れてしまった文章は「アカデミックな文章」とは言えないのです。

このように，先行研究の積み重ねの上で書いていくことになると，やはり引用をする必要があります。そして，引用とコピペの違いは，出典を明らかにしているのかどうかということです。出典が明らかであれば，その文章がどこにあるのかを確かめることができます。しかし，出典が不明だと，その文章はどこから持ってきたのかがわからなくなってしまい，あたかもその人が自分で書いた文章であるかのようになってしまいます。そうすると，その文章はパクった文章ということになります。そして，そういうことになると，アカデミックな世界では全く信用されなくなってしまいます。ですから，引用の仕方・ルール・作法は，必ず身につけておかなければいけません。

そもそも，引用は何のためにするのかといえば，自分の主張を根拠づけるためとか，自分の主張に対する反論として紹介するためとか，自分が問題としたい部分を取り上げるためとか，その理由はいろいろあります。しかし，引用が多くあればいいのかといえば，そういうわけでもありません。論証の流れとして必要な場合や目的に合致する場合に引用するべきであり，引用は多用しない方がいいでしょう。特に，レポートの場合は字数が多くありませんので，引用だけで終わり，自分の主張や根拠が示せないで終わってしまったら，それは本末転倒になってしまいます。

それでは，どのように引用をしたらいいのかといえば，通常は「」（鉤括弧）をつけます。1～2 行くらいの短い文章を引用する場合は，「」（鉤括弧）をつけて，本文の中に入れてしまうというやり方があります。そして，「」（鉤括弧）の」（終わり括弧）の右上後ろに注をつけるために（1）や（7）の番号をつけたりします。この番号のことを肩数字と言います。これは，出典を注として書く場合に使われたりします。だいたいワープロソフトの脚注機能を使ってもらえればいいと思います。注については次の 2.2.6 の「注・参考文献一覧のつけ方」で詳しく説明したいと思います。また，引用文の出典を表示するために，「」（鉤括弧）の後ろに（引用した著者名　出版年　ページ数）を書く場合もあります。短い引用の場合は，以下のような形で本文に埋め込んだりします。

ミルが快楽にも質があるとし，「高級な快楽」と「低級な快楽」とを言うために，例に出したのが「豚とソクラテス」である。「満足した豚であるより，不満足な人間であるほうがよく，満足した馬鹿であるより不満足なソクラテスであるほうがよい」[(7)] というものである。

このときに，学生の皆さんにときどき見られるのが，引用の「」（鉤括弧）の後ろの」（終わ

り括弧）の左側に「。（句点）」をつけるということです。そもそも，「。（句点）」は，文章の終わりを意味します。したがって，本文に埋め込んだ引用文の最後に「。（句点）」をつけたら，そこで終わりということになってしまいます。そうならないために，「」（鉤括弧）の後ろの」（終わり括弧）の左側には「。（句点）」をつけずに，

「満足した豚であるより，不満足な人間であるほうがよく，満足した馬鹿であるより不満足なソクラテスであるほうがよい」(7) というものである。

という形で終わった方がいいのです。

また，引用する文章が長い場合は，引用文を「」（鉤括弧）で括らずに，前後 1 行空けて，縦書きの場合は 2 文字分くらい下げたりします。横書きの場合は，5 文字くらい左を空けたりすると，引用文であることがわかります。当然，引用の後ろには，注の番号をつけて，注として出典を明らかにするか，（引用した著者名　出版年　ページ数）を示すことが必要となります。出典を明らかにしないと剽窃ということになります。

また，最近では，インターネットからの引用も見られます。インターネットの引用に関しては，あまりお勧めはできませんが，してはいけないということもありません。ただ，インターネットからの引用をするときは，やはり出版物と同じように出典を明らかにしないといけません。それが URL であり，出版日に該当するのがアクセスした日付です。ですから，インターネットから引用する場合，URL と日付は必ず明記しないといけません。

たとえば，インターネットから金沢大学憲章を引用しようとするなら，

「金沢大学憲章」　http://www.kanazawa-u.ac.jp/university/constitution　2015.12.31

という形になります。

ただ，インターネットの文献は，出版物と異なって変動が激しいです。出版物は文字が固定化されて安定しているのに対して，インターネットは文字が固定化されていないので不安定だと言われています。つまり，論文やレポートの典拠として挙げられているのに，その論文やレポートの読者がアクセスした時には，文章が変わっていて別の内容が書かれていたり，削除されていることがあるからです。そのため，インターネットからの引用は勧められないということです。特に，インターネットの百科事典である『Wikipedia』は誰でも書き換えることができるため，偽の情報や誤ったことが書かれている場合が多いからです。もちろん，すべての記事がそういうものではありませんが，信頼性の観点からすると，論文やレポートの典拠に使うのにはふさわしくありません。もし使うとすれば，論文のテーマのネタ探しの参考にする程度ぐらいの利用にした方がいいと思います。

2.2.6　注・参考文献一覧のつけ方

ここでは，注や参考文献一覧のつけ方について説明しましょう。注や参考文献一覧があると，論文やレポートがアカデミックなものに見えてくるから不思議です。逆に，注や参考文献一覧がないと，中身が立派な論文でも立派に見えなくなるから不思議です。ですから，注や参考文

献一覧はつけた方がいいでしょう。ただし，これが非常に面倒くさいのも事実です。

では，まず注について説明しましょう。注とは何かと言えば，主に引用した出典を書いたりするものです。また，「本文のなかでグダグダ説明すると議論の流れを止めてしまうな〜」という場合には，注に持って行き補足説明をしたりします。また，特殊な用語の説明とかは注に入れて説明したりします。

この注のつけ方も脚注と文末脚注があります。ワープロソフトに脚注機能がありますので，この機能を使ってもらえればいいと思います。この機能を使うと，自動的に番号を付けてくれます。脚注は，その本文のページの下に付く注です。文末脚注は本文を書き終わったところで最後に付く注です。脚注だといちいちページをめくらなくてもすぐ見ることができますし，文末脚注だと注を一覧で見ることができます。どちらがいいのかは，その人の好みによりますが，学術雑誌だと，その分野や学会や団体によって異なるので，その学会の投稿規定に従えばいいと思います。もし注に引用の出典を書くとすれば，著者名・書名・引用ページ数・出版社・出版年を書いてもらえればいいです。もしくは，書名や出版社などを何度も繰り返すのが面倒くさいと思う人は，著者名・出版年・引用ページ数だけを注や本文の方に書いてもいいです。ただし，そのときには，参考文献一覧と対応して書かないといけません。

また，注の次に付けるのが参考文献一覧です。これも分野や学会によって，異なりますが，基本的には著者名・書名・出版社・出版年を書いてもらえればいいです。これは書誌情報となりますので，その論文やレポートを読んだ読者がどういう文献を通して，それらの論文やレポートを書いたのかがわかり，あとからそれらの資料に当たることができるので，書いてもらえると親切です。これらの書き方も分野によって，スタイルが異なりますので，自分の研究分野のスタイルを参考にしてもらえればいいと思います。また，論文の書き方を示した参考書を見てもらえるといいと思います。

それから，学生の皆さんがよく間違うのが，『』（二重鉤括弧）と「」（鉤括弧）の使い方です。皆さんのレポートを見ますと，括弧について，それほど意識はしていないと感じられます。基本的には『』（二重鉤括弧）は書名に使いますので，単行本の書名や雑誌名には『』（二重鉤括弧）を使います。また，映画名や曲名などの作品名にも『』（二重鉤括弧）を使います。「」（鉤括弧）は引用や強調にも使いますが，論文タイトルにも使います。また，外国語（主に欧文）の場合は，書名や雑誌名はイタリック（斜字）かアンダーライン（下線）を引くことになっています。論文タイトルは“”（コーテーションマーク）を使います。こういう作法は，これから「アカデミックな文章」を書こうと思う人は身につけておかないといけません。

2.2.7 レポートを完成させる

さて，いよいよ本文も書いて，注や参考文献一覧まで書いて，これから提出するときに，やってもらいたいことは，プリントアウトしたあとのチェックです。つまり，推敲です。学生の皆さんのなかには，書き上げたという達成感のなかで，推敲せずにレポートを提出する人もいるかと思いますが，すぐには提出しないで推敲をしてもらいたいのです。推敲をせずに，レポートを完成したとは思わないでください。推敲をすることのメリットは，キーボードの打ち間違いによる誤字・脱字・変換ミスを発見できます。そして，書いているときには気がつかなかった間違いを訂正できます。また，繰り返しになっている表現や重複している余分な表現や不適切な表現を削ったり直したりすることができます。逆に，説明の足りないところに文章を付け加えた方が良かったりする場合もあります。とにかく，書き上げたあと，推敲をしてもらいたいのです。推敲をしていない論文やレポートは完成品とは言えません。たとえば，電化製品を買って，それが不良品だとすると，あなたはそのメーカーの製品を二度と買いたくなくなるでしょう。それと同じように，推敲していないレポートを読む教員としては，そのレポートに対してゲンナリしてしまうのです。当然，評価も下がりますので，必ず推敲してください。

2.2.8　原稿を書く際の注意点

最後に，原稿を書く際の注意点を挙げておきたいと思います。

基本は，原稿用紙の使い方を守ってください。最近の学生のみなさんのレポートを見ますと，段落の最初が1字空いていない場合が多いのです。これは，メールなどを書くときの影響だと思いますが，論文やレポートを書く際には，段落の始まりは1字空けてください。また，文頭には句読点（，や、や。）は，書かないでください。これはワープロソフトで禁則処理という機能がありますので，この機能を使えば，自動的に文末に付くようになります。

それから，論文やレポートは「アカデミックな文章」を書くわけですから，話し言葉は使わないで，書き言葉を使うようにしてください。たとえば，「……あたりまえだ」ではなく「……当然である」とか，「だって」ではなく「したがって」とか，「やっぱり」ではなく「やはり」とかです。このようなことは，かなりありますので，いちいち書きませんが，普段から「アカデミックな文章」に触れているとわかってきます。また，「アカデミックな文章」の文末は「です」「ます」調ではなく，「である」「だ」調で書くのが一般的です。しかし，文末が「である」や「だ」が連続して続くと，読み手はイライラしてくるので，ところどころ文末表現は変えてほしいです。たとえば，「……かもしれない」とか「……にちがいない」とか「……するべきだ」とか「……するだろう」を使うことによって，文章全体が単調になってしまうことを避けられます。

それから，文章は短くすることに努めてください。長い文章だと，結局，何を言いたいのかがわからなくなりますし，主語と述語が対応しなくなるときがよくあるからです。そして，曖昧な表現や誤読される表現は避けてください。明確な表現を使って，自分の主張を適切に表現してください。よく言われる玉虫色の文章は，どっちつかずの文章のことです。どの立場にもいいように解釈される文章は，アカデミックな文章としては評価されませんので，気をつけてください。とにかく，わかりやすい文章を書くことに心がけてください。

また，わからない語や言葉は辞書をよく引いてください。間違った言葉の使い方は，それだけで評価を下げることになります。ただ，判断が難しい言葉もあります。たとえば，「豹変」という言葉は，本来は良い方向に変わることに使われていたのに，現在は悪い方向に変わることに使われたりします。同様に，「憮然」という言葉も本来は失望して落胆している様子だったのが，腹を立てている様子で使っている人がほとんどになってきていて，意味が変わってきつつあります。言葉にはこういう場合があるのです。もしかしたら，自分が普段正しいと思って使っている言葉が，実は違う意味だったということがありますので，辞書はよく引きましょう。

それから，最近の出版物の表記の状況を考えると，機能語はひらがなにする場合が多いので，漢字にはしないほうがいいでしょう。機能語とは，それだけを取り出しても意味を問えない語であり，形式名詞や助動詞や接続詞などのことです。たとえば，「……という事」，「……な物」，「……する時」，「出来る」，「……に成る」，「従って」，「故に」，「即ち」などです。これらは，「……ということ」，「……なもの」，「……するとき」，「できる」，「……になる」，「したがって」，「ゆえに」，「すなわち」といったように，ひらがなにした方がいいです。もちろん，昔の出版物では漢字になっているものが多いので，引用する場合は，そのまま漢字で引用してください。まだ他にも，こうした決まりはありますが，他の参考書に譲りたいと思います。

2.2.9 おわりに

以上，レポートの書き方について説明してきました。大学での学修は，高校生までの学習とは大きく異なります。高校までは暗記が中心で，授業で教わったことを答案用紙に書けるかどうかでした。主に，穴埋め問題や記号問題が中心でした。しかし，大学生の学修は，そういう問題はほとんどありません。試験ですら，記述問題といった論じる問題が中心です。なぜなら，そこで求められているのは論理的な文章が書けるかどうかが問われているからです。大学でのレポート課題というのは，創造的な作業の訓練なのであって，いずれは卒業論文や大学院での研究に繋がっていくものです。もちろん，社会に出ても，こうした能力が身についているかどうかが問われてきます。些細なレポート課題でも，きっちりとこなしていくことによって，こうした能力は身についていきます。逆に，いい加減に取り組んできた人は，たとえ入学時に優秀であっても卒業時において，こうした能力は身につかない結果になります。単位のために，レポートを書くという意識ではなく，自分のスキルを磨いていくという意識で課題レポートに取り組んでもらいたいと思います。そのためには，日頃から，いろいろな問題に関心を持ち，新聞や本を読み，他人の思考の流れを把握し，今まで以上に意識して読んでもらいたいです。そして，論理的な文章を書くことに慣れるようにしてください。大学生活は修業期間だと思い，自分のスキルを高めるために，費やしてほしいと思います。

参考文献一覧

『レポート作成の手引き－レポートの基本的形式に関するガイド』 金沢大学共通教育機構 2014年

金沢大学「大学・社会生活論」テキスト編集会議編『知的キャンパスライフのすすめ—スタディ・スキルズから自己開発へ—』（第3版） 学術図書出版社 2012年

戸田山和久 『新版 論文の教室 レポートから卒論まで』 NHK出版 2012年

石井一成 『ゼロからわかる 大学生のためのレポート・論文の書き方』 ナツメ社 2011年

櫻田大造 『「優」をあげたくなる答案・レポートの作成術』 講談社文庫 2008年

澤田昭夫　『論文の書き方』　講談社学術文庫　1977年
木下是雄　『理科系の作文技術』　中公新書　1981年
木下是雄　『レポートの組み立て方』　ちくま学芸文庫　1977年
河野哲也　『レポート・論文の書き方入門　第3版』　慶應義塾大学出版会　2002年
井下千以子　『思考を鍛えるレポート・論文作法』　慶應義塾大学出版会　2013年

（久保田進一）

2.3　大学図書館を使ってみよう

2.3.1　学校図書館や公共図書館とどう違う？

みなさんは，これまで図書館を利用したことはあるでしょうか？

中学校や高校の図書室，自宅の近くにある市立図書館や県立図書館，それとも図書館の利用ではなく，書店で本を購入していたでしょうか？

この節では，大学内にある図書館，**大学図書館**を存分に活用してもらうためのイントロダクションとなる説明をします。**大学図書館利用のススメ**です。

大学図書館といっても学校図書館や公共図書館と基本的な使い方は同じです。たくさんの本が置いてある点では，書店と共通する部分もあります。それでは，どこが違うのでしょうか？大学図書館は，学校図書室や公共図書館と次のような点で違います。

- 気軽に読める小説・エッセーや実用書などよりも勉強や研究に関する本が圧倒的に多い。
- 本だけではなく学術的な雑誌が多い。
- Web 上で利用する電子ジャーナルや電子ブックなどの資料やサービスが充実している。
- いろいろな学修（「学習」とはちょっと意味が違います。この言葉については後で触れます）に対応したスペースが充実している。

大学図書館は，一言で言うと大学での**学修**や**研究活動**を支えるための場所です。これらの活動は，大学生活の最も重要な部分です。大学図書館は，皆さんの学生生活そのものを強力にサポートする場所と言えます。

以下では，学生のみなさんに大学図書館を存分に活用してもらうために，まず，**図書館とはどういう場所なのか**を確認した後，**大学生活のなかで大学図書館をどう利用できるのか？ 大学図書館はこんなに便利に使うことができる**といったことを具体的に紹介していきます。

2.3.2　図書館とはどういう場所？

図書館は，その名のとおり**図書**をたくさん集めた場所です。図書だけではなく雑誌・新聞や視聴覚資料なども所蔵していますので，正確には**図書館資料**と総称できます。

ただし，資料だけがあっても図書館とは言いません。図 2.3.1 のとおり，**建物**のなかに**資料**が整理されて保存されており，その資料を**図書館員**が**利用者**にサービスする。これが図書館です。資料のなかには，近年，紙媒体の本以外のものも増えてきています。これらは，何らかの情報を伝えるための媒体ということで**メディア**と呼ぶこともできます。

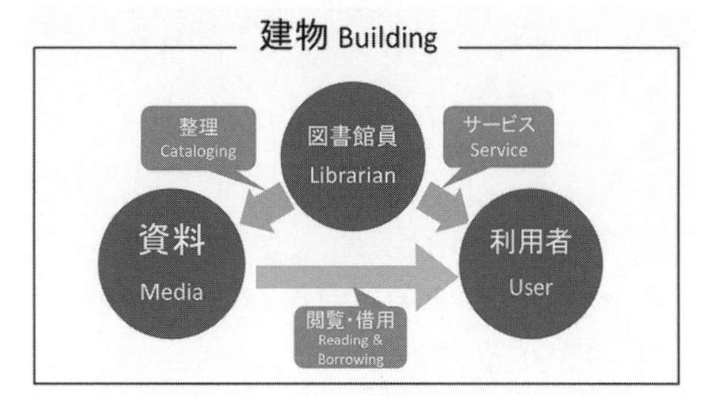

図 2.3.1　図書館の構成要素

図書館は，次のように定義されます。この定義を大学に当てはめたものが大学図書館です。

図書，記録その他必要な資料を収集し，整理し，保存して，一般公衆の利用に供し，その教養，調査研究，レクリエーション等に資することを目的とする施設（「図書館法」第2条）

一般に営利だけを追求する図書館はなく，**公共的なサービス**を行っています。その内容は，法律などで決められています。例えば，公共図書館は，**図書館法**，学校図書館は**学校図書館法**で定められています。大学図書館については法律ではなく，**大学設置基準**のなかで設置することが定められています。

さらに細かいサービス内容やそれを実施するための予算などについては，設置母体（公共図書館の場合だと都道府県や市町村）が決めることになります。例えば，金沢大学附属図書館ならば，大学の設置母体である国立大学法人金沢大学の目的・方針に応じて，サービス内容も変わり，その予算に基づいて活動を行っています。さらに，大学図書館の場合は，各学問分野の進歩や様々な技術の登場など，知的な世界の動きにも連動しています。

小説や映画の『図書館戦争』のなかでも描かれているとおり，図書館は日本国憲法で国民に保障されている**知る自由**に対応してサービスを行っています。ただし，そのサービスには，著者の権利（**著作権**）にも配慮するという制約があります。また，誰もが利用できる公共機関である限り，誰もが気持ちよく利用するために守って欲しいルールやマナーもあります。図書館は，**知的自由と著者の権利のバランスを取りながら，情報を求める利用者に対して，最大限のサービスを提供する施設**ということができます。

2.3.3　大学図書館はどんな図書館？

このように図書館には「資料」「施設」「利用者サービス」という3つの側面があります。大学図書館についても同様です。以下に，この3点を切り口として，大学図書館とは，どういう図書館なのかについて具体的に説明しましょう。

a）大学図書館の資料

大学図書館で所蔵している資料には，本，雑誌，新聞，視聴覚資料，マイクロ資料，Web上で利用する資料などがあります。利用目的で分けると，次のようになります。これらを順に見ていきましょう。

①　日常の学修に役立つ資料
②　レポート作成に役立つ資料
③　研究のために必要な資料
④　教養を身につけるために役立つ資料
⑤　様々なスキルを身につけるために役立つ資料
⑥　娯楽のための資料

① 日常の学修に役立つ資料

さて，ここで，先ほど出て来た**学修**という用語について簡単に説明しましょう。2013年に文部科学省から出された政策文書の用語解説には次のように書かれています。

大学設置基準上，大学での学びは「学修」としている。これは，大学での学びの本質は，講義，演習，実験，実習，実技等の授業時間とともに，授業のための事前の準備，事後の展開などの主体的な学びに要する時間を内在した「単位制」により形成されていることによる。(注1)

つまり，大学での学びは，授業時間内だけで行っていれば良いわけではなく，事前事後の予習復習を含む，学生自身による主体的な学びが不可欠，ということになります。この主体的な学びを含む大学での学びを**学修**と呼んでいます。

大学図書館には，この学修を支えるための資料があります。例えば，シラバスに掲載されている参考資料はすべて購入しています。各授業は，通常教科書を使って行われます。これらは，授業を受ける際に必須となる資料ですので，学生自身が購入すべきものですが，日常の学習や予習・復習をしているなかで，「この部分についてもっと知りたくなった」「この専門用語の意味がよく分からないのだが」ということが出て来た場合は，まずは大学図書館で所蔵している本で調べてみましょう。大学図書館では，自主的に学修ができるように，授業に関連する参考資料も揃えています。もちろん，「主体的に」リクエストをすることもできます。

② レポート作成に役立つ資料

大学の授業の多くでは，レポート課題が出されます。この点が高校までの授業との大きな違いです。レポート課題にもいろいろな種類がありますが，もっとも一般的なのが，「○○について論ぜよ」といった論述型の課題です。この場合，まず，何について記述するかテーマをある程度絞った上で，自分の主張とその理由・根拠を書いていくことになります。

こういったレポートを執筆する際にも，大学図書館を大いに活用してください。ステップごとに，色々な形で活用できます（詳細は2.2「レポートの書き方」をご覧ください。）。

1. テーマを決める・・・受講した授業に関する資料を色々読んで，発想を広げたり，狭めたり…。まずは，頭の中に思いついたことを紙に書き出すのがいちばん。
2. テーマに関する基本的概念の確認・・・教科書や入門書で基礎知識をしっかり再確認。百科事典（ジャパン・ナレッジなどのオンライン百科事典などが有効）などで用語の定義を確認
3. 自分の主張の根拠となるデータや資料を探す・・・専門書，統計データ，新聞等の信頼性の高い資料を利用
4. レポートの執筆・・・むやみに書くのではなく，「レポートの型」を意識して執筆しましょう。盗作と言われないように他人の文章を引用するためのルールの理解も不可欠です。まずは図2.3.2のような「レポート作成法に関する本」の一読をお薦めします。
5. 発表をする・・・レポートで執筆した内容を口頭発表することもあります。このノウハウについてもたくさんの本が出版されています。

③ 研究のために必要な資料

次に，**研究**について触れましょう。大学と高校のいちばん大きな違いは，**大学は研究機関である**ということです。高校までの教員の中にも立派な研究をされている方はいますが，大学の

図 **2.3.2**　レポート作成法に関する本（分類番号 816.5）

レポート作成法に関するおすすめの図書

- 戸田山和久『論文の教室：レポートから卒論まで』新版
- 井下千以子『思考を鍛えるレポート・論文作成法』第2版
- 石井一成『大学生のためのレポート・論文の書き方』
- 木下是雄『理科系の作文技術』中公新書
- 木下是雄『レポートの組み立て方』
- 河野哲也『レポート・論文の書き方入門』第3版

教員にとって，研究を行うことは必須です。大学の教員は研究者なのです。そして，学生の皆さんも，**卒業論文や卒業研究**等の形で研究を行うことになります。

ここでは，研究について，詳しくは触れませんが，ある特定の学問的な課題について，過去の研究史を踏まえた上で調査・実験・観察等を行い，新しい知見を示すのが学術的な研究です。そして，その結果を発表する場が**学術論文**です。

学術的な研究の成果の多くは，通常，この学術論文として発表され，研究者の間で評価を受けて初めて業績と呼ばれるようになります。つまり研究者の間で，研究成果のやり取りが必要になります。それが**学術コミュニケーション**です。その中心的なメディアが，**学術雑誌**です。学術雑誌には，同じ分野の研究者に研究成果を知らせるという目的があります。

最初は，仲間の間の手紙のやり取りのようなものだったものが，世界的な規模に拡大し，特に自然科学系では，商業的な出版社が学術雑誌を発行するという形が主流になっています。それ以外にも，各分野の学会が発行している学会誌，各大学が発行している紀要といったものも学術雑誌に含まれます。

大学で研究を行う場合，学術雑誌に研究成果を論文として発表することが目標になります（人文社会系の研究の場合は，単行本としてまとめられることもあります。）。そして，新しい研究には，過去に発表された学術論文の内容を踏まえ，これまで発見されていなかったことを付け加えることが求められます。

このような研究の第1歩が，卒業論文です。その執筆のために必要になるのは，(1) 研究史を把握すること（過去の業績を知る），(2) 自分の取り組んでいるテーマに関連する最新の研究を把握する（最先端を知る），の2点です。

つまり，**研究テーマに関して網羅的に学術論文を集め，読むことが必要**になります。その際に役立つのが**データベース**です。インターネットの検索エンジンでもかなり調べることは可能ですが，各分野の専門のデータベースを使う方が効率的に，重要な論文を探すことができます。ちなみに，論文の重要度は，「どれだけ引用されているか」で判断されることがあります。特定

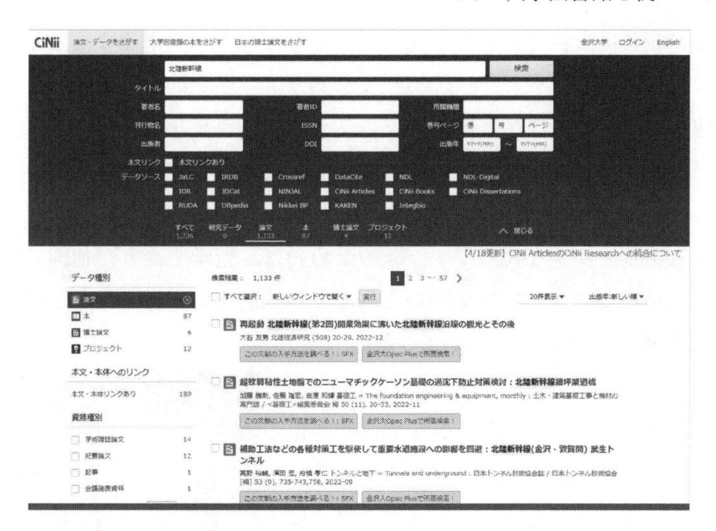

図 **2.3.3**　CiNii Research（日本語論文検索用データベース）で北陸新幹線についての論文を検索

分野の研究をする際に絶対逃してはいけないといった論文は，多くの研究者に引用されます。データベースを使えば，そのような重要度を考慮した検索を簡単に行うことができます。

近年，学術雑誌の多くは電子化され，Web 上で利用できるのですが（このような学術雑誌を**電子ジャーナル**といいます），大学単位で利用契約を行い，購読料を支払う必要があるため，どうしても購入できない学術雑誌が出てきます。そのような場合は，他の図書館から取り寄せることになります。そのサービスは，**図書館間相互協力（ILL）**サービスと呼ばれます。

大学図書館では，大学での研究活動をサポートするため，これらの学術雑誌や電子ジャーナル，専門的な図書を揃え，専門的な情報検索を行うことができるようにデータベースを契約しています。研究のために必須な情報を大学のキャンパス内で利用できるように，**学術情報のインフラ**を整備することも，大学図書館の大きな仕事の一つです。

論文作成のための方法自体は，レポート作成の場合と同様といっても良いのですが（レポートは，論文作成のためのトレーニングといえます。），レポートの場合よりも多くの資料が必要であるという点で，論文を執筆する際には，より深く大学図書館を使うことが必要になります。

④ 教養を身につけるために役立つ資料

近年，大学教育のなかで特に重視されているのが，**幅広い教養やグローバルな視点**です。大学図書館では，これらを身につけるために役立つ資料も提供しています。

大学での研究は，一般に専門的な分野での独創的な成果を目指すものです。その分野の研究を深く突き詰める必要がある一方で，新たな発想は，分野を横断するような学際的な領域から生まれることがよくあります。その時にベースになるのが，特定分野に縛られない幅広い教養です。このような教養は授業だけでなく，読書をすることで広げられます。

例えば，各分野で長い時代を生き残って来た古典的な書物を読み，芸術作品に触れ，色々な事象の歴史を知ること … そういったことの蓄積が，現代社会を分析するヒントになることがあります。幅広い読書は，自分という存在を考えることにもつながることでしょう。

また，学問の世界は，もともとグローバルな世界です。国際的な共同研究，国際学会での意見交換など，他国の研究者や学生と直接的なコミュニケーションを行うことは，ICT 技術の発達とともに，ますます多くなってきています。また，企業が世界的な市場のなかで，他国企業と競争していくことが当り前という時代になりました。その場合のベースになるのが，文化の多様性を理解するグローバルな視点です。そのためには，留学したり，他国の学生と直に接する経験を積むことが必要ですが，本を読むことでさらに磨きをかけることができるでしょう。

⑤ 様々なスキルを身につけるために役立つ資料

④ でグローバルな視点について触れましたが，実際に他国の人たちとコミュニケーションを取るためには，英語を中心とした**語学力**が必要になります。自分の適性を活かした就職をするために，様々な**資格**を取ることもあるでしょう。**国家試験**に合格することが就職の条件となっている分野もあります。さらに，どの分野でも**就職活動**をスムーズに行うためのスキルが求められます。

こういったスキルを身につけるための資料については，学生自身がテキストや問題集を購入して勉強するのが基本的な形ですが，大学図書館でも，そのような活動をサポートするための資料を提供しています。特に，語学，留学，就職のような全ての学生に役立つようなスキルに関する資料については，コーナーを作って積極的にサービスを行っています（図 2.3.4）。

図 2.3.4　語学，就活 ··· いろいろなスキルに関するコーナー

⑥ 娯楽のための資料

ここまでは，大学図書館では，研究，学修，教養，スキルといった点で役立つ資料を提供していると書いてきました。ここで気になるのが，公共図書館や学校図書館の書架に並んでいるような，ベストセラー小説，エッセー，実用書などは大学図書館に置いているのか？ という点でしょう。実は，最初に述べたとおり，**大学図書館では，このような本を中心的な蔵書として揃えてはいません**。このような分野については，個人の趣味の領域に入るため，多様な要望のすべてに応えることが難しいためです。これらについては，原則として公共図書館を利用するか，自分で買って読むことになります。

ただし，図書館の別の側面として，「息抜きの場」という面もあります。図書館に併設されているカフェなどには，娯楽のための本や雑誌も置いています。

b)　大学図書館の施設・設備

① 資料の配置場所

a）で述べた資料を配架するためには，膨大なスペースが必要になります。一般にどの大学図書館も，特に手続きなしで利用できる**開架図書コーナー**と手続き後に利用する**書庫**とに分かれています。また，資料の種類や利用目的に応じて参考図書，就職支援図書といった**コーナー**が作られているのが一般的です。

資料が**主題順**に並んでいるのは，どの図書館も同じです。図書館の本には，通常，背ラベルが貼られていますが，図 2.3.5 のとおり，**本の主題と著者**を意味しています。

図 **2.3.5**　背ラベルの番号順に並ぶ図書

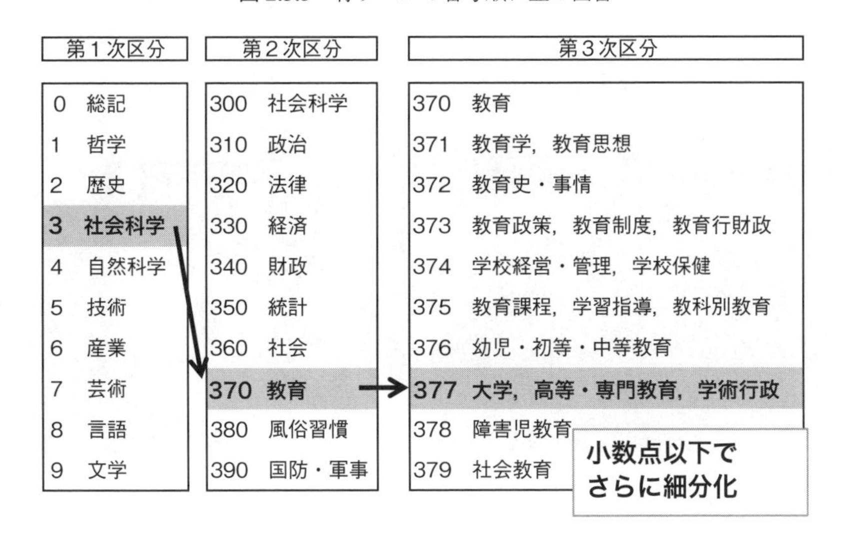

第 1 次区分	第 2 次区分	第 3 次区分
0　総記	300　社会科学	370　教育
1　哲学	310　政治	371　教育学，教育思想
2　歴史	320　法律	372　教育史・事情
3　社会科学	330　経済	373　教育政策，教育制度，教育行財政
4　自然科学	340　財政	374　学校経営・管理，学校保健
5　技術	350　統計	375　教育課程，学習指導，教科別教育
6　産業	360　社会	376　幼児・初等・中等教育
7　芸術	**370　教育**	**377　大学，高等・専門教育，学術行政**
8　言語	380　風俗習慣	378　障害児教育
9　文学	390　国防・軍事	379　社会教育

図 **2.3.6**　日本十進分類法による分類番号（社会科学＞教育＞大学の例）

このように，**すべての蔵書が分類されて書架に並んでいる**点が図書館という施設のいちばん大きな特徴です。そして，この分類番号は，学問の体系を示しています。世の中のすべての事象を，0~9のカテゴリーに分け，それをさらに0~9のカテゴリーに分け…ということを繰り返すことで，この体系のなかに位置づけているのです。日本国内では，**日本十進分類法**に基づいている図書館が大半ですので，自分の関心のある領域について，おおよその番号を覚えておくと，他の図書館でも応用できるので便利です（図2.3.6）。

図2.3.7　誌名順，巻，号順に並んでいる雑誌の例

なお，**雑誌については，主題によって分類されてはおらず，誌名順，巻・号順に配架**されています。背ラベルも貼られていません（図2.3.7）。

② 学修のための場所

大学図書館では，日常的な学修，授業の予習・復習など，学生の自学自習のための閲覧席を提供しています。図書館といえば，「静かに勉強する場所」という印象を持っている人も多いと思いますが，近年は，次のとおり，利用者の多様な学修ニーズに応えるためのスペースを用意しています。

A　閲覧室

従来どおり，「静かに一人で自学自習」するためのスペースです。一人用に仕切られた座席（キャレル）もあります。

B　ラーニング・コモンズ

近年，大学の授業では，講義形式以外に，学生間の意見交換を中心に構成された**アクティブ・ラーニング**による授業が増えています。それに対応して，大学図書館の中にもグループ学習を行うためのスペース，つまり声を出しても良いスペースが求められるようになってきました。それ以外にも友達同士で，教え合いながら勉強したいというニーズもあります。

図2.3.8　ガラスで仕切られたラーニング・コモンズでの学修の様子。左が自由に利用できるオープンスタジオ，右が8人用のグループスタジオ

それらに応えるためのスペースが**ラーニング・コモンズ**です。コモンズというのは，共有地という意味です。学修のためにみんなが自由に使えるスペースです（図 2.3.8）。

ガラスで仕切られた部屋のなかでは，自由なスタイルでグループ学修ができるように可動式の机・椅子，ホワイトボード，プロジェクターなどを用意しています。図書館のなかにあるので，本を持ち込むこともできます。もちろん無線 LAN も使えます。ノートパソコンを持ち込んで，インターネットにアクセスすることも可能です。そして，他の学生が，活発に学修を行っている様子を見ることで**知的な刺激**を得ることができるという副次的な効果もあります。

C　学修スペースとしてのカフェ

静かすぎる場所よりも少々ザワザワしている場所の方が集中できる。ファミリーレストランやファストフード店の中などで飲食しながら勉強する方が好き。近年，こういう利用者が増えており，従来の学修空間とは違った，ちょっとリラックスできるカフェのような場所を学修スペースとして提供している大学図書館が増えています。

図 2.3.9　図書館に併設されたカフェでのビブリオバトル

カフェについては，図書館内でのカジュアルなイベントスペースとして利用されることもあります（図 2.3.9）。キャンパス内での息抜きのスペースであると同時に，大学図書館の新しい「顔」になりつつある場所です。

c）大学図書館のサービス

大学図書館では，今まで述べて来たとおり大学ならではの資料と施設の提供を行っています。ただし，そのサービス形態は，ほぼ公共図書館や学校図書館と同様です。例えば，次のようなサービスはどの図書館でも共通しています。

- 資料の貸出
- オンライン目録（OPAC）での蔵書検索（図 2.3.10）
- 調べもの（参考図書やデータベース，レファレンス・サービス）

図 2.3.10　金沢大学附属図書館の OPAC Plus の画面

一方，次のサービスについては，一般に大学図書館の方が公共図書館に比べるとかなり充実しています。

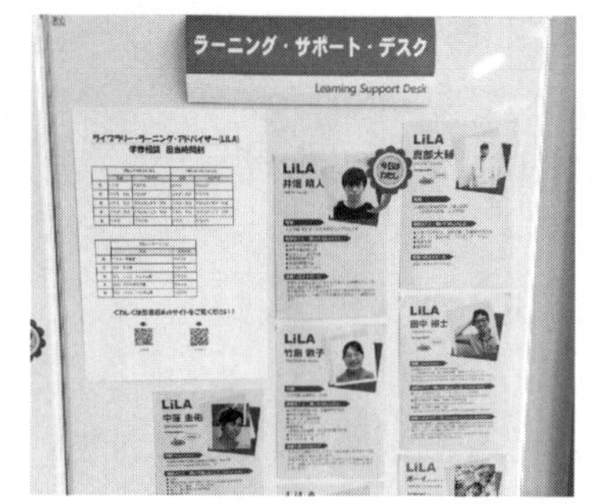

図 2.3.11　ラーニング・コモンズ内で学修支援を行うアドバイザー（左）と図書館内で活動するアドバイザーを紹介するボード（右）

- 図書館 Web サービスを通じたオンラインでのサービス（貸出期間の延長，リクエスト，図書館の施設予約等）
- 図書館間のネットワークを利用した相互利用（他館への文献複写依頼や他館からの資料の借用）
- 授業以外での学修支援（学生同士による学修相談，図書館主催の講習会等）

このなかで，近年特に重視されているのが，3 つ目の**授業以外での学修支援**です。レポート作成法，資料の探し方，日常的な学修法，授業で分からなかった点についての質問，留学生の支援，語学の練習 ··· 等，授業以外の部分で，学生が自主的に学修したい部分についてのサポートを拡大しています（図 2.3.11）。

これからの大学図書館は，本や雑誌などの資料を提供するというだけではなく，それを使ってどう学修するかという点までサポートする施設へと発展しつつあるのです。

2.3.4　まとめ

以上，大学図書館とは，どういう図書館であるかについて説明しました。

大学図書館は書架の間を歩いてみるだけで，**大学で学ぶ学問体系を体感できる場**です。

インターネット上の Web サイトの場合，情報量が多過ぎるため，その全体像をイメージすることはほぼ不可能です。つい自分の関心のある情報や都合のよい情報だけに深入りしてしまい，結果として偏った考えに陥ってしまう危険性があります。

一方，本というメディアは，編集・出版という過程を経ることにより，情報が精選され，圧縮されています。もちろん間違ったことの書かれた本もありますが，学術的な精度は，Web 上の情報よりも高く，本という形がある分，一覧性もあります。そういう本が集まった大学図書館の書架は，学問の世界の縮図といえます。

図書館の本には，いろいろな観点から書かれた本が多数集まっています。誰が書いたか分からないような生の情報がそのまま載せられていることの多い Web 上の情報は，玉石混交です。それに比べると，図書館の本はバランスが取れています。基本的な内容を優しく教えてくれる本もあれば，特定の分野を深く掘り下げた本もあります。自分と同じ意見の本もあれば反対の意見の本もあります。Web上の情報と違い，**自然に情報の多様性を体感**できます。

いろいろな考え方に触れ，幅広い教養が求められているグローバルな時代だからこそ，多様な情報の全体を俯瞰できることは重要です。大学図書館は，学生の皆さんの「知りたい」「勉強したい」という知的な欲求を満たすと同時に，知的な好奇心を刺激し，モチベーションを高めるための場です。

ランガナタンというインドの図書館学者は，図書館が目指すべき基本的な目標を次の5つにまとめています（注2）。

第1法則　図書は利用するためのものである。
第2法則　いずれの読者にもすべて，その人の図書を。
第3法則　いずれの図書にもすべて，その読者を。
第4法則　図書館利用者の時間を節約せよ。
第5法則　図書館は成長する有機体である。

成長する有機体としての図書館は，利用者の変化に応じて，その蔵書やサービスを絶えず変化させています。そして，本を中心とした知的な出会いの場として，多くの人に活用されることを待っているのです。

注

1. 文部科学省科学技術・学術審議会 学術分科会 学術情報委員会『学修環境充実のための学術情報基盤の整備について（審議まとめ）』 2013年
2. S.R.ランガナタン著，森耕一訳『図書館学の五法則』 日本図書館協会 1981年

（橋　洋平）

2.4　プレゼンテーションのしかた

2.4.1　プレゼンテーションとは

プレゼンテーションとは，調査した結果や企画などを口頭で発表することをいいます。もともとは広告業界の用語で，企画案をクライアントに説明し，契約してもらえるよう説得するための発表をプレゼンテーションと呼んでいました。現在では，プレゼンテーションは紹介，発表，報告，提案などの意味を表す用語として用いられています。大学においては，授業，ゼミ，研究会や学会などでの口頭発表をさします。

大学でのプレゼンテーションでは，説得よりも，説明に重点が置かれます。**説明**とは，自分の思いや考えを他人に正確に伝えることです。自己紹介，スピーチ，履歴書，抱負などもプレゼンテーションとされます。

調査した内容を表現，発表するという点ではレポート，論文と基本的には同じですが，レポート，論文では書き言葉を用いて紙媒体で表現するのに対して，プレゼンテーションでは，話し言葉により，聴衆を前にして表現する点が異なります。

2.4.2　プレゼンテーションの構成要素

いいプレゼンテーションを行うためには，**内容**，**技術**，**道具**の三つの点を押さえておかなければいけません。

このなかで一番重要なのは，当然，**内容**です。これがなければいくら話し方が上手くて，パソコンなどの機器操作が見事であっても，相手には何も伝わりません。

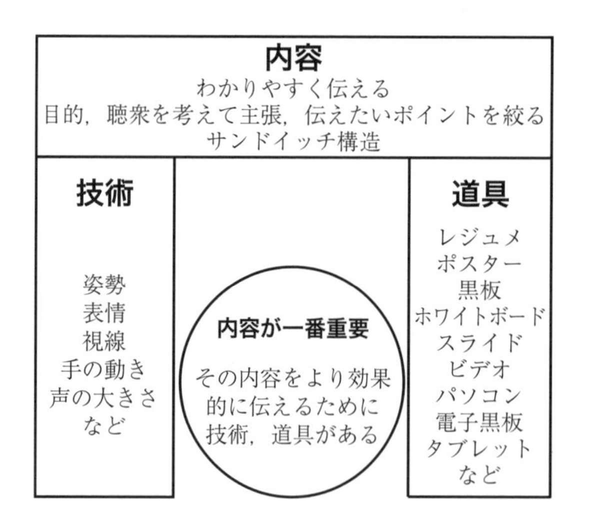

図 2.4.1　プレゼンテーションの構成要素

2.4.3 プレゼンテーションツール

プレゼンテーションを行うにあたっては，わかりやすく説明するためにいろいろなツール（道具）を用います。現在，一般的なプレゼンテーションツールとしては，以下のものがあげられます。

- レジュメなどの配付資料
  - レジュメとはハンドアウトとも呼ばれるもので発表内容を要約した資料のことです。これらの配付資料は，発表内容を理解するための補助資料として用います。
- 黒板，ホワイトボード，ポスターなど
  - 専門用語や相互関係を板書したり，模造紙に全体像や項目を書いたりしてプレゼンテーションへの理解を助けるために用います。
- スライド，映画，OHP，VTR などの視聴覚機器
  - プレゼンテーションの理解度を高めるために画像や動画を用います。
- パソコン＋パワーポイント
  - 現在のプレゼンテーションの主流です。スライド形式で発表を進めていきます。文字だけでなく，音声，画像，動画を組み込むこともできます。

これらのツールは，わかりやすく説明するだけでなく，

- 説明にメリハリをつける
- 聞き手を飽きさせない
- 発表に集中してもらえる
- 発表の流れに変化が与えられる
- 表現方法が多様になる

などのために用います。しかし，ツールは，あくまでも道具であり，繰り返しになりますが，重要なのはあくまでも発表内容そのものです。

2.4.4 プレゼンテーションの準備

レポート・論文を書くための準備＋「話す」・「見せる」ための準備 ＝プレゼンテーションの準備

プレゼンテーションは，基本的には，「レポート・論文を書くための準備」を行い，それに話し言葉で聴衆を前に発表するため「「話す」・「見せる」ための準備」を追加する形で準備を行います。

2.4.5 プレゼンテーションの準備（その 1）

それでは，実際にプレゼンテーションを行うことを前提に，どのように準備を行えばいいか見ていきましょう。

a）授業，ゼミなどで発表の機会とテーマが与えられる

大学においてプレゼンテーションをする機会は，主に授業やゼミなどが考えられます。授業やゼミなどでは，そこで扱っている内容に基づき，発表するテーマや日時について，自分で考えて決める場合もあるでしょうし，教員から指示される場合もあるでしょう。どちらにしても，ここがプレゼンテーションを行う出発点となりますので，「これから自分がプレゼンテーションを行うんだ」と認識しておくことが重要です。

b）発表までのスケジュールをたてる

授業やゼミで確定したプレゼンテーションの日時に向けて，自分自身で作業スケジュールを立てましょう。きちんとしたスケジュールを立てることが，その後の作業においては非常に重要です。

c）発表の目的，聴衆を考え，テーマを絞り込む

授業，ゼミなどで決めたテーマについて，どういう目的で発表するのか，誰を対象に発表するのかを考えて，より具体的な内容に絞り込む作業が必要です。例えば，大きなテーマとして「最近のパソコン事情」というのがあったとして，それが「情報系」の授業，ゼミなら「コンピュータの技術進化」が，また，「社会系」あるいは「経済系」の授業，ゼミなら「パソコンの売れ筋日米比較」などというふうにより具体的に絞り込むことが必要です。テーマを絞り込まずに漠然と発表すると，焦点が絞れず，事実の羅列に終わってしまい，聴衆も納得しません。絞り込む際に注意する点は，絞り込んだものをプレゼンテーションのタイトルとしても使えるように，できるだけ簡潔にわかりやすく表現することです。簡潔にわかりやすく表現できるということは，そのテーマについての基礎的知識が十分あることの証拠です。

d）発表での最終的な主張，伝えたいポイントを定める

テーマが絞れたら，次はそのテーマについてのポイント，すなわち自分が伝えたい事実，主張したい点などを決めます。もちろん，この後，情報収集を進めていく上で，事実関係や主張したい点，結論などが変わっていく可能性はありますが，この時点では，プレゼンテーションの大まかな骨格を決めるくらいの気持ちで，ポイントを考えてください。その際，ポイントを箇条書きにしていくと全体像が見やすくなります。

e）発表に用いる材料を集める―情報収集―

上で決めたポイントに従って，主に図書館やインターネットを活用し情報収集を行います。その点では，レポート・論文の書き方と同様です。もちろん，テーマによっては，インタビューや実地調査などを行う場合もあります。集めた情報は，後々の作業のことを考えてカード形式で整理するか，エクセル，アクセスを用いてパソコン上でデータベース形式として整理しておくと便利です。

f）発表での構成を考える

プレゼンテーションの構成にはいろいろなパターンがありますが，ここでは最初に「結論＋序論」に少しふれ，その後「本論」を述べ，最後に改めて「結論」を確認するという**＜サンドイッチ構造＞**について説明します。

- サンドイッチ構造
  - 結論＋序論
  - 本論
  - 結論

＜**サンドイッチ構造**＞の利点は，聴衆がある程度のゴールを予測することができるため，プレゼンテーションで話の筋道が見えやすくなる点です。最初に「結論」についてもふれるため，「本論」での説明が「結論」とどう結びつくのかがわかりやすくなります。プレゼンテーションは推理小説ではないので，どんでん返しやトリックなどがあると聴衆が不安になり疲れてしまい，わかりやすく説明するという本来の目的達成が困難になります。

次に，この構造に沿って，発表全体のアウトラインを考えます。**アウトライン**とは，全体を通しての流れだと思ってください。このアウトラインに沿って，それまでに集めた材料を整理します。この時に，集めた材料をカード形式やデータベース形式で整理しておくと，並び替えなどが楽に行えます。なお，アウトラインを考える際には，発表時間についても考慮する必要があります。いくらわかりやすいアウトラインを考えても，決められた時間内に終わりそうにないものは，いいプレゼンテーションとはいえません。

2.4.6　プレゼンテーションの準備（その 2）

ここからは，プレゼンテーション準備（その 2）について説明します。プレゼンテーション準備（その 1）で考えた内容を，実際に発表会場でのプレゼンテーション作業に向けて準備します。

a）プレゼンテーションの進行を考える

まず，発表会場で使うツールについて考えます。具体的には，レジュメなどの資料を配付するのか，説明しながら黒板，ホワイトボードを使うのか，スライドやビデオを見せるのか，パワーポイントを使うのかなどについて考えます。使うツールに応じた準備作業を行います。

b）レジュメを作成する

発表内容を要約した資料であるレジュメは配布した方がいいでしょう。聴衆にとっては，話し言葉が流れていくだけだと不安になり，内容理解の点でも不十分になるおそれがあります。また，発表する本人に取ってもレジュメを作成する作業を通して，プレゼンテーション全体の流れを改めて確認することができます。以下に，レジュメを作成する時の主要なポイントを三つあげます。

- 実際にプレゼンテーションで話す内容と一致させる
- できるだけ簡潔に表記する
- 説明をわかりやすくするために図や表を使ったり，例示を入れる

また，レジュメの分量としては A4 計算で 2〜4 枚程度がいいでしょう。そのため，「発表中に見てもらいたいこと」と「発表後でもよいこと」を区別することも必要です。「発表中に見てもらいたいこと」は，プレゼンテーションの流れに沿って，聴衆が目で追っていけるような情

報を意味します。「発表後でもよいこと」としては，プレゼンテーション中には時間が無くて紹介しきれない詳細なデータや周辺情報などです。レジュメが完成したら，必要部数コピーしておきます。

c）スライドなど視聴覚資料を作成する

次に，パワーポイントなどで見せるスライドなどの視聴覚資料の作成作業に入ります。この作業は，レジュメ作成より前でもかまいませんし，同時進行で進めてもかまいません。スライドは，話しながら前方画面に映し出されるものですので，ポイントを絞って見やすく作らなければなりません。そのため，文字の大きさ，図，表，グラフの見やすさにも注意が必要です。スライドは1枚でひとまとまりになっていることが原則です。説明文や図，表，グラフなどが2枚のスライドにわたっていると内容が非常にわかりにくくなります。また，発表時間に合わせてスライド全体の分量も考えないといけません。最低でも1枚のスライドで1分程度，詳しく説明する場合は3分程度の時間を目安としてください。

2.4.7　実際にプレゼンテーションを行う

これまで見てきたように準備ができたら，次は本番に向けての**練習**です。いきなりぶっつけ本番で練習なしでプレゼンテーションを行うことは絶対避けてください。絶対に時間配分，機器操作で失敗しますし，思うように声も出ません。できれば，友達同士でお互いの発表を練習するのもいいかもしれません。また，少し恥ずかしいかもしれませんが，鏡の前で練習をするのもいいでしょう。姿勢や身振り，手振りが確認できます。プレゼンテーション練習および本番で気をつけなければならない点をいくつかあげておきます。

- 自信を持って
- 落ち着いて
- ゆっくりと話す
- 話し始める前に，深呼吸するまたは数秒，間を取る
- 力強く，大きな声で話す
- 背筋をまっすぐ伸ばして
- ただし棒立ちではダメ
- 身振り，手振りが交えられるともっといいです
- 聴衆の反応を見ながら
- アイコンタクトが重要
- 視線は一点を凝視するのではなく，会場を右から左，前方から奥の方へといったように動かす
- 発表時間は守る

ここまで，発表者としての立場からプレゼンテーションについて説明してきましたが，最後に，聴衆としての態度についても一言付け加えておきます。なぜ，聴衆としての態度にふれる

かというと，実際の授業やゼミでは，発表する機会以上に聴衆になる機会の方が多いからです。そのため，他人の発表を聞くときにも上で説明したポイントをきちんと確認しながら，しっかり聞くことが自分の発表をよくする近道ともいえます。

参考文献

学習研究会編『大学生からのスタディ・スキルズ　知へのステップ　第4版』（くろしお出版，2015年）

上村和美・内田充美著『プラクティカルプレゼンテーション　改訂版』（くろしお出版，2008年）

北尾謙治ほか著『広げる知の世界　大学でのまなびのレッスン』（ひつじ書房，2005年）

（堀井祐介）

第3章

大学生活・社会生活の基礎

3.1 ハラスメントについて

3.1.1 ハラスメントを「大学・社会生活論」でとりあげる意味

学生の多くは，なぜハラスメントの問題を大学・社会生活論でとりあげるのか不思議に思うかもしれません。しかし，この問題は大学にとって大切な問題です。以下，三つの視点からその必要性について説明します。

まず，ハラスメントが基本的に人権問題だということです。ハラスメントは，教育を受ける権利，教育研究をする権利，働く権利，人格権・自己決定権への侵害であり，被害者のその後の人生に多大な影響を与えます。学生一人ひとりの個性と能力を高く評価し，共に教育・研究活動に励もうと考えている大学にとって，その一人ひとりの人権を尊重し，擁護していくことはその存立に関わる重要な要素なのです。

次に，総合大学である金沢大学には附属学校や附属病院もあり，学生，教職員だけではなく，出入りの業者から患者さん，保護者など，さまざまな背景を持った人々が集まってきています。したがって，ハラスメントを含めたいろいろな問題が起こりうる場になっています。学生は，例えば教職員との関係で被害者になるだけではなく，学生同士の関係では加害者にもなります。また，卒業後の社会においても常にハラスメントの問題は存在します。大学は，ハラスメントをしない，ハラスメントを許さない人間を育成したいと思っているのです。

さらに，ハラスメントが生じやすい環境は，教育・研究環境としては適切ではありません。ハラスメントが生じやすい環境は，不愉快で，効率の悪い，不利益を生む環境といえるでしょう。したがって，日常の教育・研究活動自体に対してマイナスの効果を及ぼします。つまり，ハラスメントが生じやすい環境は，誰の利益にもならないのです。

3.1.2 ハラスメントということばとその歴史

ハラスメントは英語です。辞書を引いてみると次のように出ているでしょう。

> 「harassment　悩ます [される] こと；悩み（の種）|| sexual～　性的嫌がらせ」
>
> （『ジーニアス英和辞典』）

ハラスメントは，まずセクシュアル・ハラスメントから社会に広まった概念です。セクシュアル・ハラスメント問題の歴史的経緯を簡単に述べると，セクシュアル・ハラスメントは，女性の社会進出が早かった欧米ではすでに1970年代から社会問題化していました。日本では1989年に「セクシュアル・ハラスメント」が新語大賞の新語部門で金賞をとったことからわかるように，ようやく1980年代以降本格的に知られるようになりました。

年表を見てわかるように，1975年からの「国連婦人の十年」によって女性に対する意識が全世界的に改善され，女性の地位が向上しました。そうしたなか，職場における性差別やセクシャリティにまつわる不当な行為が問題になっていきました。「レッドブック・マガジン」や「モア」などの雑誌等による実態調査により，セクシュアル・ハラスメントの実態が明らかにされ，社会がこれを見過ごすことのできない問題として理解したのです。もちろん，男性を中心とする無理解もあり，その道のりは決して平坦なものではありませんでした。しかし，多くの被害者とその支援者の裁判を含む真剣な闘いがあって，セクシュアル・ハラスメントに対する理解が社会全体に深まっていったのです。とくに，アメリカの雇用機会均等委員会（EEOC）

1975–85年	「国連婦人の十年」
1976年	アメリカの「レッドブック・マガジン」誌の実態調査，その後各種調査続く
1980年	アメリカの雇用機会均等委員会（EEOC）の「ガイドライン」
1983年	「モア・リポート」
1985年	「男女雇用機会均等法」施行，「男女差別撤廃条約」批准
1986年	ウィンソン判決（米連邦最高裁判所）EEOCのガイドライン認める
1988年	はじめて日本の公的機関の文書にセクシュアル・ハラスメントという用語が登場（「昭和62年度東京都の労働相談の概要」）
1989年	福岡セクシュアル・ハラスメント裁判提訴
1992年	福岡セクシュアル・ハラスメント裁判原告勝訴
1994年	金沢地裁，判決文の中ではじめて「セクシュアル・ハラスメント」という言葉をつかう
1999年	「改正男女雇用機会均等法」「人事院規則10–10」施行
2007年	「男女雇用機会均等法」再改正 → 女性だけではなく全ての労働者が対象に，また相談体制の整備にも言及している。

＜資料＞

「アメリカ合衆国雇用機会均等委員会ガイドライン」（1980年）「相手がいやがっているのに口説いたり，性的な愛情を要求したり，その他言葉や身体による性的な意味合いを持つ行為を以下のような場合において行う場合，それはセクシュアル・ハラスメントを構成する。（1）明示的あるいは暗黙に，性的要求に従うことが，個人の雇用の条件にされる場合　（2）性的要求への諾否が，個人に影響を与える雇用上の意思決定の基礎として使用される場合　（3）そうした行為が，相手の職務の遂行を妨げるか，あるいは脅迫的敵対的で不快な仕事環境を形成する目的によって行われる場合，あるいはそのような効果を持つと十分判断される場合」

「改正男女雇用機会均等法」第11条（2007年）「事業主は，職場において行われる性的な言動に対するその雇用する労働者の対応により当該労働者がその労働条件につき不利益を受け，又は当該性的な言動により当該労働者の就業環境が害されることのないよう，当該労働者からの相談に応じ，適切に対応するために必要な体制の整備その他の雇用管理上必要な措置を講じなければならない。」

のガイドラインは，セクシュアル・ハラスメントの社会における認知を進める上で大きな働きをしたといわれています。

近年では，2017年，アメリカの歌手・女優のアリッサ・ミラノ（Alyssa Milano）がTwitterで「セクハラや暴力を受けたなら，このツイートへの返信に『私も（Me too)』と書いて」と呼びかけました。これを契機にセクハラや性的暴行を受けてきた人たちがSNSを利用して被害を告白することで，性的被害問題への認識を変えようとする動きが起こりました。これが#MeToo運動です。ハリウッド女優を始め，著名人の発信をメディアが取り上げ，この運動は世界中に広がりました。また，「この問題は女性だけではない」という声もあがり，男性やLGBTQ＋の人々からの告白も多く見られるようになりました。日本でも#MeTooのつぶやきが盛んに行われ，ツイッターを中心に一般の人からも次々と被害を訴えるツイートが急増しました。隠されがちな性的被害問題を訴えることで団結して立ち上がろうとする動きが見られています。

金沢大学では，1999年の「人事院規則10–10」の施行によって学内にセクシュアル・ハラスメントの相談体制を整えました。また，2004年の国立大学法人への移行に伴い，相談・対応の内容をセクシュアル・ハラスメントから全てのハラスメントに広げ，現在に至っています。一方，**男女雇用機会均等法も2007年再改正**され，それ以前（1999年の改正による）は女性に対するセクシュアル・ハラスメントのみを対象にしていたのですが，ホモ・セクシュアルを含むあらゆる性に対するセクシュアル・ハラスメントに対する対応が雇用者の責任とされました。

また，近年の大きな労働問題がパワー・ハラスメント（パワ・ハラ）です。2019年5月，「改正労働施策総合推進法（パワ・ハラ防止法)」が成立しました。これに伴い，企業にパワ・ハラ防止のための相談体制の整備などが義務付けられました。大企業では2020年6月1日から，中小企業では2022年4月1日から対応が義務となります。本学は2020年6月1日，学長による「ハラスメント防止宣言」を総合相談室ウェブサイトに掲載し，パワハラを含むハラスメント言動によって構成員の就労・就学環境を害することは許されない旨の方針を明確化しました。あわせて，ハラスメント防止規程・指針の改訂を行いました。

3.1.3　ハラスメントとは何か？

それでは，ハラスメントとは具体的にはどういう行為をいうのでしょう。この章では，まずハラスメントについて考える上でのポイントとハラスメント問題の特徴を述べ，その後，ハラスメントをセクシュアル・ハラスメント，アカデミック・ハラスメント，その他のハラスメントに分けて解説したいと思います。（ただし，この分類については確定したものではなく，さまざまな考え方があります。）

a）ハラスメントを考える上でのポイント，ハラスメントの特徴

ハラスメント，とくにセクシュアル・ハラスメントの問題を取り扱う際に特徴的なのは，被害を被っている人の受け止め方を重視することです。加害者が自分の言動が善意によるものであることや意図的でないことをいくら主張しても，受け手が被害を感じたならば，ハラスメントになる可能性があります。よく，「善意でやったことだ」とか，「自分はそういうつもりではなかった」と言い訳する加害者がいるのですが，あくまでも受け手がどう感じているかが問題になります。それから，人によって不快の度合い，つまり受け手の許容量は異なっています。このことは常に留意しなくてはなりません。

次に，ハラスメントにおいては，いつも相手から意思表示があるとは限りません。よく加害者は「相手が嫌だと言わなかった」と弁解しますが，強い圧力の下では嫌だと言えません。嫌だと言えない状態や一生懸命我慢している状態は決して同意を意味するものではありません。

また，強い立場にいる人間は無自覚なことが多いものです。そして，自分の権限の及ぶ限界を勘違いしているケースも目立ちます。強い立場にいる人間，とくに教員は，自分が一定の権力を持っていることと，その権限の範囲を認識する必要があります。よく「教育的指導であってハラスメントではない」との言い訳を聞きますが，ハラスメントは教育行為や指導とは全く別のものです。

さらに，ハラスメントにおいては，多くの場合，一つの言動だけが問題になるのではありません。ある言動が引き金となって事件化することがよくあるのですが，そもそも問題なのは，いろいろなプロセスを経て当事者間の信頼関係が損なわれていることなのです。したがって，大学の構成員は，常にお互いに良好な人間関係を築いていく努力をし続けることが重要です。

b）セクシュアル・ハラスメント

本学ではセクシュアル・ハラスメントを以下のように定義して，対応しています。

セクシュアル・ハラスメントとは，一定の就労・就学の関係にある本学の構成員等が，相手の意に反する性的な性質の不適切な言動を行い，これによって相手が，精神的な面を含めて，就労・就学上の不利益・損害を受けること，又は就労・就学上の環境を害されることをいう。（【ハラスメント防止等に関する規程】第2条（2）イ）

ここでいわれている**「性的な性質の不適切な言動」の「言動」には，行動だけではなく，発言や，条件・環境も含まれます。**まず行動ですが，これにはしつこくつきまとったり，体に触る，あるいは極端な場合，痴漢行為，レイプ（刑法でいう強制わいせつや強姦にあたる）などが挙げられます。次に発言ですが，「女のくせに・男のくせに」「きつい女だ・男のような女だ」「そんなことじゃ結婚できないぞ」「胸が大きい」「なんでこんな女（男）に恋人がいるのか」などと相手に言ったり，「不倫している」「XとYは付き合っている」と噂を流したりすることです。あるいは，「お局」「ブス」「はげ」「ちび」「クロンボ」などの差別語を使ったり，人権侵害行為を擁護（こんな女は暴行してもかまわないだろうなどといった発言をすること）することも含まれます。さらに，条件・環境に関していえば，女性にお茶汲みやお酌をさせる，女性だけ昇進が遅い，ヌードポスターなど性的な掲示物が貼ってあるなどが挙げられます。

また，**「性的な性質の不適切な言動」の「性的」とは，「セクシュアル」と「ジェンダー」の両方の意味です。**前者のセクシャリティに基づくハラスメント（狭義のセクシュアル・ハラスメント）は，性的欲求・関心に基づくもので，不快な性的なジョークや食事の誘い，極端な場合は強姦・強制わいせつまでが含まれます。

例
- スリーサイズを聞く，顔や体型を評価するなど身体的特徴を話題にする。

- 聞くに耐えない卑猥な冗談を交わす。
- 性的な経験や性生活について質問する。
- ヌードポスターを職場やサークル室に貼ったり，卑猥な写真，記事などをみせたり，読んだりする。
- 身体を執拗に眺め回す。
- 食事やデートにしつこく誘ったり，性的な内容の電話・手紙・メールをする。
- 身体に不必要に接触する。
- 権力を利用して（単位認定などをちらつかせて）性的な関係を強要する。

後者のジェンダーに基づくハラスメントには，一方的な性差への偏見に基づく差別的な言動が含まれます。

例
- 「男のくせに根性がない」「女には仕事を任せられない」「女性は職場の花でありさえすればよい」などと発言する。
- 女性であるというだけでお茶汲みや掃除などを強要する。
- 酒席で，教員や先輩の側に座席を指定したり，お酌やチークダンス等を強要する。

最近では，アカデミック・ハラスメントに注目が集まり，セクシュアル・ハラスメントに対する注意が以前ほどではなくなっている傾向があります。しかし，相変わらずセクシュアル・ハラスメントは発生しており，なお一層の注意と努力が必要です。とくに，一方的な性の役割分担や偏見に基づく言動，相手の容姿や性的特性に関する論評などが学生も含めて散見されることは残念です。

c）アカデミック・ハラスメント（教育・研究の場におけるハラスメント）

アカデミック・ハラスメントは和製英語ですが，「研究教育の場における権力を利用したいやがらせ」と一般に定義されます。アカデミック・ハラスメントは，それが起きる場面によって，教育指導に関するもの，研究活動に関するもの，労働権に関するものに分類することができます。

以下では，アカデミック・ハラスメントを教育指導，研究，労働条件の三つに分けて解説します。

第一に，**教育指導に関するハラスメント**ですが，次のような行為が挙げられます。

- 授業や研究指導などにおいて，暴言，中傷，嘲笑などによって，精神的なダメージを与える。
- 正当な理由（出席が足りない，成績が不十分など）がないのに，単位認定・進学卒業を認めない。
- 正当な理由がないのに，自分が希望していない研究テーマを強制する。
- 卒業研究の指導や論文指導をしなかったり，勉学・研究上に必要な助言をしない。
- 学生の学習や研究を尊重せず，教員の研究の補助ばかりさせる。
- 指導教員以外の教員からの助言や指導を妨害したり，指導を受けたら不利益を与えたりする。

- 指導教員が書くことになっているはずの，進学や就職に必要な書類や推薦書を作成しない。
- 納得できない理由で就職活動を禁止する。
- 就職先や進学先に圧力をかけるなどして，内定を取り消したり，進学の妨害をする。
- 合理的な説明もなしに，度々，深夜や休日に実験や研究を強要する。
- 研究室などの会議や行事など必要な情報を意図的に与えない。
- 属性（性別，出身，年齢など）や身分（留学生，社会人学生，科目等履修生など）によって差別的な扱いをしたり，それを正当化したりする。

第二に，**研究活動に関するハラスメント**ですが，次のような行為が挙げられます。

- 卒業研究等で使用していた実験機器や試薬などを無断で廃棄したり，実験機器，コンピュータ，図書・資料などの使用を正当な理由なく禁止する。
- 研究室の入室を禁止したり，劣悪な研究環境を与える。
- 学生が研究テーマの選択，研究計画，調査，実験，計算，とりまとめなどを行い，教員は助言しただけにもかかわらず，学会誌に投稿した論文の第一著者にしない。あるいは，応分の寄与があったにもかかわらず，共著者からはずす。

第三に，**労働権に関するハラスメント**ですが，次のような行為が挙げられます。

- 正当な理由もなく昇進や任期延長に関して不利を与える。
- 慣れない仕事などに頻繁に配置転換をする。
- 意味のない仕事への従事を強要する。
- 退職を示唆したり，公募への応募を強制したりして，退職を強要する。

d） その他のハラスメント

ここでは，セクシュアル・ハラスメントとアカデミック・ハラスメント以外のハラスメントについて説明したいと思います。

一つ目は**アルコール・ハラスメント**です。最近では「俺の酒が飲めないのか！」と絡む上司や先輩学生は減ってきましたが，それでも飲酒を強要したりして相手に不快感を与えたり，場合によっては急性アルコール中毒に陥らせたりする被害は絶えません。また，日本の法律では20歳未満の飲酒は禁止されていますし，酒帯び・酒酔い運転は厳に慎まなくてはなりません。

二つ目は**スモーク・ハラスメント**です。これは喫煙によって環境を悪化させ相手に不快感を与えるものです。スモーク・ハラスメントは不快感を与えるだけではなく，**受動喫煙**によって健康被害を与えかねません。宝町キャンパスは敷地内全面禁煙ですし，角間キャンパスも建物内は禁煙です。所定の喫煙所以外での喫煙は慎むべきです。ましてくわえ煙草で歩行したり，ポイ捨てなどは言語道断です。20歳未満の喫煙は法律で禁止されていることはいうまでもありませんが，喫煙は生涯にわたる健康問題を引き起こします。

三つ目は**「いじめ」**です。陰口を言ったり，仲間はずれにしたり，中傷メールを流したり，掲示板に書き込んだりの「いじめ」的な行為はハラスメントにあたります。もし小・中・高校で「いじめ」があるとしたら，大学において「いじめ」がないとなぜ言い切れるのでしょうか？

キャンパスライフを快適に過ごすためにも「いじめ」についての認識を高めていただきたいと思います。

四つ目は**パワー・ハラスメント**です。パワー・ハラスメントはボス・ハラスメントとも呼ばれますが，一般に「職権などのパワーを背景にして，本来の業務の適正な範疇を超えて，継続的に，人格と尊厳を侵害する言動を行い，被害者の働く環境を悪化させ，または雇用不安を与えること」と定義されています。パワーには，大学内の権力や立場上の力だけではなく，技術力の優位性や威嚇的な態度や大きな声なども含まれます。パワー・ハラスメントは近年特に職場環境の悪化の原因としてその防止が職場などの重要な課題になっています。

3.1.4　金沢大学での取り組み

この章では，金沢大学における相談・防止体制について説明し，実際の解決例を示したいと思います。

まず，金沢大学の相談窓口ですが，以下の窓口がみなさんの相談に乗ります。その際，自分の所属している部局でなくても構いません。相談しやすい窓口を利用してください。相談員には守秘義務があり，相談したこと自体も含め，相談内容は秘密にされます。また，相談したことによって本人や関係者が不利益を被ることがないよう十分配慮するようになっています。ハラスメントかどうか自信がなくても，安心して気軽に相談してください。

＜ハラスメント相談窓口＞

ハラスメント相談員
なんでも相談室
保健管理センターの相談窓口（カウンセラー等による相談）
各学類の教務委員
自分の指導教員やアドバイス教員など

次に，相談および対応の流れについて説明します。対応としては，一般的には（1）**被害者の保護**，（2）**調整（双方納得する解決法の模索）**，（3）**公正な調査**，（4）**加害者の処分**，（5）**事実の公表**の五つが基本といわれています。

金沢大学では，ハラスメントの相談があった場合，総括相談員が副総括相談員とともに相談員等からの報告に基づいて対処策を検討します。しかし，あくまでも相談者の意向を尊重してのことです。相談者が望まない解決策は決して取りません。また，匿名での相談にも応じます。必要な場合は，メンタルケアーをするとともに，被害者を保護する措置が取られます。ハラスメントの被害の程度によっては，話を聞くだけで解決する場合もありますが，継続して相談に乗りながら被害者を支えたりする場合もあります。また，当事者双方の主張を公平な立場で調整し問題解決を図ることもあります。相談員の仲介による調停で解決を目指すこともあれば，事実関係を調査するために，調査委員会を設置する場合もあります。悪質な場合は，調査委員会，防止委員会を経て，加害者の処分（解雇，出勤停止，減給，譴責など）を決定することになります。同時に，被害者が勉学・労働を続けられるよう，回復措置を講じることはいうまでもありません。

<ハラスメント相談員による問題解決の例>

- 指導教員の指導が常識を超えて厳しく，また教員の研究ばかりを優先する。
  - → 相談者の了解を得て相談員が周辺から情報収集を行ったところ，当該教員の指導に相当問題がありそうなことがわかった。部局と連携して相談者の希望に近い受入先を探し，指導教員を変更した。当該教員には，相談員からの申入れにより監督者から厳しく指導を行った。
- 教員が授業中に学生を誹謗・中傷するような発言を行った。
  - → 相談者の了解を得て相談員が当該教員と面談したところ，当該教員は誹謗・中傷の意図はなかったが不適切な言葉を使ったことを認め，反省した。相談員の仲介により当該学生に謝罪した。

3.1.5　ハラスメントのない大学とするために

金沢大学をハラスメントのない大学にするためには，何よりもすべての構成員が，お互いをかけがえのない人格として，そしてパートナーとして尊重しあうことが大切です。そのためにも，日常的に信頼関係を高める努力をすることが重要です。民主的な研究室運営が行われ，オープンな環境が作られ，意思疎通が十分に保証されていれば，相互理解が深まりハラスメントが起きにくくなるでしょう。その意味で，学生・大学院生に対して，教育・研究に関する指導方針が明確に示され，丁寧な説明が施されるべきです。またその際には，学生・大学院生の意思が尊重されるべきです。

大学も時代とともに変って行きます。自分が育ったままの感覚でいると誤解を生じやすいです。教員はもちろんですが，学生も相手の気質，コミュニケーションの仕方（あくまでも相手に合ったコミュニケーション方法）をよく把握した上で，よりよい人間関係を築いていくべきです。

参考文献等：

ベノクレイテス他『セクシャル・ハラスメントの社会学』（千葉モト子訳）（法律文化社，1990年）。

渡辺和子他『キャンパス・セクシュアル・ハラスメント―調査・分析・対策』（啓文社，1997年）。

上野千鶴子他『キャンパス性差別事情　ストップ・ザ・アカハラ』（三省堂，1997年）。

福島瑞穂他『セクシュアルハラスメント（新版）』（有斐閣選書，1998年）。

山田秀雄他『セクシュアル・ハラスメント対策』（日本経済新聞社，1999年）。

吉川栄一郎『職場におけるセクシャル・ハラスメント問題　日米判例研究』（雄松堂出版，2004年）。

岡田康子『上司殿！　それは，パワハラです』（日本経済新聞，2005年）。

『アカデミック・ハラスメント』防止等対策のための5大学合同研究協議会：『アカデミック・ハラスメント防止ガイドライン作成のための提言』2006年。

NPO アカデミック・ハラスメントをなくすネットワーク HP：http://www.naah.jp/

（総合相談室）

3.2　消費者トラブルから身を守る

3.2.1　消費者問題の成り立ちと消費者の権利

私たちは毎日の生活で，食品や文房具など商品を購入し，バスに乗ったり理髪店で髪を切るなど有料のサービスを受けています。このような人たちを一般に「消費者」といい，商品やサービスを生み出す仕事に携わる人たちを「事業者」といいます。

現代の消費生活は，さまざまな商品・サービスが溢れ，豊かで便利になった反面，消費者をだます悪質商法や，購入した商品による健康被害，欠陥商品，便乗値上げなど，消費者に不利益となるさまざまなトラブルも数多く起こっています。こうしたトラブルを「消費者問題」といい，日本では高度経済成長の始まる昭和30年代から社会問題として広く認識されるようになりました。昭和40年代に入り，消費者問題が深刻化すると，国や地方公共団体などでは法律や条例を制定して消費者を保護するようになりました。昭和43（1968）年に制定された，消費者の利益を擁護増進し，国民の消費生活の安定と向上を確保することをうたった「消費者保護基本法」は，その代表的な法律です。

平成6（1994）年には，製造物責任法（PL法）が制定されました。この法律は，製品の欠陥を証明できれば損害賠償が請求できるよう，被害者保護のために制定された法律です。

しかし，時代とともに消費者を取り巻く環境が変わり，消費者被害が増加してくると，消費者は単なる「保護の対象」というだけでなく，主体的に行動できる「自立」した消費者になることが必要だと考えられるようになります。この考え方に基づき，平成16（2004）年に「消費者基本法」に改正されました。前の法律との名称の違いは，この間の考え方を明確に示しています。これにより，新たに「消費者の権利」の尊重が掲げられるとともに，消費者・事業者・行政の責務がそれぞれ明確化されました。

消費者の権利

①　安全が確保される権利
②　自主的かつ合理的な選択の機会が確保される権利
③　必要な情報が提供される権利
④　消費者教育の機会が提供される権利
⑤　消費者の意見が政策に反映される権利
⑥　消費者被害が救済される権利

消費者の責務：自らに必要な知識を修得して，自主的かつ合理的な行動に努める。消費生活に関し，環境の保全及び知的財産権の保護に努める。

事業者の責務：消費者の安全の確保，必要な情報の提供，取引の際の消費者の知識や経験及び財産の状況への配慮，苦情の適切な処理，環境の保全などに努める。

行政の責務：経済社会の発展に即応して，消費者の権利の尊重や消費者の自立の支援のための，消費者政策を進める。

平成21（2009）年には，事故情報の一元的収集など消費者行政の強化を図る目的で，消費者庁が発足しました。平成24（2012）年には，消費者教育の総合的な推進を目的として消費者教育推進法が施行され，消費者市民社会の実現に向け，適切な消費行動に結びつけるよう実践的な消費者教育が，学校教育，社会教育の中で計画的に推進されることになりました。石川県でも，平成27（2015）年に「石川県消費者教育推進計画」が策定され，基本目標の1つに「体系的な消費者教育の推進」が掲げられています。

本学では「消費者教育の機会」を確保することが大学の責務と考え，大学・社会生活論で消費者問題を採りあげています。

では最初に，消費生活の中核をなす「契約」について法律的な枠組みを見ていきましょう。

3.2.2　契約の基本―民法―

消費生活の中核となる「契約」の基本原則は，民法に定められています。

契約とは当事者間に法的な責任が生じる約束のことです。

◇契約の成立はいつ？

事業者（売り手）と消費者（買い手）との間で，商品やサービスの価格・内容などについてお互いに合意すれば契約は成立します。

合意とは，当事者の一方による「申込」と他方の「承諾」の意思表示が合致することです。そのため，原則としては，たとえ口約束であっても契約は成立します。

◇契約自由の原則

契約締結の自由・・・契約をするかどうかは当事者の自由（法令に特別の定めがある場合をのぞく）

相手方選択の自由・・・契約を誰と結ぶかは当事者の自由

契約内容の自由・・・契約の内容や条件は当事者の自由（法令の制限内で）

契約方式の自由・・・契約の形式（口頭か書面かなど）は当事者の自由

※　契約自由の原則は，契約当事者が対等な立場にあることが大前提となります。

◇契約は守らなくてはならない（契約の法的拘束力）

契約は自由にできますが，いったん成立すると，お互いにその合意内容を守る義務が生じます。特別な場合を除いて一方的に契約をやめたり，変更したりすることはできません。契約が守られない場合，裁判所に訴え契約の実現を強制することも可能です。

◇契約を取消できるとき（民法）

民法では契約の成立に何らかの問題がある場合などに，例外的に契約の取消や無効，解除などで契約を解消できると定めています。

契約を取り消すと，いったん成立した契約が最初に遡ってなかったことになります。

＜錯誤による契約＞
消費者が勘違いして結んだ契約で，その勘違いが社会通念に照らして重要なものであるもの

＜詐欺による契約＞
事業者が意図的に相手をだまして締結させた契約

＜強迫による契約＞
事業者が意図的に相手を脅して締結させた契約

取消できる

- ●原則として，消費者は受領したものをすべて返還し，事業者は受領した代金全額を返還しなければならない
- ●消費者に，違約金や損害賠償の支払い義務なし
- ●取消できるのは取消の原因となる事情を知ったときから5年，契約締結から20年（いずれか早いときまで）
- ●消費者側で，錯誤や事業者の詐欺・強迫行為の立証が必要

＜未成年者契約＞
法定代理人（親など）の同意を得ずに未成年者が締結した契約

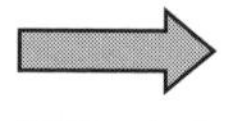
取消できる

- ●契約者本人からだけでなく，法定代理人からも取消可能
- ●原則として，消費者は受領したものをすべて返還し，事業者は受領した代金全額を返還しなければならない
- ●消費者に，違約金や損害賠償の支払い義務なし
- ●取消できるのは，契約者が成人に達した時から5年，契約締結から20年（いずれか早いときまで）

ただし，未成年者契約の場合，以下に該当するときは取消できません。

- ●　小遣いの範囲内での契約
- ●　婚姻の経験がある
- ●　未成年ではない，法定代理人が同意しているなどとウソをついて結んだ契約
- ●　法定代理人から許可された営業に関する契約
- ●　成年に達してから追認した契約（成年に達してからお金を支払った場合など）　など

上記の取消のほかにも，公序良俗に反する契約の無効，債務不履行による契約解除などの規定があります。

一方で，このような契約解消の規定は，契約当事者が対等な立場であることが前提となっており，立証の困難さなどから，これらの規定に基づいて消費者が実際に契約を解消するのは難しいのが現状です。

3.2.3　消費者を守るためのルール―消費者契約法―

民法は，契約当事者が対等な立場で自由に契約することを前提としています。しかし，実際には消費者と事業者の間には，情報の質と量，契約に至るまでの交渉力に大きな格差があり，消費者が一方的に不利な内容の契約を結んでしまうことがあります。

このため，事業者と消費者の間の「消費者契約」（労働契約を除く）において，消費者の利益の擁護を図るため，平成12（2000）年に「消費者契約法」が制定されました。

◇誤認または困惑による契約等の取消

消費者契約法では，事業者の不適切な勧誘行為により，消費者が「誤認」または「困惑」して契約した場合等には，消費者は契約を取り消すことができると定めています（次ページ表）。

消費者を誤認させる行為

①**不実告知**　契約締結の判断に影響する重要事項について事実と異なることを告げる（意図的かどうかを問わない）
②**断定的判断の提供**　将来どうなるかわからない財産上の利得について確実であるかのように決めつけて説明する
③**不利益事実の不告知**　契約締結の判断に影響する重要事項について，利益となる旨だけを告げて，不利益な事実を意図的に（重過失も含む）説明しない

過量な内容の契約

⑬**過量契約**　消費者にとって通常の分量等を著しく超えるものであることを知りながら販売する

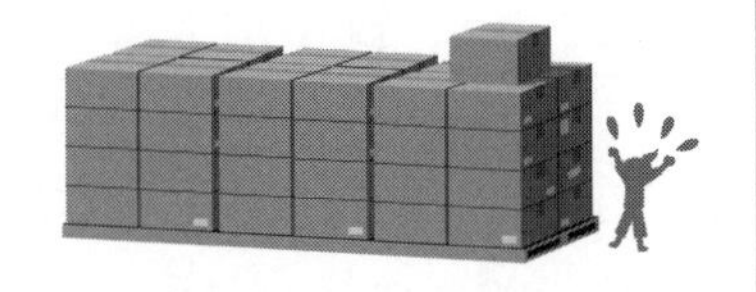

消費者を困惑（※）させる行為

④**不退去**　訪問販売などで消費者が「帰ってほしい」「いりません」と意思表示したにもかかわらず，事業者が退去しない
⑤**退去妨害**　店舗などで消費者が「帰りたい」「いりません」と意思表示したにもかかわらず，事業者が物理的または心理的に消費者を退去させない
⑥**不安をあおる告知**　就活中の学生の不安を知りつつ，「このままでは一生成功しない，この就職セミナーが必要」と告げ勧誘する
⑦**好意の感情の不当な利用**　消費者の恋愛感情を知りつつ，「契約してくれないと関係を続けない」と告げ勧誘する
⑧**加齢等による判断力の低下の不当な利用**　認知症で判断力が著しく低下した消費者の不安を知りつつ「この食品を食べなければ，健康が維持できない」と告げ勧誘する
⑨**霊感等による知見を用いた勧誘**　「私には霊が見える。あなたには悪霊がついている。この数珠を買えば悪霊が去る」と告げ勧誘する
⑩**契約締結前に債務の内容を実施等**　ガソリンを入れようとガソリンスタンドに行ったところ，店員が「ワイパーのゴムが外れている」と頼みもしないのにワイパーを交換し，代金を請求する
⑪**退去困難な場所へ誘導**　理由を告げずに旅行に誘い，山奥の別荘に連れて行って商品を買わせる
⑫**おどすような言動を交えて相談の連絡を妨害**　ウォーターサーバーを買うか親に相談したいと言ったのに，それはダメだと相談を妨害して勧誘する

※困惑とは
民法の「強迫」（恐怖心を感じる）までに至らない程度も含みます。

↓ 取消できる

- 原則として，消費者は受領したものをすべて返還し，事業者は受領した代金全額を返還しなければならない
- 消費者に違約金や損害賠償の支払い義務なし
- 取消できるのは，取消の原因となる事情を知ったときから1年（⑨の場合は3年）または契約締結から5年（⑨の場合は10年）のいずれか早いときまで
- 消費者側で，事業者の不適切な勧誘行為の立証が必要

◇不当な契約条項の無効

消費者契約法では，消費者に一方的に不利な次の契約条項について無効になると定めています。

- 事業者の損害賠償の責任を免除する条項
- 消費者の解除権を放棄させる条項
- 消費者が支払う損害賠償の額を予定する条項等（契約の解除に伴う平均的な損害額を超える部分や遅延損害金につき年利14.6%を超える部分）
- 消費者の利益を一方的に害する条項
- 消費者の後見等を理由とする解除条項
- 事業者が自分の責任を自ら決める条項
- 免責の範囲が不明確な条項

◇消費者団体訴訟制度（差止請求）

内閣総理大臣の認定を受けた適格消費者団体は，消費者個人に代わって，事業者の不当な勧誘や契約条項等についての差止請求をすることができます。石川県では，消費者団体や弁護

士，消費生活相談員等を構成員とする「NPO 法人消費者支援ネットワークいしかわ」が平成29（2017）年5月に適格消費者団体に認定され，活動しています。

消費者契約法の取消・無効も民法と同様に，事業者の不適切な行為などを消費者が立証しなくてはならず，いったん結んだ契約を解消するのはそんなに簡単なことではありません。

3.2.4　トラブルの生じやすい取引類型―特定商取引法―

消費者契約法では，事業者と消費者の間の消費者契約全体を対象として，消費者を守るルールを規定しています。特定商取引法では，消費者トラブルが特に多い7つの取引類型（特定商取引）とネガティブ・オプション（送り付け商法）を対象とし，消費者保護のための民事上のルールとともに，事業者に対して罰則を含む行政規制を定めています。

◇トラブルを生じやすい7つの取引類型（概要）

取引類型		内　容	クーリング・オフ	備　考
1	訪問販売 （注1）	自宅などへの訪問販売，キャッチセールス，アポイントメントセールス，催眠商法（SF商法）など	8日間	訪問販売として，以下のものも規制の対象となります。 （キャッチセールス） 路上で「アンケートに協力してください」などと呼び止め，営業所などに同行し，商品を購入させるもの （アポイントメントセールス） 「当選しました」「このチラシを持ってきた人だけ特別割引する」といった口実で営業所などに呼び出して商品を購入させるもの （催眠商法（SF商法）） ビルの一室などに消費者を集め，無料の粗品を配りながら，消費者を催眠または興奮状態にして高額商品を購入させるもの
2	訪問購入	事業者が，消費者の自宅などを訪問して，物品を買い取る契約		消費者からの要請なしで突然自宅などに飛び込んで勧誘すること（不招請勧誘）は禁止されています。
3	通信販売	新聞・雑誌・テレビ・インターネットなどの広告を見て，郵便・電話・インターネットなどで申し込む契約 「電話勧誘販売」に該当する場合は除く	×	クーリング・オフとは異なる「返品制度」があり，事業者は広告に，返品特約の有無やその条件を表示することが義務付けられています。 （原則） 商品を受け取った日から起算して8日が経過するまでの間に返品の意思表示が事業者に到達すれば，返品は認められる。返品送料は消費者が負担 （返品特約） 広告に，上記の原則とは異なる内容の返品特約が表示されている場合は，返品特約が優先されるので，その特約に従って返品できる。「お客様都合による返品は認めない」といった内容でも有効

	取引類型	内 容	クーリング・オフ	備 考
4	電話勧誘販売 (注1)	電話で勧誘される契約	8日間	以下の場合も電話勧誘販売に含まれます。 ① 勧誘電話をいったん切って後日，消費者から改めて申込みをする ② 郵便・ファックス・メール・SNSなどを使って又は新聞広告・テレビ広告・ウェブ広告等を利用して勧誘目的であることを隠して消費者の方から電話をかけさせる(注4)
5	連鎖販売取引 (マルチ商法) (注1)	個人を会員として勧誘し，さらに次の会員を勧誘させ，連鎖的に拡大していく商品・サービスの契約	20日間 (注2)	・クーリング・オフ期間経過後でも，中途解約により組織から脱退できます。 (特定継続的役務提供の中途解約と同じ) ・中途解約をすると，連鎖販売取引の契約締結から1年以内であれば，商品受領後90日以内の未使用品で一定の条件を満たす場合に限り，商品の購入契約も解除できます。 ・先輩などの身近な人に頼まれると断りにくいものですが，毅然と断ることが大事です。自分が勧誘する側になってしまうと，大切な人間関係を壊すことになりかねません。
6	特定継続的役務提供 (注1)	① エステ ② 美容医療 ③ 語学教室 ④ 家庭教師 ⑤ 学習塾 ⑥ パソコン教室 ⑦ 結婚相手紹介サービス の7つの継続的な役務の契約	8日間 (注3)	・7つの継続的な役務のうち，提供期間や支払金額など一定の条件を満たすもののみが対象です。 ・クーリング・オフ期間経過後でも，中途解約ができます。ただし，クーリング・オフとは異なり，定められた範囲内での違約金やそれまで利用した役務の対価の支払い，関連商品の返送費用など，消費者に経済的な負担が生じます。 ・長期間に渡る契約の場合，利用者側のやむを得ない事情で，契約を継続できなくなることも考えられます。契約時に，途中で辞めるときの手続きや費用もきちんと確認しておきましょう。
7	業務提供誘引販売取引 (内職商法) (注1)	仕事を紹介するので収入が得られると勧誘し，仕事に必要といって商品やサービスを契約させる商法	20日間 (注3)	・実際には，仕事が難しすぎたり量的に少なすぎたりして思ったほど収入を得られないことが多く，購入した商品やサービスの代金の支払いが難しくなることがあります。

(注1) 事業者の不実告知，事実の意図的な不告知により誤認して契約したものは取消の対象となる（誤認に気づいた時から1年または契約締結から5年のいずれか早いときまで）。
(注2) 契約書面の受領日または，再販売型の場合は特定負担として購入した商品の最初の受領日のうち，遅い方の日が起算日となる。
(注3) 契約書面の受領日が起算日となる。
(注4) テレビの通販番組や動画配信サイト・新聞広告等を見て，買いたい商品を電話で申し込んだ際に，広告にはなかった無関係の商品を勧められて考える暇もなく契約してしまった･･･という事例が多発したため，令和5年6月からこのような取引も電話勧誘販売の規制の対象となりました。

3.2.5 クーリング・オフ

原則としていったん成立した契約は守らなければいけませんが，突然の訪問販売などで，消費者が契約の必要性や内容をよく理解しないまま契約を結んでしまうことなどがあり，消費者トラブルの原因ともなっています。

特定商取引法では定められた特定の商取引について，一定の期間，消費者に頭を冷やして考える機会を与え，その期間内であれば，無条件で契約を解除することができる制度としてクーリング・オフが定められています。

クーリング・オフは，「◇トラブルを生じやすい7つの取引類型（概要）」の表に示す定められた期間内（書面受領日を含む）に契約解除通知を発信した場合に成立します。日数は，原則として申込書面・契約書面のいずれかを受領した日のうち一番早い日から数えます。

ただし，そもそも申込書面・契約書面を渡されていない場合や渡されていても内容に偽りや不備がある場合には，法律上，申込書面・契約書面を受領したことにはならないため，いつまでもクーリング・オフできることになります。

事業者に一定のクーリング・オフ妨害行為があった場合も，クーリング・オフ期間が延長されます。

◇クーリング・オフの効果

クーリング・オフが成立すると，いったん成立していた契約は最初からなかったことになります。消費者は事業者の負担で商品を返還し，支払代金全額を戻してもらいます。なお，原則として，既に利用した商品やサービスの代金も支払う必要がありません。

クーリング・オフは，特定商取引法だけではなく，その他にも個別の法律で定められているものもあります（割賦販売法，宅地建物取引業法，金融商品取引法，保険業法，預託法など）。

◯クーリング・オフの注意点

クーリング・オフは，適用除外の条件が細かく規定されており，すべての商品やサービスが対象となるわけではありません。

クーリング・オフができないもの（主なものの例）

- 自分から店に出向いて買った商品（店舗販売）
- 通信販売で買った商品（ただし返品制度あり）
- 3千円未満の現金取引
- 自動車，葬儀サービス，電気通信サービスなど
- 化粧品，健康食品などの指定消耗品で，一部を使用または消費した場合
- 飲食店での飲食，あんま，マッサージ，カラオケなど
- 訪問購入では，自動車，家電，家具，有価証券，本，CD，DVD，ゲームソフト　など

※それぞれについて，細かい条件が規定されています

クーリング・オフがあるからといって安易に契約を結んでよいということはありません。クーリング・オフをアテにした安易な契約は絶対にしてはいけません。

◇クーリング・オフの手続き

クーリング・オフの通知は，書面（はがきでも可）または電磁的記録（電子メール，FAX，事業者がウェブサイト上に設けたクーリング・オフ専用フォーム等）で行います。所定の期間内に発信した事実を証明できるよう特定記録郵便または簡易書留で送ります。

送付する書面（はがきの場合は両面）は，コピーを取って保管しておきます。電磁的記録で

通知する場合，電子メールであれば送信メールを保存し，ウェブサイト上のクーリング・オフ専用フォーム等であれば画面のスクリーンショットを残しておきます。

書面の送付先は，原則として，契約相手方の代表者とします。

また，クーリング・オフの対象となる取引がクレジット契約の場合，販売会社と同時にクレジット会社にも，クーリング・オフの通知を出しておきます。

3.2.6　インターネット取引における特別ルール—電子消費者契約法—

インターネット取引（電子商取引）に特有なトラブルについて，民法や消費者契約法などの法律を補う特別法として，平成 13（2001）年に「電子消費者契約法」（電子消費者契約及び電子承諾通知に関する民法の特例に関する法律）が制定されました（令和 2（2020）年 4 月 1 日改正民法の施行に伴い「電子消費者契約に関する民法の特例に関する法律」と改称）。

操作ミスによる契約の取消	操作ミスによる誤発注を防ぐため，消費者が申込みを行う際に，申込み内容を確認できる措置（確認画面の設定）を事業者に求め，事業者が確認画面を設けていない場合は，重過失の有無にかかわらず，錯誤によりその契約を取消できる
承諾メール等と契約の成立時期	消費者からの注文（申込み）に対して，事業者の発信した承諾メール等が消費者に到達した時点（電子メールの場合，メールサーバー中のメールボックスに読取可能な状態で記録されたとき）で契約が成立する

3.2.7　トラブル事例

ここでは若者に多い消費者トラブル事例を紹介します。

トラブル事例の中で何が問題か，どうしたら同種のトラブルが防げるか考えてみましょう。

事例1	アダルトサイトで突然，高額請求画面！	スマートフォンでアイドルの動画サイトを検索中に，興味本位で無料と表示されたアダルトサイトにアクセスしたところ，年齢認証の画面が表示され，「18歳以上ですか？」の問いに「はい」を選択したら，突然「会員登録完了」の画面が表示され，登録料9万8千円を請求された。慌てて「退会の方はこちらへ」に記載された番号に電話すると，氏名，住所，電話番号，メールアドレスを聞かれ「退会するとしても，いったん会員登録が完了しているので，9万8千円は支払わなくてはいけない」と言われた。本当に支払わなければいけないのだろうか。
事例2	ネット通販　クーリング・オフできる？	ネット通販で購入したTシャツが，画面で見た色合いと違い，素材も雑な感じで，思っていたものと印象が違うので返品したいのですが，クーリング・オフはできますか？ Tシャツは未使用で外箱から取り出しましたが，袋からは取り出していません。
事例3	激安サイトで注文したブランド品が届かない！	ネット通販で，ブランドのバッグが激安だったので注文したが，商品が届かない。慌てて連絡しようとしたら，電話番号の記載がなく，連絡先のアドレスにメールを送っても返信がない。店舗の住所も番地の記載がなくデタラメのようだ。 前払いの銀行振込で支払ってしまったが，お金を返してほしい。

事例4	**SNS で知り合った友人に買わされた！**	SNS の同じ県出身者のコミュニティサイトで気の合う友人が見つかった。最初は SNS で連絡を取り合うだけだったが，実際に合うようになり，ドライブに誘われたが，「私はジュエリーのデザインをしている。作品を見せてあげる。見るだけでいいから」と言って，宝石店に連れていかれた。 「私がデザインしたこのネックレス，あなたに身につけてほしい」と言われ，「あなたなら特別に安くしてあげる。クレジットカードで分割払いなら月々の支払いも負担にならない」などと強引に勧誘され，購入してしまった。 家に帰ってやっぱり不要な買い物だったと思い，誘ってくれた友人に連絡を取ろうとしたら，友人のアカウントは削除されており，連絡が取れなくなっていた。そこで初めてだまされたことに気が付いた。契約をキャンセルしたい。代金は絶対に払いたくないし，買ったネックレスも引き取ってほしい。
事例5	無料のつもりが，強引な勧誘で高額エステ！	エステの無料券があったので，お試しだけのつもりでお店に行った。 施術後に，「続けるともっと効果が出る。今日がキャンペーン最終日なので，今日契約できるあなたは運が良い。クレジットカードで分割払いにすれば，月々の支払いは無理なくできる。」と強引に勧められて断り切れなくなり，その場で 6 カ月のエステサービスと化粧品を総額 20 万円で契約してしまった。 「契約してしまったものは仕方がない」と思い，化粧品をしばらく使ってみたが気に入らない。エステも 1，2 回通ったが，仕事が忙しくこれ以上は通えない。使った分は仕方ないが，未使用分と残りのエステサービスをキャンセルしたい。
事例6	先輩からマルチ勧誘，断り切れずにローンを組んだ！	高校時代の先輩から「投資用 DVD を購入して会員になり，新たに友人や知人を会員に誘って DVD を販売するビジネスをしないか」と勧められた。 「1 人紹介すれば 10 万円もらえ，簡単に稼げる」と説明を受けた。「元手がない」と言ったら，「会社員と言って，車の頭金のためといえばお金は借りられる」と指示され，消費者金融 3 社から 20 万円ずつ借りて支払った。 その後，だれも勧誘できず収入は得られず，ローンだけが残った。解約して返金してほしい。

アルバイト詐欺に注意！

＜事例＞

インターネットで見つけたアルバイトに応募したところ，言葉巧みに携帯電話の契約をさせられ，携帯電話会社から高額な利用料金を請求された

＜対策＞

事業者に渡した携帯電話などは，振り込め詐欺などの犯罪に使われる可能性が高いものです。中には「他人に譲渡する目的で携帯電話を搾取した」と，学生が詐欺容疑で検挙された実例もあります。

自分では手軽なアルバイトのつもりで，携帯電話やスマートフォンなどを購入し他人に渡したとしても，携帯電話会社から見ると名義人が契約相手になり，通話料などの支払い責任をまぬがれることはできません。

もし，自分名義の携帯電話を他人に渡してしまったら，被害の拡大を防ぐため，次の対応が必要です。

① すぐに携帯電話会社に連絡して，利用停止の手続きをとる
② ケースによっては，契約者である本人が犯罪に加担したとして刑事責任を問われるおそれもあるので，弁護士に相談して助言を得ながら警察に届け出る

3.2.8　お金の基本ルールを知る

◇クレジットや金利のしくみ―多重債務に陥らないために―

クレジットや各種ローン・キャッシングは，どれも「借金」です。手元に現金がないからといって，その場しのぎのつもりで安易に利用すると，返済がどんどん困難になり，取り返しのつかないことになってしまいます。

<クレジットカードのしくみ>

クレジットは，ショッピングなどの代金をクレジット会社に立て替えてもらう契約です。

クレジットカードを利用すると，あらかじめクレジット会社と契約した利用限度額の範囲内で，購入した商品・サービスの代金を立て替えてもらうことができます（包括クレジット契約）。

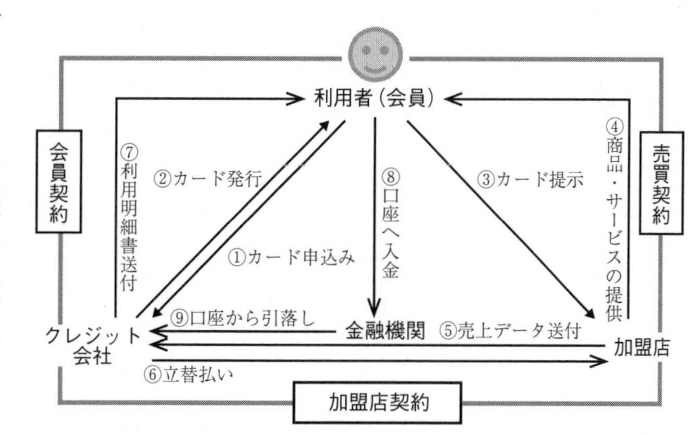

<クレジットの審査>

クレジットは「信用」という意味です。クレジット会社は審査により「必ず支払いができる」と認めた人とだけ会員契約をし，クレジットカードを発行します。クレジット会社は審査のときに指定信用情報機関に，その人のローンやクレジットの利用および返済状況を問い合わせます。スマートフォンなどの本体の分割払いや日本学生支援機構の奨学金の返済の状況も指定信用情報機関に登録されます。

クレジットカードの支払いやスマートフォン本体の分割払い，ローン・キャッシングや奨学金などの返済の滞納が続くと，新たにクレジットカードを作ったり，新たに自動車や住宅などのローンを組むときに，審査に通らない場合があります。

＜支払方法と金利＞

クレジットカードの支払方法により，金利がつく場合があります。

支払方法	内　容	金　利
翌月一括払い ボーナス一括払い（注1）	利用した金額を翌月または ボーナス時に一括で支払う	なし
分割払い（注1）	支払い回数を決めて分割して支払う	あり
リボルビング払い（注1） （リボ払い）	利用金額に関わらず， 毎月一定の額を支払う	あり（注2）

（注1）購入した商品やサービスに欠陥があった場合，割賦販売法により消費者がクレジット会社からの支払い請求を拒絶できる（支払停止の抗弁）。
（注2）利用残高の総額に対して金利がかかる。

リボルビング払いは，毎月の支払額が一定のため，利用総額を把握しにくく，使いすぎてしまいがちです。また，金利も分割払いより高く設定されることが多いため，利用総額（残高）を利用明細書でこまめにチェックするなど，慎重な管理が必要です。

＜クレジットカードを上手に使うには＞

1	クレジットカードを作ったら，必ず規約に目を通し，カード裏面に署名する	クレジットカードはクレジット会社からの借り物です。署名がない場合，トラブル発生時にクレジット会社が補償に応じない場合があります。
2	暗証番号は，他人に類推されにくいものにする，定期的に変更する，カードと一緒にメモを持ち歩かないなど適正に管理する	クレジットカードは，不正利用の損害から利用者を保護する預金者保護法の対象ではないため，より一層厳重な管理が必要です（金融機関のキャッシュカードは預金者保護法の対象）。
3	クレジットカード利用時は，必ずその場で売上伝票（利用金額・支払方法など）を確認し，売上伝票は捨てずに保管しておく	カードによっては，金利の高いリボルビング払いが基本のものもあるので注意が必要です。
4	毎月の利用明細は必ず確認し，身に覚えのない請求があったら，すぐにクレジット会社に確認する	最近の利用明細はインターネット上で自ら確認しなくてはいけないものも増えています。必ず確認することを習慣にしましょう。
5	自分のクレジットカードを他人に貸す，カード発行のために自分の名前を他人に貸す（名義貸し）という行為は，どんなに親しい間柄であっても絶対にしてはならない	実際には自分が使っていなくても，カード名義人に支払義務が生じます。

クレジットカードは，そのしくみや支払方法ごとの金利について正しく理解したうえで，適正に管理・利用することが大切です。

紛失・盗難に気づいたらすぐに警察とクレジット会社に連絡しましょう。

3.2.9　消費者トラブルにあわないための5カ条

前節までに挙げた消費者トラブルはほんの一例で，次々と新しい手口が出てきます。そこで，次の5カ条を心がけ，消費者トラブルから身を守りましょう。

① うまい話やしつこい勧誘，見知らぬ人の急接近には要注意！
② いらないときは，はっきり「NO」と言う！
③ 個人情報（電話番号，住所，メールアドレス，学校，家族構成など）は安易に教えない！
④ 高額なクレジット契約は最後まで払えるか慎重に考える！
⑤ 不安に思ったら，親や友人，相談窓口に早めに相談を！

すぐに人を信用してしまう人，相手に嫌われたくないために「NO」が言えない人，契約を簡単に考えてしまう人などは，特に注意が必要です。

3.2.10　消費者トラブルにあってしまったら

消費者トラブルにあってしまったのではないかと思ったら，一人で考え込まずに，「すみやかに」「適切な窓口に」相談することが大切です。

消費者トラブルについての相談窓口として，都道府県には消費生活センターの設置が義務づけられており（消費者安全法），本県では石川県消費生活支援センターが該当します。

＜石川県消費生活支援センター＞
住所　〒920-0968　金沢市幸町12番1号　石川県幸町庁舎3階　TEL 076-255-2120
相談時間　平日　9時～17時　　土曜日　9時～12時30分（電話または来館）
休館日　　日曜日，祝日，年末年始（12月29日～1月3日）
URL　https://www.pref.ishikawa.lg.jp/shohicenter/
※ メールによる相談も受け付けています。

消費者ホットライン（局番なしの188番（いやや！））を利用すると，市町，県，国民生活センターのいずれかの消費生活相談窓口につながります（各相談窓口の開設時間外を除く）。

以上，消費者問題について，主に若い世代が消費者被害にあわないための基礎的な知識を記しました。誰もが安心して暮らせる公正で持続可能な消費社会の確立のために，主体的・能動的に選択し行動する「かしこい消費者」を目指しましょう。また，石川県消費生活支援センターのメールマガジン「消費生活ほっと情報」（月2回発行）や新入生の皆さんに配付した「消費生活ガイド」を活用して，今後も新たな消費生活情報を正しく理解する姿勢を持ち続けていただきたいと思います。「消費生活ガイド」はこちらからもダウンロードできます。

https://www.pref.ishikawa.lg.jp/shohicenter/keihatsuyou/guide.html

＊本節の内容は，令和6（2024）年1月現在の状況に準拠しています。

（石川県消費生活支援センター）

3.3　交通安全の基礎知識

3.3.1　角間キャンパスと交通事故

大学に入学すると，多くの学生が自動車学校に通って車の免許を取り，通学やレジャー・アルバイトなどに利用するようになります。とくに角間キャンパスは金沢の郊外にあるため，自動車通学を希望する学生が多くいます。ただ，大学としては自動車通学をできる限り控えてほしいと考えており，とくに共通教育科目を中心に学ぶ1・2年のうちは，特別な事情を除き，大学の駐車場の駐車許可証を発行しない方針にしています。その理由は，一つに駐車場の不足があり，一つに環境への配慮という問題もありますが，もう一つの大きな事情として交通事故の多さという問題があります。

金沢大学が1年生に配付している学生生活ハンドブック『きぃつけまっし』(https://www.adm.kanazawa-u.ac.jp/ad_gakusei/soudan/accidents/01.html）には，角間キャンパスおよびその周辺で起きた交通事故の発生場所を詳細に載せた「角間キャンパス危険個所MAP」(https://www.adm.kanazawa-u.ac.jp/ad_gakusei/soudan/accidents/images/51.pdf）が掲載され，運転でどういうことに注意すればよいかまで書き込まれています。こうした事故のなかには死亡事故などの重大事故も含まれますが，その発生には角間キャンパスの地形が関係しています。

とくに事故が多いのは角間キャンパスと金沢の街中とを結ぶ主要地方道金沢・井波線ですが，この道は角間キャンパスが丘陵地帯にあるため，その丘陵にさしかかるあたりからキャンパスの端までずっとゆるくて長い坂道になっており，また角間川の谷に沿っているため，その地形との関係でゆるいカーブがいくつもあります。ゆるくて長い下りはスピードが出やすく，ゆるいカーブもついそのままで走ってしまいがちで，そうなるとカーブを曲がりきれないような事態が起こります。自動車学校などでは山道のゆるいカーブはとくに危険なので手前でスピードを落とすように習うはずですが，これと同じ状況なのです。これに加えてカーブは見通しも悪く，歩行者や二輪車などに気づきにくいため，人通りのある角間キャンパスのゆるいカーブの方が通常の山道のそれよりも危険かもしれません。現にこうしたカーブの周辺で事故が多く，重大事故もそうしたところで発生しています。

さらに北陸は冬季に雪が降り，スリップが起こりやすくなります。とくに角間は山間部ですから平地よりも温度が低くて積雪も多く，角間川の谷も風の通り道ともなるために，非常に凍結しやすい構造になっています。これに上記のような坂とカーブという条件が加わりますので，スリップ事故の可能性は格段に高くなります。さらに雪道ではバイク・自転車の転倒も起こりやすく，転倒した人を轢いてしまうこと，避けようとして急ブレーキを踏んだりハンドルを切ったりしてスリップ事故を起こすこと，も起こります（積雪時の心がけについては『きぃつけまっし』に詳しく載っているので参照してください。)。

以上述べたように，角間キャンパスの道は初心者にはむずかしく，キャンパス内の安全を考えたとき，必要性の低い 1・2 年生の自動車通学が強く規制されるのはやむを得ないことなのです。しかし，規制するだけでは問題の解決にはなりません。そこで，大学では駐車許可証取得の条件として交通安全講習を受けてもらうとともに，車の免許を取ろうとし始める大学 1 年の時期に交通安全についての一定の認識を持ってもらうべく，「大学・社会生活論」の授業内容に交通安全の問題を盛り込んだのです。

3.3.2　車のトラブルと JAF のロードサービス

JAF（ジャフ）という団体をご存じでしょうか。一般社団法人 日本自動車連盟（Japan Automobile Federation）の略称で，ドライバーに対するさまざまなサービスを行う公益法人です。全国に地方本部や支部を持ち，多くのドライバーが会員となっています（2023 年 12 月末で 20,436,521 人）が，おそらく最もよく知られている活動は，車のトラブルが発生したときに電話一本で救援にやってくる**ロードサービス**でしょう。

JAF によれば，年間のロードサービスの件数は約 219.5 万件に上り，石川支部だけで約 2 万件になるそうです。そのうち一般道路で最も多いトラブルはバッテリー上がり，2 番目がタイヤのパンク，3 番目が側溝等にタイヤを落とす落輪，4 番目がカギを車内やトランクの中に入れたままドアを施錠してしまうドアロックだそうです。とくに落輪は冬期，降雪によるスリップが原因で発生したり，砂浜や農道，造成地でのスタックも含まれます。一方高速道路では，タイヤのパンクが 1 位，走行中に燃料がなくなるガス欠が 2 位だそうです。

こうして連絡を受けて JAF が出動したトラブルの約 7 割が故障ではなく，**ヒューマンエラー**（人為的エラー）が起因となるトラブルだそうです。ドアロックは典型的ですが，バッテリーが上がるのもライトの消し忘れや，バッテリーの寿命（交換時期）を把握せず，前兆にも気づかなかったということがほとんどです。高速道路のガス欠は，一般的に 50 キロ間隔で設置してあるサービスエリアできちんと給油をしていればまず起こらないのですが，残りの燃料をきちんと把握していなかったということが主な原因です。高速道路の本線上でガス欠が原因で停止することは，冷却水・ガソリン・エンジンオイルをきちんと点検してから高速道路に乗ることを義務づけた道路交通法違反（違反点数 2 点・反則金あり）でもあります。さらにはうっかりミスとはいえないような初歩的トラブルもあり，カギが回らず故障ではないかと連絡してきたので出動してみたら，盗難防止用のハンドルロックがかかっていた，などということもあるそうです。

こうしたヒューマンエラーは，笑い事ですまされる問題ではありません。労働災害の経験則の一つに「**ハインリッヒの法則**」があり，これは「**1 つの重大事故の背後には 29 の軽微な事故があり，その背景には 300 の異常が存在する**」というものです。この数値をそのまま交通事故に当てはめることはできませんが，言っている原理は交通事故も労働災害も変わりません。車の安全運転で最も重要なのは集中力です。うっかりミスをしょっちゅうする人は事故を起こしやすい傾向にあります。免許を取得して運転するようになったら，うっかりミスそのものを少なくするよう心がけることが，事故防止の上でまず大切なことといえるでしょう。

3.3.3　事故を防ぐために，万が一の事故のために

交通網の発達した大都市ならばともかく，地方では車はなくてはならない存在です。石川では車を2台以上持つ家も少なくありませんし，金沢大学では大学3・4年や大学院生になって実験やフィールドワークをするようになると車の必要性が高まるので，駐車許可証発行の規制もゆるくなります。しかし，この利便性も事故を起こさないという前提があってのことです。

安全運転で重要なのは，集中力と危険回避への強い意識でしょう。飲酒・酒気帯び・スピード違反をしてはならないのは当然のことですが，携帯電話をしながらの運転やカーナビを見ながらの運転もその意味でたいへん危険な行為です。たった1秒のよそ見であっても，時速40キロなら約11メートル，時速100キロなら約28メートルも車は進んでしまいます。この間，車は無人運転で走っているのと同じなのです。それゆえにこれらの運転は道路交通法違反です。運転中の携帯電話はマナーモードとし，電話に出る場合は必ず安全な場所に止めること，カーナビは停車中に操作することは鉄則です。

また，ほかの車に配慮する気持ちも大切で，他の車に認識してもらいやすいように暗くなったら早めにライトを点灯することや，車線変更や左折・右折の際に早めに方向指示器を出すことも有効です。強引な割り込みや車間距離を詰めるという行為は当然危険なことですが，あおり運転による重大事故や事件に発展することが近年発生しています。危険な車は避けて譲るくらいの心の余裕と冷静さがほしいところです。

それでも万が一の事故を想定しておかなければなりません。まずしなければならないのが**シートベルトの着用**です。その着用率は年々上がっており，ここ5年間のデータは表3.3.1のとおりです。特に2008年6月から**後部座席のシートベルト着用も義務化**され，盛んにキャンペーンなどが行われた結果，2008年度以降どの数値もよくなっています。しかし，前席（運転席・助手席）の着用率は100%に近いですが，一般道においては後部座席の着用率はいまだ40%程度でしかありません。車が60キロのスピードでぶつかったときの衝撃は5階のビルからコンクリートの地面に飛び降りたのと同じと言われています。後部座席にはエアバックも装備されていませんので，むしろ後部座席の方がシートベルトの着用が必要といえるでしょう。追突事故での頸椎損傷を回避するために，ヘッドレストの高さを調整することも大事です。

表3.3.1　シートベルトの着用率

		2019	2020	2021	2022	2023
一般道	運転席	98.8	99.0	99.1	99.1	99.2
	助手席	95.9	96.5	96.7	96.9	97.1
	後部席	39.2	40.3	42.9	42.9	43.7
高速道	運転席	99.6	99.7	99.6	99.6	99.6
	助手席	98.3	98.5	98.9	98.7	98.6
	後部席	74.1	75.8	75.7	78.0	78.7

（出典：JAFホームページ所載「シートベルト着用率データ（警察庁・JAF合同調査）」）

また，事故を起こした場合にどのように対処したらよいかも，きちんと頭に入れておくべきです（『きぃつけまっし』を参照してください。）。

3.3.4 重大事故の実例から

最後に，実際に金沢大学生が起こした重大事故の実例を見て，問題点を確認してみましょう。

【事例 1】 角間からもりの里方面に向かう途中，大幅な速度超過でゆるいカーブを曲がりきれずに激突。同乗者を死亡させた。運転者は退学処分となり，かつ危険運転致死罪で有罪になった。

【事例 2】 サークルで飲酒をしたあとで運転して角間からもりの里方面に向かう途中，大幅な速度超過で信号を曲がりきれずゲームセンターに突入。歩行者 2 名に重傷を負わせた。運転者は，半年以上の無期停学となり，かつ危険運転致傷罪で有罪判決。

【事例 3】 県道からサークル棟へ右折し始めた学生の車と，高速で坂を下りてきた学生のバイクが正面衝突。バイクの学生が死亡した。

いずれもスピードの出し過ぎが一つの原因ですが，事例 1 は遊び感覚で危険な運転自体を楽しんでいたとみられたため，非常に重い危険運転致死罪が適用され，事例 2 は飲酒運転であったためやはり危険運転致傷罪が適用されました。これらは，従来，交通事故の加害者は故意がないことを前提に業務上過失致死傷罪で処理されていたのに対し，悪質な運転者による交通事故が絶えないことの一因がその刑の軽微さにあるとの世論の批判があり，2001 年に法改正が行われて生まれたものです。**危険運転致傷罪**は 15 年以下の懲役，**危険運転致死罪**は 1 年以上の有期懲役（最高 20 年，併合加重の場合は 30 年）となっており，業務上過失致死罪の最高禁固 5 年よりはるかに重くなっています。

また，事例 3 はバイクの本人が死亡してしまいましたが，バイクでもスピードの出し過ぎで人をはね，死亡させてしまうことがあります。被害者と加害者は紙一重なのです。加害者となった場合には，2007 年からバイクであっても危険運転致死傷罪が適用されることになり，非常に罰則が重くなっています。

坂道の危険性，ゆるいカーブの危険性もこれらの事例は示しています。自分たちの暮らす場所の特色をよく理解しておくことも，安全運転で必要なことなのです。

（古畑　徹）

3.4　環境保全のルール

3.4.1　なぜ「大学・社会生活論」で環境教育を行うのか

毎日のニュースのなかで，地球温暖化や異常気象という言葉を耳にしない日はないかと思います。それは単なる言葉の問題ではなく，大型台風や猛暑などで私たち自身が実感することも少なくありません。地球全体を見渡せば，全国土が水没の危険にさらされている国や1年に3度もの大型台風に見舞われて何万人もの死者を出した国など，国家存亡の危機・国民生存の危機という事態を迎えているところも出てきています。私たちは，この状況を文明の危機・人類の危機・地球の危機としてとらえなければならないでしょう。

こうした事態に，世界の国々は手をこまねいているわけではありません。京都議定書やエコ・サミットはすでによく知られていますが，国連でも2005年1月から「**国連持続可能な開発のための教育の10年**（Decade of Education for Sustainable Development：略称はDESD）」が始まりました。そして，DESDの推進機関であるユネスコにより，2005年10月に「DESD推進のための国際実施計画」が策定され，日本でも2006年3月には「DESD推進のための国内実施計画」が策定されました。いずれの計画でも，高等教育機関の役割が重視されており，各分野の専門家を育てる過程で「持続可能な開発のための教育」を取り入れることが求められました。(2015年からはDESDの後継プログラムとして，「ESDに関するグローバル・アクション・プログラム」が始まり，現在，日本ではその国内実施計画の策定が進められている。)

金沢大学は，こうした動きを受けて2006年3月に「**金沢大学環境方針**」を策定しました。この方針は適時見直しが行われ，2022年9月時点の全文は下記のとおりです。

基本理念

金沢大学は，「地域と世界に開かれた教育重視の研究大学」という基本理念に基づいて，未来社会をけん引する「金沢大学ブランド人材」の育成と世界的研究拠点の形成に取り組み，現代から未来の課題を探求し克服する生きた知恵である「未来知」による，オール金沢大学での社会への貢献を目標とし，以下の基本方針の下に，人間と自然とが調和・共生する持続可能な社会の構築を目指します。

基本方針

1　環境に関する先進的教育を継続的に推進し，持続可能な社会の構築に貢献する「金沢大学ブランド人材」の育成に努めます。
2　環境技術，環境計測，環境政策，環境医科学，生物多様性など，幅広い分野において世界的な視野に立ちながら地域の特性を生かした環境に関する研究を推進します。
3　本学の活動が環境に及ぼす影響を調査・解析するとともに，環境負荷の低減のため，資源・エネルギーの使用量削減，GHG（温室効果ガス）の削減に積極的に取り組みます。
4　化学物質の安全かつ適正な管理，廃棄物の適正処理と再利用・再資源化により，環境負荷の低減に努めます。

5 環境に関わる知的成果を含むあらゆる情報を社会に還元・公開し，環境問題に対する啓発に努めます。

6 本学が実施するあらゆる活動において，環境に関する法規・規制・協定等を遵守するとともに，本学の全ての構成員が協力し，「持続可能な開発目標（SDGs）」を達成すべく継続的な環境マネジメントシステムを実施します。

2022年9月1日
金沢大学長
和田隆志

この方針にある「全ての構成員」のなかに学生である皆さんが入ることはいうまでもありません。私たちは皆さんに，大学の4年間（6年間）を通して，日本の国が重要と位置づける三つの分野（**① 低炭素社会への移行と温室効果ガスの削減，② 循環型社会の形成とゴミの減量化，再利用，リサイクル等の推進，③ 自然と親しむ自然共生社会の実現**）で自分たちが何をしなければならないかを考え，実践できるようになってほしいと願っています。「大学・社会生活論」ではそのための第一歩として，持続可能な社会実現のために必要な社会的ルールや環境問題についての基礎的な考え方・知識を学んでもらいます。後者は第5章の「地球温暖化のしくみと対策」に譲り，この節では前者について，そのルールの背景や金沢大学の取り組みなども交えながら解説していきます。

3.4.2 ゴミ分別のルール

持続可能な社会のための社会的ルールといってまず思いつくのは，ゴミ分別のルールでしょう。その例として，金沢大学の学生の大半が住む金沢市のゴミの分別ルールを確認すると，表3.4.1のようになります（詳細は入学式で配布された「家庭ごみ 分け方・出し方」で確認してください。）。金沢市では，「燃やすごみ」と「埋立ごみ」をごみステーションに出す際に金沢市の指定ごみ袋を使用することとする「家庭用ごみ有料化制度」を実施しています。「燃やすごみ」と燃やさないゴミの日の「埋立ごみ」については，金沢市指定ごみ袋に入れて，指定の場所に出してください。ごみステーションには，「燃やすごみ／週2回」「燃やさないごみ（・埋立ごみ・金属／小型家電類・ライター）／月1回」「あきびん／月1回」「資源回収（容器包装プラスチック・あき缶・ペットボトル・乾電池／水銀含有製品・スプレー缶／カセットボンベ（使い切ったもの・または屋外の風通しのよいところで穴を空けて空にした上で）・除湿器等フロン回収製品／月2回」，以上について各地区で決められた曜日に出してください。

このほかに，新聞・雑誌・チラシ等はリサイクル業者が持って行ってくれますし，発泡スチロールのトレイや牛乳パックはスーパーで回収していますので，それらに出してください。また，冷蔵庫・エアコン・テレビ（ブラウン管式）・洗濯機といった家電製品，パソコン，自動

表 3.4.1　金沢市における家庭ゴミの分け方・出し方（平成 30（2018）年度）

分別区分	収集日	主な対象と捨て方のルール
燃やすゴミ	週 2 回	台所ゴミ，紙くず，はきもの，衣類・布くず，板きれ，天ぷら油（紙や布に染みこませる），脱酸素剤，保冷剤，乾燥剤，ぬいぐるみ，座布団・クッション・枕，焼き鳥の串（先を折る），硬質プラスチック類（ビデオテープ，ボールペン，歯ブラシ，スポンジ，プラスチック製洗面器など），皮革製品，ゴム製品，汚れがとれない容器包装プラスチックなど
資源回収	月 2 回	・容器包装プラスチック（プラマークが目印，中身を使い切ってひと洗い） ・ペットボトル（ひと洗い，キャップをはずす，つぶす） ・空き缶（アルミ缶とスチール缶，ひと洗い，たばこの吸い殻を入れない，つぶさない） ・水銀含有製品（蛍光灯・乾電池・体温計） ・フロン回収製品（除湿器） ・スプレー缶・カセットボンベ（使い切る，穴を開ける）
燃やさないゴミ	月 1 回	・埋立ゴミ＝コップ，茶わん，皿，電球，使い捨てカイロ，ラケット，手鏡，スキー靴，植木鉢，割れたガラス（紙で包み危険と表示）など ・金属ゴミ（空き缶以外・小型家電類）＝自転車，針金ハンガー，フライパン，ナイフ・包丁，プリンター，電気炊飯器，ビデオデッキ，デジカメ，掃除機，電子レンジ，扇風機，こたつなど ・ライター（使い切る）
あきびん	月 1 回	飲食物のビン（ひと洗い，キャップをはずす，色ごとに分類してコンテナへ）
有料戸別収集	戸別収集受付センターへ電話申し込み	粗大ゴミ（家具・寝具類・電気器具類，趣味・スポーツ・レジャー用品類など 66 品目），多量ゴミ ＊電話申込後に「ゴミ処理券」をコンビニ・スーパー等で購入

車，二輪車についてはリサイクルのしくみが存在しますので，そのしくみに従って廃棄してください。（詳細は「家庭ごみ 分け方・出し方」を参照のこと。）なお，ごみの種類に応じて有料で，東部環境エネルギーセンターまたは戸室新保埋立地への燃やすごみ・資源ゴミ・ビン・金属・ダンボール・不燃ゴミ・粗大ゴミを自己搬入できますので，事前に電話で料金・搬入可能日時を確認の上，利用してください。以上のルールは，地域で生活する以上，最低限守らなければなりません。しかし実際には，ゴミ分別が正しく行われていない，ゴミ回収日以外にゴミを出す，決められた場所以外にゴミを出すなどの苦情が多数，大学に寄せられており，その都度，大学の職員が謝罪とゴミの後始末に出かけています。ひどい場合には，廃棄場ではない空き地・山林などにゴミを投棄したというケースもあります。これは「廃棄物の処理及び清掃に関する法律」に違反する**不法投棄**であり，**5 年以下の懲役もしくは 1000 万円以下の罰金**に処されます。また，未遂の場合も罰せられます。そうなれば大学からも処分を受けるでしょう。ちょっとぐらいいいだろう，自分一人ぐらいいいだろうという軽い気持ちが，金大生のイメージを損ない，多くの人に迷惑をかけるだけでなく，時として自らの一生を左右しかねないことを肝に銘じてください。

次に，金沢大学でのゴミ分別ルールについて確認します。基本は同じですが，研究分野の特性に応じて建物ごとのルールが若干違います。皆さんが1年生の間多くの時間を過ごす総合教育棟を例にすると，総合教育棟では，燃えるゴミ，あきビン，あき缶，プラスチック類（金沢市の容器包装プラスチックに該当），ペットボトル，燃えないゴミ（金沢市の埋立ゴミに該当），の六つの種類別ゴミ容器が置かれています。また，これらとともに，教室周辺には生協弁当回収専用ボックスが置かれています。とくに2階エントランスホールや教室で昼食をとる場合は，昼食後のゴミの始末を徹底してください。なお，大学は法律に規定する事業所に当たり，大学で生じたゴミは自ら処理する責任があります。そのため大学のゴミは処理業者にお金を払って引き取ってもらっており，そこには大学の予算が使われています。このこともぜひ知っておいてください。

ではいったい，ゴミの分別は何のためにするのでしょうか。一つはゴミの減量化，もう一つは循環型社会の形成です。ゴミには焼却処分できるものもあれば，燃やすと有毒ガスが発生したり，燃やすこと自体がむずかしかったりするものもあります。後者は従来より埋立処分が行われてきましたし，前者も最終的には焼却した灰を埋立処分しています。こうした処分場は次第に満杯になってきていますが，管理が不適切であれば処分場自体が環境に悪影響を与えることも多く，これを次々に作っていくというわけにはいきません。処分場を増やさないようにするには，まずはそこへ持ち込まれるゴミを少なくすることが肝心です。また，ゴミとして出されるもののなかには修理すればまだ使えるものもありますし，リサイクルして資源として有効活用できるものもあります。資源のリサイクルは，人間の諸活動による地球資源の枯渇に歯止めをかける役割を果たします。ですから，ゴミとして出す時点でより分けることで，埋立処分となるゴミの量を減らし，ゴミを再資源化しやすいようにしているのです。

ただ，そこにはいろいろな問題があり，必ずしも全てがうまくいっているわけではありません。皆さんには，一度こうした問題点を調べてみることをお勧めするとともに，生活の中ではルールを守りつつ，それぞれの専門分野からその問題をどう克服していけばよいかを考えていってほしいと思います。そしてそのことが，持続可能な社会を作る地球規模の営みに皆さんが貢献することでもあるのです。

3.4.3　生活排水の処理

生活に密着した環境問題として，もう一つ重要なのが生活排水の処理です。しかし，ゴミの分別に比べると，どう対応してよいかわかりにくいところがあります。そこで，金沢市における生活排水の処理がどのように行われているかを知ることから，この問題を理解していきたいと思います。

一般家庭で使われ汚れた水は，ゆるやかな勾配をつけた下水管を通して自然にポンプ場に集積します。ここで，プラスチックやポリ袋などのゴミはスクリーンと呼ばれる網で，また重たい砂は沈砂掻揚機などで除去されます。このように，ある程度大きな混入物を取り除いたうえで汚水をポンプでくみ上げ，下水処理場に送ります。この段階での汚水は，家庭や工場から排出された**有機物**を含んでいます。

次の下水処理場では，最初沈殿池で2〜3時間の沈殿操作により水に溶解せずに浮遊している有機物や細かな砂を除去した後，反応槽に送られます。反応槽では，微生物に空気を送り下水中の有機物を分解します。この微生物を含んだ汚泥（活性汚泥）には1立方センチメートル当たり5,000〜15,000個の微生物が含まれています。これらの微生物による有機物の分解に伴って活性汚泥が増えていきます。

最後に，浄化された水は活性汚泥とともに，最終沈殿池に運ばれて，ここで活性汚泥を沈殿させます。沈殿した活性汚泥の一部は反応槽に戻されて，有機物の分解に再活用されます。最終沈殿池の上澄み水は次亜塩素酸ナトリウムで滅菌し，川に放流されます。放流水については，定期的に有機物濃度や有害物質の濃度の測定など水質検査を行っています。また，最終沈殿池まで通って処理された処理水の一部は，微粒子をろ過，滅菌したのち**再生水**として利用されます。金沢市では，再生水は公園の樹木の灌水，トイレの洗浄水，野球場やサッカー場の散水などに，また冬には道路の消雪水として利用されています。

一方，最初沈殿池や最終沈殿池で沈殿した汚泥は，抜き取られ汚泥処理施設に送られます。送られてきた汚泥の濃度を高めるために，重力濃縮タンクや濃縮機で濃縮し，汚泥消化タンクに貯留され，30日間加温して微生物の代謝活性を高めて有機物の消化を行います。分解されずに残った汚泥（消化汚泥）は薬品を使って脱水機にて脱水したのち焼却し，焼却灰の一部はアスファルトの原料として再利用され，残りは埋め立て地に送られます。また，汚泥消化タンクで微生物の消化によって発生する消化ガス（主にメタンガス）は焼却炉の燃料として利用されています。金沢市の臨海水質管理センターでは，消化ガスを都市ガスに近い成分まで精製して港エネルギーセンターへ都市ガスの原料として供給し，一般の家庭に送っています。このように主に微生物の代謝を活用することによって汚水が処理され，その処理過程で得られる再生水，消化ガス，焼却灰の一部は有効にさまざまな用途に活用されていることがわかります。

以上のことから，下水の処理には微生物の活動が重要な役割を果たしていることがわかります。だから，微生物の活動を弱めたり，死滅させたりする家庭用化学薬品や食用油のたれ流し，洗剤の過剰使用などは，厳に慎むべきなのです。また，食べ残しを下水に流してしまうと，微生物が持つ有機物の分解能力には限りがありますから，微生物に負荷がかかり，結果として充分な汚水処理ができなくなってしまいます。してはならないことが何であるかがわかれば，毎日の生活で注意すべきことが何かも自ずからわかるでしょう。

3.4.4　金沢大学の排水処理

工場や大学などからの排水には生産過程や研究で使用したり生成した化学物質が含まれており，前項で述べた自治体の生活排水の処理システムでは対応できません。そのため工場や大学などの事業体が，自らの責任で生活排水と同程度の無害なレベルまでの排水の無害化処理を行っています。以下に，金沢大学における排水・廃液処理について説明します。

金沢大学では，全学の薬品管理と廃液処理および実験排水管理を**環境保全センター**が支援しています。独自に開発された化学物質管理システムにより，薬品業者から各研究室に納入された時から使用，廃棄物として処分されるまでが，薬品の種類，購入，使用量，廃棄量などすべてバーコードに基づきコンピュータで管理されています。このシステムでは，薬品のメーカーが提供している薬品の有害性や取扱上の注意点も閲覧することができます。研究室で分類別廃液タンクに貯留されている廃液は，環境保全センターに依頼して処理されます。搬出される廃液タンクもバーコードで管理されており，その種類，量を届け出情報と照合，確認されます。環境保全センターでは，搬入された廃液の成分分析をまず行います。もし，指定以外の化学物質が基準以上含まれていたり，センターで無害化できない物質が含まれている場合は，排出研究室等に差し戻され，その廃液はその排出研究室等において指定された処理をすることになります。

一部処理できない化学物質を含む廃液については外部業者に委託しますが，廃液処理は基本的には環境保全センターで行います。廃液は有機系廃液と無機系廃液とで処理の方法が異なります。アルコールなど有機系廃液は噴霧してガス状態にした上で燃焼あるいは熱分解を行います。この際，排ガスをある範囲の高温状態にしておくとダイオキシンが発生しやすいため，燃焼直後に急冷却してダイオキシンの発生を防いでいます。その後，このガスに洗浄操作を行い，窒素酸化物や硫黄酸化物の濃度を確認しながら，大気中に放出させます。

水銀など有害な重金属イオンを含む無機系廃液は，まず吸着塔で水銀イオンを取り除きます。残りの重金属イオンはフェライト化と呼ばれる化学反応を用いて酸化鉄の磁性体に取り込んで沈殿させ，ろ過されます。その結果，ろ液にはほとんど重金属イオンが含まれていない状態になります。そのろ液をさらに活性炭や各種吸着樹脂などを通して，ごく微量の重金属イオンを吸着，除去します。得られた液の最終的な水質検査を行い，重金属イオンの濃度が基準値以下であることを確認した上で下水道に放流します。このように実験など研究の過程で生じた廃液は，厳密な処理によって無害化した上で生活排水が流れる下水道に合流することになります。

大学の建物の排水系は，トイレの排水など生活排水の系統と実験室等の排水系とを分離して設置されています。実験等で生じた廃液は上に述べたように廃液タンクに貯留したのち，専用のシステムで無害化処理が行われていますが，実験室の排水口から誤って有害な廃液が流されることが全くないとはいえません。実験の過程で例えば実験器具に付着したごく希薄な反応液が洗浄時に微量排水に混入します。そのため，実験室等の排水系は生活排水の系統とは別系統にし，一旦，排水貯留槽に貯留されて水質検査が行われています。万一，有害な化学物質が基準濃度以上検出された場合には，関係する建物全体への給水が緊急停止されることもあります。現在までにそのような事態になったことはありませんが，実験を行う場合には，廃液処理に十分に注意する必要があります。

3.4.5　金沢大学の環境保全への取り組み

前項では排水処理に対する金沢大学の取り組みを説明しましたが，ほかにも環境に配慮したさまざまな取り組みをしています。最後に，そのいくつかを紹介します。

金沢大学では，エネルギー消費量原単位（建物床面積 1 m^2 当たりのエネルギー消費量）前年比1%削減を掲げ，2006年度から3日間の夏季一斉休業，冷暖房期間や時間帯の短縮，室内空調設定温度（夏季28℃，冬季20℃）の周知・徹底，昼休み時間帯の消灯，不使用器機の電源の遮断などの省エネルギー活動を行っています。また，節水のための設備の改修や廃棄物を減らすための両面コピーの使用・電子メールによる情報伝達なども進められており，2006年度には前年度比で，水使用量が14%減，コピー用紙購入量が8%減となりました。先に示した学内におけるゴミの分別回収も成果を上げてきており，ペットボトルは回収されたものの86%がリサイクルされるようになりました。ただ，100%とならないのは依然他のゴミと混ざっているケースがあるためです。(2014年には100%になりました。)

温室効果ガス削減の取り組みとしては，自然科学研究科棟や附属高校における太陽光発電パネルの設置，冷暖房適正化の周知徹底，トイレへの節水機器の導入，LED蛍光灯への交換などを行っています。このような取り組みによって本学の二酸化炭素排出量は年々減少する傾向にあり，2018年度は4.1万トンで，2017年度より約9.2%減少しました。また，2017年度から地元不動産会社の全面協力により角間キャンパスと宝町・鶴間キャンパス間の直通シャトルバスを運行しており，自家用車を使わずに往復できることで，排ガス抑制に効果を発揮しています。

生協でも，手作り弁当の容器には「リ・リパック」というリサイクルトレーを使用し，デポジット方式で回収する活動をしています。容器の返却時に10円が返ってきます。回収率は2018年度が32.57%で，依然として7割近くがゴミとして捨てられています。この回収率のアップが現在の大きな課題です。

このほかにも，最近ペットボトル・たばこの吸い殻・菓子類の包み紙などのゴミのポイ捨てが目立つ通学路に対する教職員・学生・地域ボランティアによる清掃活動や，角間キャンパスの緑化，さらには豊かな環境に親しむ里山自然学校や環境教育などにも取り組んでいます。

こうした取り組みは，毎年作成される環境報告書によって点検結果が公表されています。これに加えて2006年度には，環境管理の企画・立案を行う環境委員会が設置され，環境保全センター内に環境管理状況の調査・助言を行う環境調査チームが立ち上がりました。これにより，金沢大学の環境マネジメントシステムは，継続的な改善を行うことができるPDCAサイクル（Plan計画→Do実施→Check点検→Action見直し→Plan計画）の形を取ることになり，今後さらなる活動の進展が期待されています。

とはいえ，大学がいくらすばらしいシステムを作っても，以上のような諸活動は，皆さんの協力なしにはできません。ゴミ分別，バス利用，紙コップ等の回収への協力をお願いするとともに，教室退室時の消灯や節水にも注意を払ってほしいと思います。また，学内だけでなく，普段の生活でもこれらに注意し，通学時にポイ捨てをしないのは当然のこととして，買い物時のエコバック使用など，できるだけゴミをださないということにも心がけていってもらいたいと思います。(石川県では，2009年6月からレジ袋が有料になっています。)

（西山宣昭，古畑　徹）

3.5 食事バランスと健康

本節では，食事のバランスと健康の関係についての基本知識と，食生活における注意点について解説します。

体の健康を保つために必要なことは，栄養，運動，休養の三つのバランスです。この三つのバランスが崩れると，生活習慣病になるリスクが高まります。

生活習慣病とは，がん，心臓病，脳卒中，高血圧，糖尿病など，40歳代以降に頻発する病気の総称です。これらの病気は，良くない生活を約10年間続けると検査値に異常が出始め，さらにそのままの生活を約10年間続けると完成するといわれています。ちょうど大学生の頃からの生活習慣のつけが，40歳を過ぎてから現れるというわけです。これらの病気の発症原因には遺伝的要素もありますが，それは3割程度であり，7割は生活習慣が良くないために起こります。そのため，生活習慣病と総称されています。

良くない生活習慣とは，体の休養にかかわる夜更かし・朝寝坊や，運動不足などが挙げられますが，やはり注意すべきは食事バランスです。つまり，動物性脂肪の摂り過ぎ，塩分の摂り過ぎ，食べ過ぎ，野菜不足といった食生活を改善する必要があります。また，すべてに関わるものとして，ストレスのかかった生活も良くありません。

日本人の死亡原因についての2018年の統計では，がん，心疾患，脳血管疾患などの生活習慣病が，日本人の死亡原因の50%にもなっています。

しかし，多くの人たちの食生活は必ずしも良いとはいえません。図3.5.1は，自炊の女子大学生の栄養素摂取状況について調べたものです。二食群とは，3食のうちいずれか1食を日常

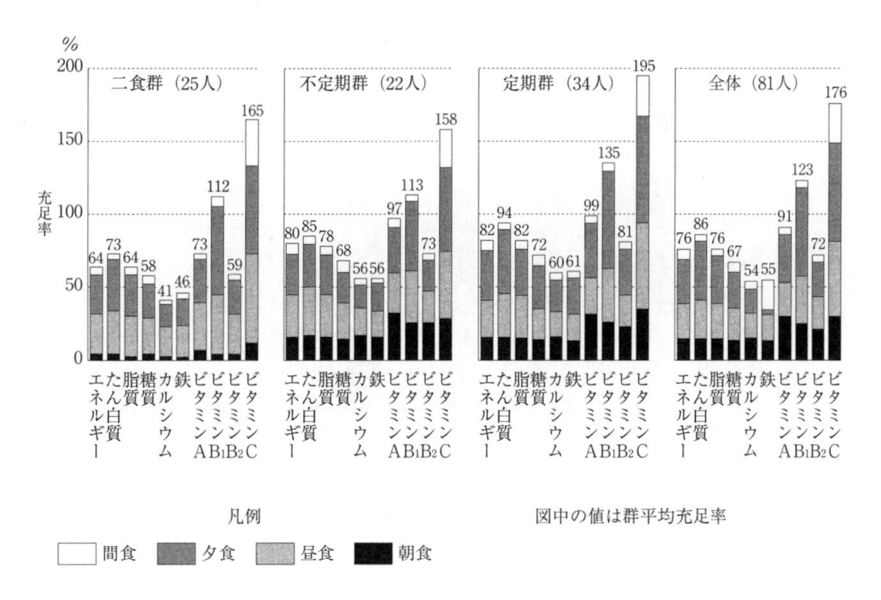

図3.5.1　群別朝・昼・夕食の摂取栄養素構成（1週間平均充足率・一人1日当たり）（出典：Assetビジュアル家庭科教育実践講座　第3巻：健康と豊かな心を育てる食生活，p.249，家庭科教育実践講座刊行会，1998　改変）

的に食べない人，不定期群とは，3食は食べるものの夕食の時間が4時間以上変動する人，定期群とは，3食決まった時間に食べる人という，三つのグループごとの摂取栄養素の構成をグラフにしたものです。

これを見ると，定期群の人たちに比べて，不定期群や二食群の人たちは，すべての栄養素でその充足率が低く，またバランスも悪くなっています。特に二食群の人たちでは，鉄分・カルシウムの充足率が半分以下という大きな問題があります。このような食生活を続けると，貧血や骨粗鬆症のリスクが非常に高くなります。

さらに問題なのは，定期群のグループでも栄養素が不足していることです。つまり，3食食べていても，栄養素の量やバランスを考慮した食事をしていない人が多いといえます。このことから，まずは栄養素についての知識・興味を持つことが重要であるといえます。

生活習慣病にならないためには，20歳前後の今から，正しい食習慣を身に付けることが大切です。そこで，日々の食事における注意点を以下に挙げます。

3.5.1　朝食を摂ろう

図3.5.2は，厚生労働省が調べた朝食を食べない人の性別・年代別の割合です。これを見ると，男女とも20歳代に朝食を食べない人が多いことがわかります。

朝食を摂らない理由として，小中学生に対して調べた結果では，「食べる時間がない」が最も多く，次いで「食欲がない」であり，この二つで，朝食を摂らない理由の約7～8割になります。また，朝食摂取状況と健康状態の関係について調べた結果では，朝食を食べない方が健康

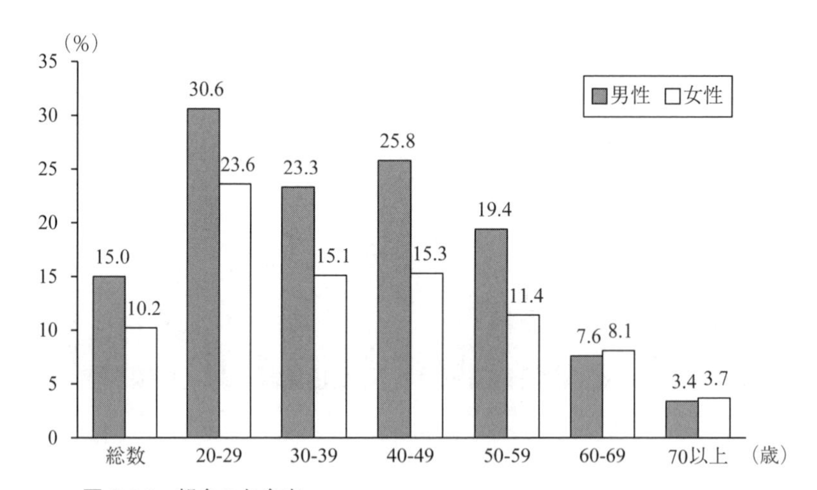

図3.5.2　朝食の欠食率

調査を実施した日（任意の1日）において朝食を欠食*した者の割合

*「欠食」とは，以下の3つの合計

食事をしなかった場合

錠剤などによる栄養素の補給，栄養ドリンクのみの場合

菓子，果物，乳製品，嗜好飲料などの食品のみの場合

（出典：厚生労働省　平成29年国民健康・栄養調査報告　をもとに作図，http://www.mhlw.go.jp/content/000681194.pdf）

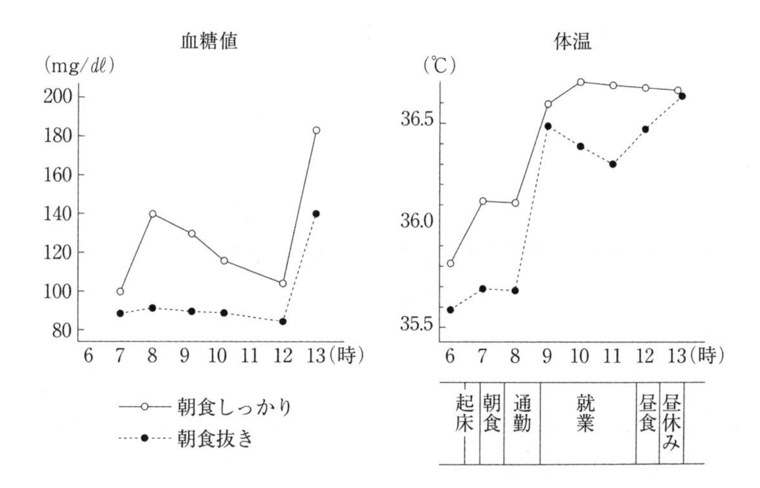

図 3.5.3　朝食をしっかり食べた場合と抜いた場合の血糖値，体温の変化（出典：Asset ビジュアル家庭科教育実践講座　第 3 巻：健康と豊かな心を育てる食生活，p.251，家庭科教育実践講座刊行会，1998 改変）

不良の割合が高くなっており，その間には因果関係があるものと思われます。一方，朝食と学業成績の関係においても，朝食を摂る率が高いほど成績が良いという傾向が出ており，大学生についても同様の結果が報告されています。

朝食を摂ることと体調や成績には，次のような関係があると考えられています。

図 3.5.3 の左のグラフは，朝食を摂った場合と朝食を抜いた場合の，血糖値の時間的な変化を示したものです。血糖値とは，血液中に含まれるブドウ糖の量のことです。

朝食をしっかり摂った人は，朝食後の約 1 時間で急速に血糖値が上がり，その後も高いまま，なだらかに減っていきます。血糖値が上がると，集中力も上がり，疲労感も解消されます。集中力が上がるのは，脳のエネルギー源がブドウ糖であるためです。朝食を食べないと，脳はエネルギー不足になり，十分な活動ができなくなります。

また，糖質・脂質・タンパク質などの栄養素の多くは，体温維持にも使われます。しかし，図 3.5.3 の右のグラフにあるように，朝食を食べないと体温を日常活動に必要な高さに維持し続けることができなくなります。体温と知的作業率は一致するといわれていますので，このとき知的作業率が落ちてきますし，体調も良くありません。

朝食を勧めるもう一つの理由は，肥満と食事のタイミングの関係です。

食事の回数が少ない，すなわち食事の間隔が広くなると，体は一種の飢餓状態と認識し，エネルギーを体に備蓄しようとします。また，食事間隔が開き，空腹感が強くなると，一度に多くの量を食べてしまうために血糖値が急上昇し，膵臓からインスリンが大量に分泌されます。インスリンは血糖値を下げるホルモンです。インスリンの働きは複数ありますが，その中の一つに血液中のブドウ糖を脂肪として脂肪細胞に取り込むことで血糖値を下げるというものがあります。

つまり，食事間隔が開いて一度に多くの量を食べると，インスリンの分泌量が増え，血糖を体脂肪に合成する効率が上がり，3食の場合と同じエネルギーの食事をしても，2食の方が太りやすくなるといえます。

3.5.2　野菜を食べよう

図3.5.4は，日米の一人当たりの野菜の摂取量を示したものです。昔はアメリカ人に比べて日本人の方が野菜を多く摂取していましたが，年々減り続ける日本に対し，アメリカは1990年代中頃から増加に転じました。

アメリカ人の野菜摂取量が増えたのは，ファイブ・ア・デイ（5 a day）という，1991年にアメリカで始まった健康増進運動のためです。この運動を推進したのはPBH（農産物健康増進基金）とNCI（アメリカ国立がん研究所）で，野菜や果物の摂取は生活習慣病発症のリスクを抑える可能性が高いという科学的根拠をもとに「1日5～9サービング以上の野菜と果物を食べましょう」というスローガンを掲げて，運動が行われました。

図3.5.5はがんの発生とその要因を示したものですが，食事が1/3を占めており，たばこと並ぶほどの重大要因になっています。このほかにも多くのデータが食事とがんとの関係を示唆しています。

そうした認識の下，NCIは，1990年からデザイナーフード計画という，植物性食品によるがん予防研究をスタートさせました。図3.5.6の三角形の中に入っているのが，この研究の対象となった主な食品で，上に行くほどその重要度が高いとされています。このような研究成果を

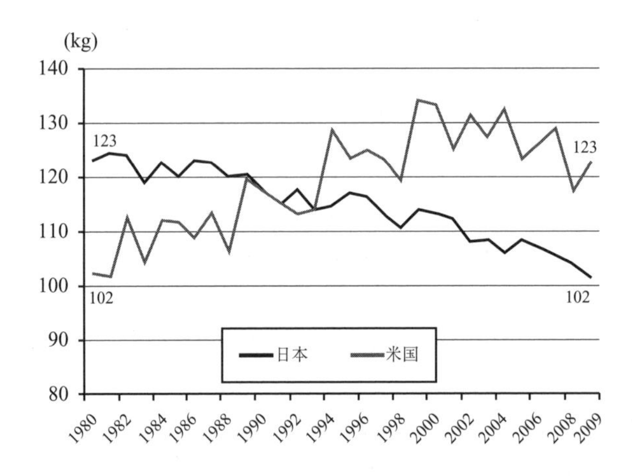

図3.5.4　日米における一人1年当たりの野菜消費量の推移
資料：FAOSTAT
注：国民一人1年当たり供給粗食料の数値であり，「主要農産物の消費動向」の数値とは異なる。
（出典：農林水産省「野菜をめぐる情勢」，http://www.maff.go.jp/j/seisan/ryutu/yasai/pdf/2yasai2511.pdf）

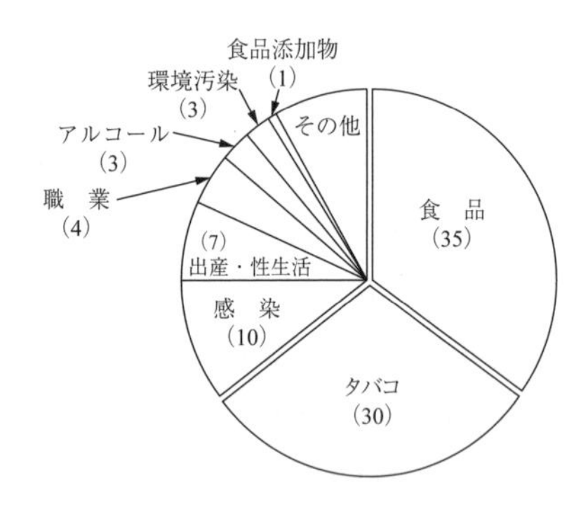

図3.5.5　がん死に関与する要因（単位は%）（出典：菅家祐輔・坂本義光（編著）『食安全の科学』三共出版，2009，p.87）

もとにして行われた国民啓蒙運動がファイブ・ア・デイであり，その結果アメリカ国民の野菜摂取量は20%も増加したのです。

日本でも2002年からファイブ・ア・デイ運動が行われています。日本では，1日に野菜350g以上，果物（皮つき）200g以上が推奨されています（図3.5.7）。小鉢程度の野菜料理が一般的に70gなので，350g食べるためにはこれを1日に5皿摂る，すなわち「ファイブ・ア・デイ」となります。ほかに果物も摂る必要があります。

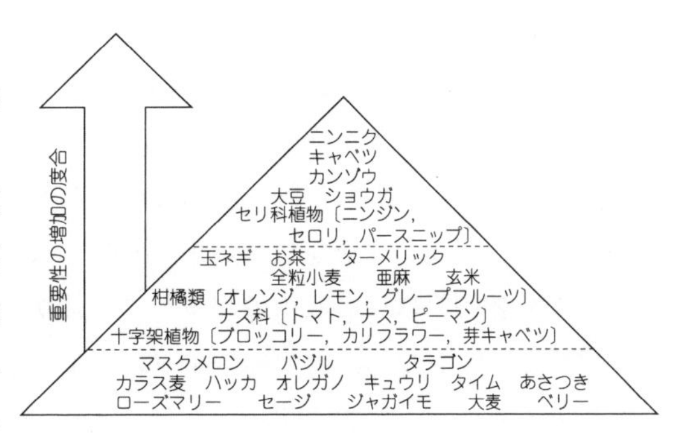

図3.5.6　がん予防の可能性のある食品，および食品成分（米国国立がん研究所）（出典：藤巻正生「機能性食品と健康」p.99，裳華房，1999）

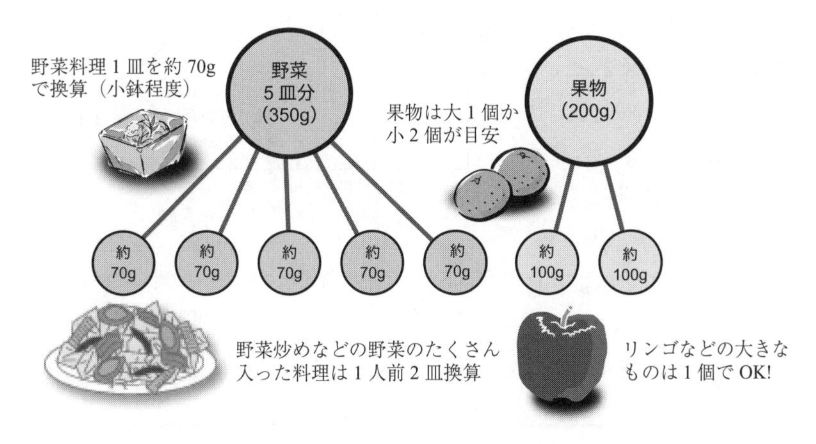

図3.5.7　日本における「ファイブ・ア・デイ」の基準

3.5.3　バランスよく食べよう

バランスの良い食事の一つの目安とされるのが，「一汁二菜」という献立です（図3.5.8）。「一汁」とは味噌汁やスープのこと，「二菜」は「主菜」と「副菜」のことです。「主菜」はおもに肉や魚，卵，大豆製品などを中心とした大きめのおかずで，タンパク質や脂質が摂れます。「副菜」は野菜やきのこ，海藻類などが主の小さめのおかずで，汁物とともにビタミンやミネラル，水分，食物繊維を補います。これに炭水化物が摂れるご飯やパン，麺などの「主食」が揃えば，体に必要な栄養素をまんべんなく摂れるというわけです。

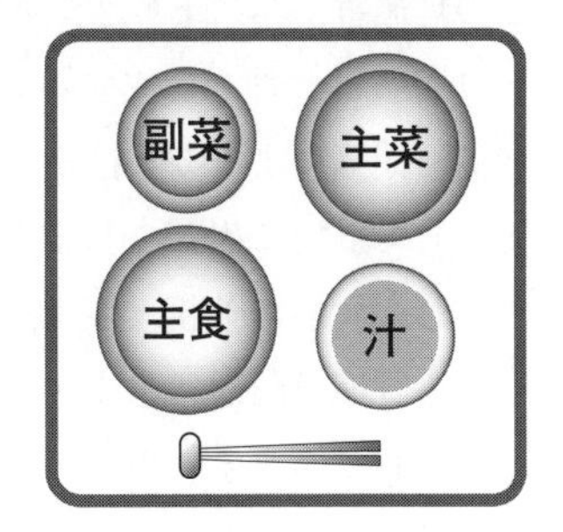

図3.5.8　一汁二菜

特に副菜を摂ることで，各種栄養素の摂取不足を補うことができます。外食をする場合にも，主菜以外に副菜を摂るよう心掛けると，バランスの良い食事になります。

3.5.4　カルシウムを摂ろう

カルシウムは，日本国民のすべての年代で欠乏している栄養素といわれています。

カルシウムが骨や歯を作るということはよく知られていますが，それ以外にも体液のアルカリ性保持をはじめ，血液凝固作用の促進，神経の興奮抑制，筋肉の収縮・伸長などの生命活動のさまざまな局面で大切な役割を果たしています。

そのため体内では，血液中のカルシウム量が一定量を下回ると，骨からカルシウムを溶かして血液中のカルシウム濃度を保つようにしています。従って，カルシウムを摂らないと，骨が次第に弱くなってしまいます。

一方，人間は40歳を過ぎたころから，骨の中のミネラル量である骨量が次第に減っていきます。骨量を骨の面積で割ったものが骨密度です。特に女性の場合には，閉経を迎えるころから急速に骨密度が減少し，次第に骨折の危険域に入っていきます（図3.5.9）。この状態が骨粗鬆症と呼ばれるものです。

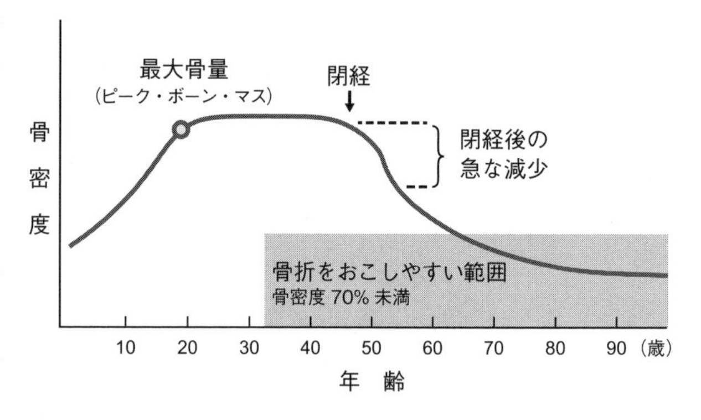

図3.5.9　女性の骨密度の変化（出典：骨粗しょう症（骨粗鬆症）ホームページ／いいほね.jp，http://www.iihone.jp/cause.html）

骨粗鬆症は骨折するまであまり自覚症状がないといわれます。それでも，軽度のときは，立ち上がる時に背中や腰が痛んだり，重いものを持つと背中や腰が痛くなったりという症状が出ます。これが重症になると，その痛みで寝込んだり，背中や腰の曲がりが目立ったり，身長が目に見えて縮んできたりします。さらに重症になると，転んで骨折するだけでなく，くしゃみや寝返りでさえ骨折するようなことも起こります。

このように，骨粗鬆症は，血液中のカルシウム量が一定量を下回ると骨からカルシウムを溶かして使うという体の仕組みのほか，運動不足，加齢，喫煙などが原因で起こります。これは男女同じはずなのですが，女性は特に骨粗鬆症になりやすいのです。

その理由は，エストロゲンという女性ホルモンが骨の新陳代謝に関係しているためです。エストロゲンは，骨を形成する骨芽細胞を助け，骨を破壊する破骨細胞を抑える働きをします。従って，閉経によって女性ホルモンが減少すると，破骨細胞が優位になり，骨からカルシウムを溶かして血中に出してしまう方が多くなるのです。

しかし，女性の骨粗鬆症は，若い時にカルシウムを十分に摂って，骨量を高めておくことによりある程度予防ができます。これにより閉経後に女性が足を骨折する頻度を半分に低下できるといわれています。つまり，若い時にダイエットと称して食事を抜き，カルシウム不足となることは，女性にとっては特に大きなダメージとなります。

大学生の年代のカルシウム摂取必要量は，1日当たり男性650 mg，女性550 mgです（日本人の食事摂取基準（2020年版））。この必要量を達成するために摂取すべき食品は，牛乳や乳製品，それに骨ごと食べられる小魚，桜エビなどです。牛乳ならコップ3杯でほぼ必要量に到達します。

また，摂取したカルシウムはすべて吸収されるわけではありませんので，その吸収を助けるビタミンDやタンパク質を多く含む食品を一緒に食べることも大切です。ビタミンDが豊富な食品には，魚，卵，干しシイタケなどのキノコ類，があります。

また食事だけでなく運動も重要です。外に出て日光に当たると体内でビタミンDが合成されますし，運動による負荷自体が骨にカルシウムを蓄積する上で大変有効です。

3.5.5 塩分・脂質の摂り過ぎに気をつけよう

塩分の摂り過ぎは，生活習慣病である高血圧や脳卒中を招く恐れがあります。そのため食塩の摂取目標量（15歳以上）は，1日当たり男性7.5g未満，女性6.5g未満とされています。

この値は意外に簡単に越えてしまいます。例えば，1日の食事の中でカップラーメンとビーフカレーを食べれば，8.5gの塩分摂取量になります（表3.5.1）。あるいは，昼に醤油ラーメンを食べ，間食でハンバーガーを1個食べ，夕食にソース焼きそばを食べたとすると，10.4gの塩分摂取量になります。

表3.5.1 各種料理・食品に含まれる食塩相当量（塩分）

料理・食品	塩分（g）
カップラーメン（1個，78g）	4.9[1)]
チャーハン，スープ付き（1人前）	5.0[2)]
ラーメン（醤油，1人前）	4.8[2)]
ソース焼きそば（1人前）	4.4[2)]
ビーフカレー（1人前）	3.7[2)]
かつ丼（1人前）	3.5[2)]
ボンゴレスパゲティ（1人前）	3.2[2)]
ハンバーガー（シンプルなもの，1個）	1.2[2)]
ウインナソーセージ，焼き（3本，50g）	1.0[3)]
まあじ（開き干し・焼き，1食分80g）	1.6[3)]
塩ざけ（1食分80g）	1.4[3)]
たくあん漬（干しだいこん漬，5切れ30g）	0.75[3)]
米みそ（淡色辛みそ，みそ汁1杯分18g）	2.2[3)]

1) 日清カップヌードル，https://www.nissin.com/jp/products/items/9735
2) 鈴木吉彦・塩澤和子，新版　外食カロリーBOOK　女性版，主婦の友社（2007）より抜粋
3) 文部科学省ホームページ，日本食品標準成分表2020年版（八訂），https://www.mext.go.jp/content/20201225-mxt_kagsei-mext_01110_012.xlsx より抜粋

このような食事のエネルギー量を計算すると，カップラーメンとビーフカレーでは約1,300kcal，醤油ラーメン・ハンバーガー・ソース焼きそばでは約1,400kcalです。ラーメンやハンバーガーは，種類や内容によってエネルギー量に差がありますが，ここでは基本的なものを示しています。

表3.5.2は，年代別，性別，身体活動レベル別の1日のエネルギー必要量を示したものです。身体活動レベルとは，簡単に言うと，Iは1日中ほとんどすわって勉強や仕事をしている人，IIは適度に体を動かしている人，IIIはかなりきつい肉体労働やスポーツをしている人に該当します。18歳で身体活動レベルがIIにランクされる人であれば，1日に必要なエネルギー量は，男性なら2,650kcal，女性なら2,000kcalになります。

つまり，カップラーメンとビーフカレー，醤油ラーメンとハンバーガーとソース焼きそばという食事では，塩分量ではすでに1日の目標値を超えているのに，エネルギー量ではまだ不足

表 3.5.2　推定エネルギー必要量（kcal/日）

性別	男性			女性		
身体活動レベル[1]	I	II	III	I	II	III
0〜5（月）	–	550	–	–	500	–
6〜8（月）	–	650	–	–	600	–
9〜11（月）	–	700	–	–	650	–
1〜2（歳）	–	950	–	–	900	–
3〜5（歳）	–	1300	–	–	1250	–
6〜7（歳）	1350	1550	1750	1250	1450	1650
8〜9（歳）	1600	1850	2100	1500	1700	1900
10〜11（歳）	1950	2250	2500	1850	2100	2350
12〜14（歳）	2300	2600	2900	2150	2400	2700
15〜17（歳）	2500	2800	3150	2050	2300	2550
18〜29（歳）	2300	2650	3050	1700	2000	2300
30〜49（歳）	2300	2700	3050	1750	2050	2350
50〜64（歳）	2200	2600	2950	1650	1950	2250
65〜74（歳）	2050	2400	2750	1550	1850	2100
75以上（歳）[2]	1800	2100	–	1400	1650	–
妊婦（付加量）[3] 初期				+50	+50	+50
中期				+250	+250	+250
後期				+450	+450	+450
授乳婦（付加量）				+350	+350	+350

1　身体活動レベルは，低い，ふつう，高いの3つのレベルとして，それぞれI，II，IIIで示した。
2　レベルIIは自立している者，レベルIは自宅にいてほとんど外出しない者に相当する。レベルIは高齢者施設で自立に近い状態で過ごしている者にも適用できる値である。
3　妊婦個々の体格や妊娠中の体重増加量及び胎児の発育状況の評価を行うことが必要である。
（出典：日本人の食事摂取基準（2020年版）より抜粋，http://www.mhlw.go.jp/content/10904750/000586553.pdf）

していることになります。このように，塩分量は注意しないと摂り過ぎになりやすいということを認識しておく必要があります。

また，このような食事内容では，ビタミンやミネラルといった栄養素もかなり不足してしまいます。これを補おうと，あと1食を加えると，今度はエネルギー量が適正値を超えてしまう可能性が出てきます。

ラーメンやハンバーガーというような食事は，塩分だけでなく糖質と脂質が多く，その他の栄養素が少ないことも問題です。

特に脂質の摂り過ぎは，生活習慣病のリスクを高めます。脂質は，糖質・タンパク質と並ぶ三大栄養素の一つで，人間のエネルギー源となるものです。糖質・タンパク質のエネルギーが約4kcal/gであるのに対し，脂質のエネルギー量は約9kcal/gと，倍以上です。

表3.5.3にはさまざまな食品の脂質の含有量が示されていますが，脂質が約9kcal/gであることをもとにこれらの食品のもつ脂質エネルギー量を計算すると，和牛のバラ肉100gでは，脂質だけで450kcalになります。これに対し豚のヒレ肉100gでは，脂質によるエネルギーは

表 3.5.3　各種食品の脂質量

食品	脂質（g）	脂質のエネルギー（kcal）
和牛肉・ばら（脂身つき，生，100 g）	50.0	450
和牛肉・肩（脂身つき，生，100 g）	22.3	201
豚肉・ロース（脂身つき，生，100 g）	19.2	173
豚肉・ヒレ（赤肉，生，100 g）	3.7	33
豚ロースハム（3 枚，40 g）	5.8	52
ウインナソーセージ，焼き（3 本，50 g）	15.9	143
ビーフカレー（調理済み流通食品，200 g）	18.0	162
即席中華麺（油揚げ，乾）（1 袋，100 g）	19.1	172
ポテトチップス（1 袋，60 g）	21.1	190
ミートパイ（1 切れ，80 g）	23.9	215
ミルクチョコレート（中 1 枚，70 g）	23.9	215
ドーナッツ（イースト，プレーン，1 個，50 g）	10.1	91

（出典：表 3.5.1　3）と同じ　より抜粋・作成）

わずか 33 kcal です。一方，ポテトチップスは，一袋を食べたとすると脂質だけで 190 kcal になります。これに対しレトルトビーフカレー 1 パックの脂質が 162 kcal ですから，その脂質の多さがよくわかります。

我々が摂取する 1 日の総エネルギー量のうち，脂質で摂るべきエネルギー量には一定の基準があります。これを年齢別，性別で示したのが表 3.5.4 です。

数値は，総摂取エネルギー量に占めるべき脂質のエネルギーの割合（%）です。男女とも 1 歳以上の全年代で，目標量が 20～30% になっています。もし 1 日 2,000 kcal を摂る人なら，そのうち 400～600 kcal が脂質によるという形が目標だということです。

そこでもう一度，食品に含まれる脂質のエネルギー量を見ると，和牛のバラ肉ならそれだけ

表 3.5.4　脂質の食事摂取基準

〔脂質の総エネルギーに占める割合（脂肪エネルギー比率）：%エネルギー〕

性別	男性		女性	
年齢等	目安量	目標量[1]	目安量	目標量[1]
0～5（月）	50	–	50	–
6～11（月）	40	–	40	–
1～17（歳）	–	20～30	–	20～30
18～74（歳）	–	20～30	–	20～30
75 以上（歳）	–	20～30	–	20～30
妊婦			–	20～30
授乳婦			–	20～30

1　範囲については，おおむねの値を示したものである。

（出典：表3.5.2と同じ　改変）

図 3.5.10　（出典：文部科学省共済組合「あなたの食事のカロリーがわかる本」p.71）

でこの基準値に到達していること，ポテトチップスでもその半分程度になっていることがわかります。

以上のように，食事は組み合わせによっては塩分・脂質の摂り過ぎになる可能性があり，そのような食事は生活習慣病のリスクを高めます。

そこで，食事は丼ものやラーメンのような単品ではなく，図 3.5.10 のような定食を選ぶとよいでしょう。

写真にある漬物は塩分が多く，野菜の量も少ないので，できれば野菜・海藻・きのこを用いたサラダやお浸しなどに変更してください。

また，サバのみそ煮定食は塩分がやや多めですので，他の食事で塩分量の調節を考える必要があります。昼にサバのみそ煮定食を摂った場合には，夕食では漬物や味噌汁の量を減らすなどの工夫が必要ということです。

以上述べてきたように，食事における注意点は，朝食を摂ること，野菜を食べること，バランスよく食べること，カルシウムを摂ること，塩分・脂質の摂り過ぎに気をつけることの 5 点です。

ここでは食事・栄養について述べましたが，運動や休養も必要です。健康のために大切なのはこの三つのバランスを崩さないことです。

本節を参考に食事の大切さを認識し，毎日の食生活を見直してみてください。

（寺沢なお子）

3.6　メディアリテラシー

3.6.1　メディアリテラシーとは

私たちは，生活のなかでさまざまなメディアに接し情報を入手しています。一般にメディアは時間や紙幅の制限によって情報すべてを提供することはできません。一方で情報を発信する側は，情報の受け手に対してわかりやすいように情報を「構成」していますが，そのため情報の取捨選択には“意図”が混入します。話題になりやすい情報を積極的に提供しようとする結果，時に受け手はメディアからの情報に振り回されてしまうこともあります。テレビや新聞などのメディアが発信する情報を批判的に読み解き，活用する能力がメディアリテラシー（literacy）と呼ばれます。米国を中心に1970年代から提唱され，90年代から北欧やカナダなどの学校教育でも取り上げられるようになっています。日本では，2006年から使われている中学3年生の国語の教科書で本格的に登場しました。とくにインターネット上には膨大で多様な情報が流れており，正しい情報を見抜き，集めるための知識や判断力が求められます。また，正しい情報を発信する能力も，リテラシーの一つとして重要です。

3.6.2　情報リテラシーを身につける

先に述べたように既存マスメディアは，時間や紙幅の制限のなかでなるべく多くの人たちに有益である情報を提供しようと取捨選択を行います。中身についても情報のなかの最も大切な部分と思われるものを中心に発信しています。既存メディアはこうした情報発信をするために専業の記者や編集記者がいます。彼らが情報を取材して記事を書き，どの記事をどのくらいの量で発信するかを決めています。

学生にとって身近なメディアはパソコン，タブレット，スマートホンを使ったインターネットやメール，X（旧ツイッター），フェイスブック（FB），LINE（ライン）といったソーシャル・ネットワーキング・サービス（SNS）だと思います。新聞，テレビ，ラジオ，雑誌がマスメディアと呼ばれ，発信者が一方向で多くの人に同じ情報を流すメディアであるのに対して，こうした機器は誰でも直接情報を流すことができます。とくにインターネットは情報発信に制限がないものが多く，インターネットにつなげば瞬時にさまざまな情報に接することが可能です。つまり，既存のマスメディアが新聞社，放送局，出版社の編集を経て多くの人に発信していたものが，インターネットでは，こうした編集作業を経ずして個人が情報を流すことができるようになっています。一方で情報を受け取る側にとってはマスメディアによって“与えられる”的な情報ではなく，各々の嗜好にゆだねられることになります。

インターネットの情報で考えなくてはならないのが，個人が簡単に情報を発信できる媒体であり，安価に接触できる情報であるため，大量の情報が発信されていることです。さらに匿名性が高いため，実際に情報に接した場合にその情報が正しいものか間違ったものなのかについて判断できる力が必要とされます。後で述べますが，2015年6月に選挙権年齢を「20歳以上」から「18歳以上」に引き下げる公職選挙法改正案が国会で成立しました。選挙年齢の引き下げは終戦直後に「25歳以上」から「20歳以上」となって以来70年ぶりの改正です。施行は2016年6月19日で，最初の国政選挙（同年夏の参院選）から18歳選挙権が適用されました。つまり，大学生は，主権者として選挙権を行使するための政治に対する判断材料も持っていなくてはなりません。

3.6.3　ニュースサイトについて

インターネットの世界には，各種のニュースサイトがあります。多くは新聞社，通信社，テレビ局が運営しているもので，「YOMIURI ON LINE」「朝日新聞デジタル」「共同ニュースサイト」「47NEWS」などさまざまあります。こうしたニュースサイトで特徴的なのは，掲載されている情報は自社ニュースの情報であることです。「YOMIURI ON LINE」に「朝日新聞デジタル」の情報が載ることはありません。なお，「47NEWS」には各地方紙が発信する情報が載っています。皆さんがよく目にするのは，検索エンジンが話題のニュースを拾って掲示しているもの。「Yahoo!ニュース」などでしょう。こうしたものは各メディアの情報が載ります。こうしたニュースサイトはポータルサイトの色彩が強いものです。新聞社や通信社，テレビ系サイトが発信した情報を掲載しているのですが，注目を集めそうな情報をサイトから集めてリンクをはって情報にたどり着くこともできます。他のさまざまなサイトから拾う情報は，どういう基準で掲載しているのかわかりません。「Yahoo!ニュース」は検索エンジンとしてインターネットを利用する際に見るつもりはなくても目に入るでしょう。そこで面白そうな話題であれば，そこを覗くのではないでしょうか。そのような経過でここに挙がったニュースは言わずもがなページビュー（PV）数が高くなります。個人の発信したニュースでもここに取り上げられると思わぬPV数を稼げます。こうして話題になったものはさらに商業的なネットサイトで拡散し，さらにSNSなどでも広がって行きます。有名人のブログなどが「炎上」したということが起きますが，ネットによる情報の伝播はSNSによるつながりでどんどん広がっていきます。そのような仕組みで書いたものがこうしたポータルサイトに取り上げられるとPV数が膨れ上がります。

3.6.4　ネットモラル

インターネットの便利なところは，検索エンジンを使って自分が知りたいことを検索すれば多くの情報に接することができることです。情報の素早い拡散に関連しますが，よほどの保護対策を講じているサイト以外は接した情報の内容について簡単にコピー&ペーストできることも魅力でしょう。個人が運営しているような商業的ポータルサイトもさまざまありますが，こうしたサイトは高いPV数をうたい文句にして広告料で成り立っています。PV数を上げるためには，話題になりそうな情報，話題になった情報を素早く掲載することが大切です。そして無断で行われるコピーが後を絶ちません。

実際に読売新聞主催の「全国小中学生作文コンクール」の最優秀賞作品が紙面掲載された後に読売教育ネットワーク事務局のサイトに転載したところ，翌日には中学生が書いたある作品が「素晴らしい」と「YAHOO ニュース」で取り上げられるなどし，1 週間で 100 万 PV を突破したことがあります。このアクセス数はこのサイトが通常 1 か月に稼ぐ PV 数の 10 倍です。しかし，これほどの広がりを見せると発信元が情報をコントロールできなくなります。このときもサイトの中身だけが出回れば良いのですが，作文を書いた中学生の写真などを通っている学校のサイトから無断転載したり，家族のことを調べ上げて掲載したり，と読者の興味を引くため，ひいては PV 数を稼ぐために，"尾ひれ" を付けた情報を流すサイトも出てきました。無断転載については，読売新聞の知的財産部を通じて注意を促すことはできますが，それ以外の "尾ひれ" についてはどうしようもないというのが現状です。

もちろん皆が「読みたい」と思う内容があるからこうした現象が起こるのですが，発信する側も商業的な理由があるにしても，罪の意識が薄いのは最初に述べたようにテキストがコピー&ペースト（コピペ）で出来ているからだと思われます。コピーしたものであれば，自分で文章を書いた場合に比べて写し間違えといったケアレスミスが無いため，「間違ったことは掲載していない」と思うようになるのが一因だと思います。

ウェブサイトの話からはそれますが，上述した読売新聞の教育ウェブサイト「読売教育ネットワーク」の中で，同社の松本美奈専門委員が京都光華女子大学短期大学部の成瀬尚志講師と「学生の『剽窃（ひょうせつ）』問題」について対談しています。（2015 年 12 月 3 日）

この対談の "剽窃" という表現は穏やかではありませんが，簡単にいうと**出典を書かずに他人の著作物を自分の文章に取り込む行為**ということです。成瀬さんが主に対象としているのは，大学の授業でのリポートについてです。対談のなかで成瀬さんはこういっています。「**『窃盗』と同じです。パソコンの画面で『コピー』して『ペースト（貼り付ける）』する「コピペ」は作業の一過程で，ルールを守らないと剽窃になります。**」（読売教育ネットワーク大学の実力コラムより）ちなみに成瀬さんの研究グループは，剽窃は論題の出し方や評価方法の工夫で防げるのではないかと考えて研究を進めています。2015 年度の国の科学研究費補助金に採択された研究です。

いずれにしても大学で出される課題は，学生が自分自身で考えて自分自身の言葉で書くことが要求されています。その過程で他人の論文などを参考にしてその上に積み上げていくものであることは皆さんわかっていると思います。ここで申し上げたいのは，コピペの良い点（他人のものの引用でケアレスミスが無い）もありますが，無断で引用することには注意を払ってほしいということです。

なお，若者とネットサイト，SNS の関係ですぐに頭に浮かぶのはいじめの問題ですが，ここでは SNS を使った仲間内のいじめの問題については触れません。

3.6.5　新聞を使ったリテラシー

メディアリテラシーを鍛えるのによいのが，新聞を読むことです。しかし，「新聞を毎日読むのは大変」という学生も多いと思います。また，「新聞なんて読んだこともない」という方も多いかと思います。そんな時に一度試してみてもらいたいのが「まわし読み新聞」と呼ばれるも

図 3.6.1　完成したまわし読み新聞を検討する講師と学生たち

のです。大阪の陸奥賢さんという方が考案したもので，「メディア遊び」といっておられます。「まわし読み」というだけに一人ではなく少なくとも3～5人で一グループで行い，このグループが何組かあるとお互いに意見を交換しながら，楽しく新聞を読むことができる方法です。

○用意するものは，以下のものです。

　新聞（各自），ハサミ，糊，四つ切り画用紙，サインペン

これだけです。

○やり方

1）3～5人で一組のグループに分かれて各自で新聞を読み「これは面白い！」記事を3本程度選び，切り抜きます。

2）各グループ内で自分が切り抜き選んだ記事について発表します。このとき記事の内容を要約して説明→どこが，何が面白いのかを語る→グループ内で質疑応答

3）発表を聞いたうえでみんなが出したなかから3本の記事を選び，模造紙などに貼って「壁新聞」を作る

余白に新聞名，編集場所・日時，出典元の新聞，切り取った人の名前，コメントを入れると楽しい新聞ができます。

この方法では単に新聞に親しむだけではなく

1. 時事情報に嫌でも接する
2. 自分と他人のニュースの見方の違いを通じて情報リテラシーの力がつく
3. 皆の前で話す力，ひいてはプレゼンテーションの力が鍛えられる。

といった効用があります。

3.6.6　新聞社の社論とテレビ

メディアリテラシーを鍛えるのになぜ新聞が良いのでしょうか。「発信する情報は各新聞社，テレビ局などで解釈が違ってきます」と書きました。しかし，テレビ放送では政治的論調など

チャンネルによって大きく変わっているわけではありません。なぜなら，テレビを放送できる電波は周波数が限られており，有限なものです。ですから電波を配分された放送局はその電波を恣意的に使わぬように放送法や電波法といった法律があるのです。放送法第四条には「放送事業者は，国内放送及び内外放送（以下『国内放送等』という。）の放送番組の編集に当つては，次の各号の定めるところによらなければならない。」とあります。そして次のように書いてあります。

一　公安及び善良な風俗を害しないこと。

二　政治的に公平であること。

三　報道は事実をまげないですること。

四　意見が対立している問題については，できるだけ多くの角度から論点を明らかにすること

皆さんには当たり前のことが書かれていると思われるかもしれません。一方で新聞は，だれでも発行できます。だから，月ぎめ購読のもの，無料のもの，全国で販売しているもの，都道府県のある地域だけを対象に販売しているもの，政党の機関紙的なものなどさまざまです。

一般に月ぎめ購読などで販売されている新聞を見てください。新聞をめくると「社説」というコーナーがあります。これは毎日さまざまな問題について言論機関としての意見を載せていますが，これは読売新聞でいうと論説委員会で書いています。通常記事を書く部署は編集局ですが，そことは別の組織です。もちろん書いているのは，編集局で現場を踏んだ記者たちですが。各社そのような組織になっています。そして，社説に書かれているものが「社論」です。新聞は報道機関と言論機関の二つの側面があります。ここを読み比べてみると政治や経済，社会，国際問題についての新聞社の姿勢，考え方がわかります。

3.6.7 主権者教育について

最初に述べましたように2016年6月19日から18歳選挙権が施行されました。大学生の皆さんも主権者（有権者）としての意識を持たなければなりません。つまり，日々変化する政治，経済，社会，世界情勢の最低限の動きは知っておかなければなりません。そこで，新聞，テレビ，ラジオ，インターネットなどさまざまなメディアに触れて，情報を得るわけですが，「メディアリテラシーとは」で述べたようにマスメディアが発信する情報は発信する新聞社，テレビ局などで解釈が違ってきます。例えばエネルギー政策における原発利用について，安保法制について，今後あるかもしれない憲法改正について，日ごろから自分の考えを持って，来るべき国政，地方自治体を含めた選挙に臨み，各候補者が掲げる公約を理解して選択をしなければなりません。

3.6.8 ネットと選挙

公職選挙法（公選法）が改正され2013年7月の参院選からインターネットを使った選挙運動ができるようになりました。選挙期間中，政党・候補者はホームページ（HP）やブログのほ

か，X（旧ツイッター），FB，LINEなどのSNSを更新でき，ネット上で演説会などの日程を発信したり，自らの街頭演説の動画や写真を掲載したりできるようになっています。また，政党と候補者に限るという制限はありますが，メールで有権者に直接呼びかけることも認められました。

一方，有権者は自ら情報発信をすることで，特定の候補者を応援する選挙運動をすることもできるようになっています。例えば，自分のブログやSNSに特定候補の公約やビラを掲載したり，掲示板などに応援メッセージを書き込んだり，動画配信サイトに街頭演説の様子を投稿したりすることができます。SNSのメッセージ機能で友人に直接投票を呼び掛けることも認められます。Xのリポスト（転載）やFBのシェア（共有）を使えば，ボタン一つでより簡単に候補者の情報をネット上に広めるという形での選挙運動も可能です。

この公選法改正前はネットによる選挙運動は禁止されていたわけですが，解禁の機運が盛り上るなかで行われた2010年11月の金沢市長選は多選を続ける現職に複数の新人が挑んだ選挙となりました。時流を反映して選挙前から各陣営でツイッターでのつぶやき（選挙運動ではありません）が目立ちました。告示され，投票日が近づくにつれてある新人候補陣営と思われる方からツイッターに「選挙に行こう」という多くのつぶやきが発信されました。“つぶやき”が原因かどうかはっきりしませんが，当時の市選挙管理委員会の話では投票日の夜になって多くの有権者が投票所に現れたということです。この行為については，市選挙管理委員会が公選法に抵触する恐れがあると陣営に注意していたようです。ただし，直接選挙違反を取り締まる石川県警察は「ツイッターでの投稿内容が選挙運動とみなせるか判断が難しい」として陣営に警告しませんでした。いずれにしてもネットによる選挙運動が若者を中心に爆発的な力を持つことがあるようです。

今ではインターネットを使った選挙運動が認められています。ただし，先に書いたように電子メールを使った運動については制限がありますし，選挙運動期間は告示日から投票日前日であることなど，総務省のホームページなどを見て一度公選法を確認しておくと良いでしょう。

（読売新聞教育ネットワーク事務局　水島　淳）

第4章

自己開発の方法

4.1 「派遣留学」のすすめ

4.1.1 はじめに

「異文化の中で生活してみたい」「在学中に海外に留学したい」という金沢大学生のために，本学には**交換留学制度**があります。**「派遣留学プログラム」**のもとで本学の**交流協定校**に留学するための制度です。ここでは，この制度について説明します。

4.1.2 「派遣留学プログラム」とは

派遣留学プログラムとは，金沢大学交流協定校に，先方の授業料を納めずに，3～12か月留学をするためのプログラムです。

金沢大学は，世界中の多くの大学と大学間または部局間で学術交流協定を結んでいます。さらにその中のいくつかの交流協定校とは，**「学生交流の覚書（おぼえがき）」**を交わしており，互いに，授業料を徴収することなく，決められた人数の学生を，決められた期間内で，学生として受け入れる約束をしています。本学とこの覚書を交わしている大学は，**2024年1月現在で243校**あり，これらが，金沢大学生にとっての派遣留学対象校です。詳しくは金沢大学Webサイト「国際交流・留学→海外へ留学したい→派遣留学（https://www.kanazawa-u.ac.jp/global-network）」（以下，Webサイトアドレスは同様）を参照してください。

4.1.3 在学期間及び取得単位の扱い

派遣留学プログラムにより留学する学生は，原則として，留学中も本学に授業料を納付します。これにより，学生は，留学中も本学の学生としての身分を有することになり，留学の期間も，本学の修業年限・在学期間のうちに含まれることになります。また，本学の多くの学類が，学生が留学中に取得した単位を本学卒業のための必要単位数に数えることを目的とする**「単位互換制度」**を採用しています。なお，「単位互換制度」に関しては，派遣留学の準備期間に所属学域・学類の学務係で指導を受けてください。

4.1.4　派遣留学のための授業料

4.1.3にも記したように，派遣留学生は，留学期間中，本学に授業料を納付します。そしてその代わり，留学先大学の授業料が免除されます。

4.1.5　奨学金

スタディアブロード奨学金

海外留学費用を支援する本学独自の奨学金制度です。留学形態などに応じた支援枠があり，海外留学を希望する学生を強く後押しします。

- 学域・大学院派遣枠（a枠）＜給付型＞
  成績基準などに基づき選考し，留学先の地域などに応じて月額5～10万円を給付します。
- 「在籍延長支援枠」＜給付型＞
  海外留学により，修業年限内の卒業が不可能となった学生を支援します。修業年限を超えて在籍する期間において，留学期間を上限としてクォーターごとに12万5千円を給付します。

詳しい情報やその他の奨学金については，『派遣留学の手引き』（金沢大学Webサイトまたは冊子版）を参照してください。

4.1.6　留学期間

交流協定校への留学期間は3～12か月です。ただし，留学期間は，月ごとにカウントされるのではなく，セメスター（学期）ごとにカウントされるので，実際の留学期間は，2クォーター（通常4～5か月間）または4クォーター（通常9～10か月）ということになります。

留学の開始・終了時期は，各交流協定校の学期および語学研修の開始・終了時期に合わせて決定されます。詳細は各交流協定校のホームページ等で確認してください。

なお，留学の開始可能時期は，募集要項を確認してください。

4.1.7　派遣留学プログラムへの応募と選抜

派遣留学プログラムへの応募は，本学の正規学生（学域学生および大学院学生）なら誰でもできます。応募期間は，募集ごとに異なります。おおよそのスケジュールについては「図4.1.1　派遣留学プログラムの流れ」を参照してください。

また，**部局間交流協定校**への留学を希望する場合は，原則として当該部局に所属している学生のみが応募できます。ただし，どちらの場合も，応募者は，派遣留学期間満了後に本学に戻って学業を継続できる者に限られます。つまり，留学後も金沢大学の学生であることが条件となり，例えば，学類4年生の時に留学を開始し，留学期間の途中で本学を卒業するようなケースは認められないということです。

派遣留学プログラムへ応募した学生全員が，留学できるとは限りません。学生は，2度の選抜試験を受けることになります。1度目は，**学内選考**です。これに合格した学生は，交流協定校に留学のための**願書**を**提出**します。ここで学生は，交流協定校側から**受け入れ可否を決定するための審査**を受ける必要があり，これが2度目の選考となります。

4.1.8 派遣留学のための語学力

自分が立てた留学計画どおりに，安全に，意義のある留学生活を送るためには，語学力が何よりも大切だということは言うまでもありません。

使用言語が英語の交流協定校に留学する場合，TOEFL（Test of English as a Foreign Language）または IELTS（International English Language Testing System）という英語力判定試験で，一定水準以上のスコアを獲得することが要求されます。並大抵の努力では，この試験で高得点を獲得することはできませんので，目標スコアを目指し，時間をかけて学習することが肝心です。

英語以外の言語を使用する交流協定校へ留学を希望する場合，その言語の一定の運用力を求められることがあります（『派遣留学の手引き』を参照のこと）。いずれにせよ，授業を大切にする，検定試験に挑戦するなどの方法で，こつこつと学習することを勧めます。

留学のための語学力は，高ければ高い方が良いのです。

4.1.9 留学の目的と派遣留学のための情報収集

派遣留学に興味を持ったら，「留学先の大学で，具体的に，どのような授業を受け，どのような活動をしたいのか」「留学中，先方の大学のためにどのような貢献ができるか」「帰国後は，金沢大学のために何ができるか」「卒業後は留学経験をどのように役立てたいか」などについて，家族や友人，指導教員に相談しながら，時間をかけて考えてみましょう。

また，派遣留学に関する情報は，次のリソースを利用して，積極的に入手しましょう。留学経験のある先輩や教員に話を聞くのもよいでしょう。派遣留学に関する最新の情報は，常時，本部棟3階国際部留学企画課留学推進係が提供しています。

- 『派遣留学の手引き』（本部棟3階国際部留学企画課留学推進係にて入手または金沢大学 Web サイトで閲覧可能）
- 派遣留学ホームページ（`https://www.kanazawa-u.ac.jp/global-network`）
- 派遣留学説明会（年3回開催。開催日時は金沢大学 Web サイトまたはアカンサスポータルメッセージで確認）
- 派遣留学成果報告会（年1回開催。開催日時は金沢大学 Web サイトまたはアカンサスポータルメッセージで確認）

4.1.10 派遣留学プログラムの流れ―募集要項発表から渡航まで―

応募から渡航までをフローに表すと，次ページの図 4.1.1 のとおりです。

派遣留学プログラムに参加する場合，留学を希望する年度の前年度に選考があります。概略は，次のとおりです。

○（韓・豪以外の協定校）　1次募集　7月～10月頃　学内選考11月頃
　（韓・豪以外の協定校）　2次募集　12月～1月頃　学内選考2月頃
　（韓・豪協定校）　3次募集　4月～5月頃　学内選考6月頃

○ 必要書類　・派遣留学計画書・派遣留学候補者推薦書・語学能力証明書　ほか

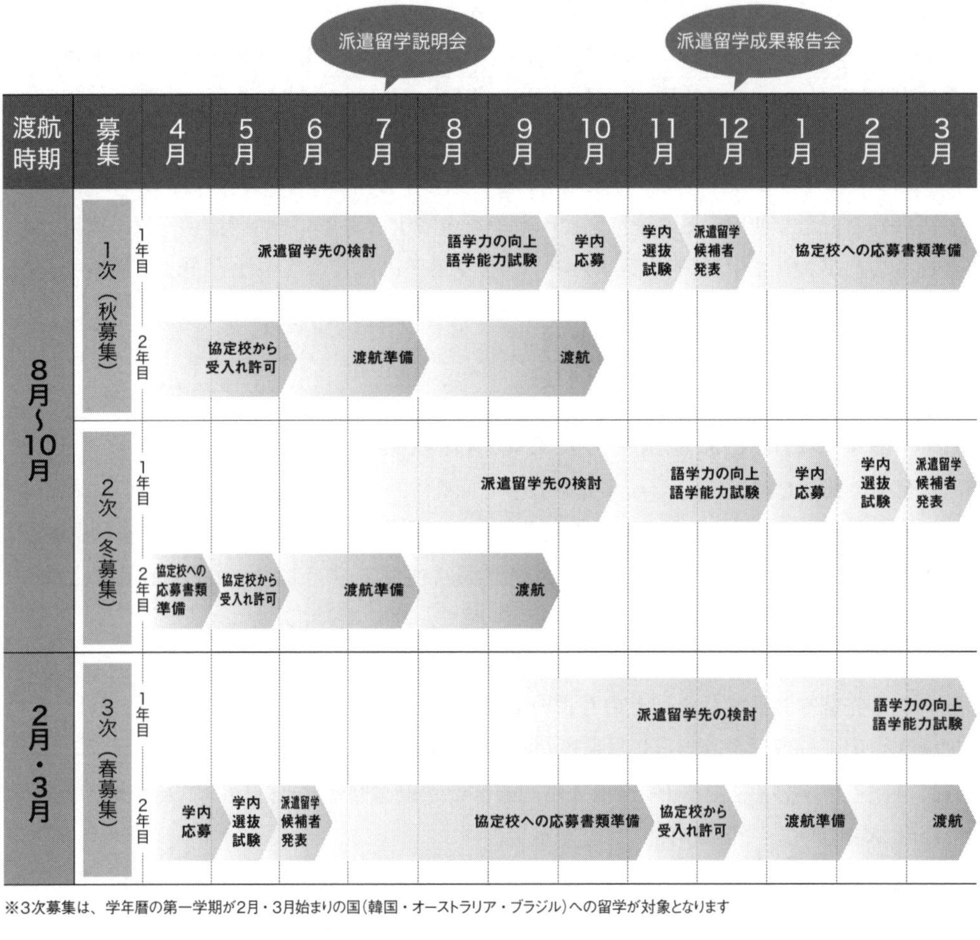

派遣留学説明会（7月）　派遣留学成果報告会（12月）

渡航時期	募集		4月	5月	6月	7月	8月	9月	10月	11月	12月	1月	2月	3月
8月～10月	1次（秋募集）	1年目	派遣留学先の検討				語学力の向上 語学能力試験		学内応募	学内選抜試験	派遣留学候補者発表	協定校への応募書類準備		
		2年目	協定校から受入れ許可		渡航準備		渡航							
	2次（冬募集）	1年目				派遣留学先の検討				語学力の向上 語学能力試験		学内応募	学内選抜試験	派遣留学候補者発表
		2年目	協定校への応募書類準備	協定校から受入れ許可	渡航準備		渡航							
2月・3月	3次（春募集）	1年目						派遣留学先の検討				語学力の向上 語学能力試験		
		2年目	学内応募	学内選抜試験	派遣留学候補者発表	協定校への応募書類準備				協定校から受入れ許可	渡航準備		渡航	

※3次募集は、学年暦の第一学期が2月・3月始まりの国（韓国・オーストラリア・ブラジル）への留学が対象となります

図 **4.1.1**　派遣留学プログラムの流れ

4.1.11　おわりに

金沢大学は，平成26（2014）年度に文部科学省の「スーパーグローバル大学創成支援事業」に採択されて以降，徹底した国際化を進め学生の海外派遣を推進しています。金沢大学は，将来ますますグローバル化された社会で活躍する学生の育成を目指しているのです。

これまでも，多くの金沢大学生が派遣留学を経験し，それを糧にして社会で活躍しています。派遣留学は金沢大学生の特権です。ぜひ，より多くの金沢大学生に，この制度を利用して，国際人としての一歩を踏み出してもらいたいと思います。

次に掲載する手記は，先輩たちの派遣留学体験記です。留学生活の一部を少しだけ覗いてみてください。

★派遣留学体験記

マラヤ大学（マレーシア）

人間社会学域国際学類　中野遥日

私は，2022年9月～2023年3月までの1学期間，マレーシアの首都，クアラルンプールにあるマラヤ大学に留学しました。私の留学の目的は，① 英語力を向上させること，② 多様な背景を持つ人と交流して，たくさんの価値観を知ること，③ 様々な人生観に触れ，自身のキャリア観・将来像を深めること，の3点でした。そこで，公用語として英語が話され，マレー系・中華系・インド系など様々な民族が共に暮らしているマレーシアに関心を持ちました。

留学準備

留学前の準備には，高いGPAを取ること，IELTSの勉強，派遣留学・大学の選定，ビザの申請，現地の寮の申請，履修登録，パッキングなどがありました。準備をするうえで大切なことは，早め早めに取り掛かることと，周囲を頼ることだと思います。特に，ビザの申請は複雑で数か月間かかりました。また，寮の申請や履修登録，交流イベントへの参加申請などは，先着順であることが多く，期限ギリギリに申請しようとして失敗したことがありました。そのため，期限まで余裕があると思わず，留学推進係の方や先輩に相談しながら，すぐに手続きを進めると良いと思います。

大学の授業について

留学生が受講できる授業は，基本的に英語で開講されています。授業資料や課題，プレゼンテーション，試験などは全て英語でした。授業中，教授がマレー語で説明する場面もありましたが，一緒に受講していた現地の学生がフォローしてくれました。

また，授業は2時間の講義と1時間のチュートリアルで構成されていることが多く，1つの授業につき，1週間のうちに3時間の授業があります。金沢大学とは異なる授業スタイルなので，履修登録の際，授業時間が被らないよう注意が必要です。チュートリアルでは，英語でディスカッションやプレゼンテーションを行います。

課題については，1つの授業につき2回以上，エッセイを書く課題がありました。また，チュートリアルのために毎週20分ほどのプレゼンテーションをグループで準備するなど，課題量の多い授業もありました。図書館や食堂など設備が充実しているので，大学内での自習もおすすめです。

課題活動について

マラヤ大学では，映画鑑賞会やアウトドア活動など，留学生向けのイベントがとても充実していました。世界中から集まる留学生と交流できる機会がたくさんあります。

交流イベントの他に，クラブ活動やボランティア活動にも参加できます。クラブ活動には，留学生向けのものもありますが，現地の学生が主体となっているクラブに連絡を取って所属することもできます。ボランティア活動については，教授や友人の誘いで，市民農園や先住民コミュニティでのボランティアに参加することができました。

生活について

衣食住に関して，マレーシアは年中暑いので，服は夏物だけで問題ありませんが，店内などはエアコンが効いていて寒いので，羽織があると安心です。食事は，マレーシア料理，中華料理，インド料理，韓国料理などたくさんの種類のレストランがあり面白いです。水道水は飲めないので，ミネラルウォーターを買う必要があります。学生寮にはエアコンが無く，トイレやお風呂が共用であることが多いです。最も設備が整っているInternational Houseという寮がおすすめですが，人気で定員がすぐに埋まってしまうので，なるべく早く申請を済ませると良いです。学生寮以外に，コンドミニアムを借りて友人と共同生活をしている人もいました。

交通事情については，公共交通機関がとても安く，バスや電車は近場までの移動だと，100円前後で利用できます。また，GrabやAirAsiaなどの配車サービスも充実していて，友人と乗り合いをすると，公共交通機関より安く移動できることもありました。また，周辺の東南アジア諸国に行く航空券が安いので，週末や休み期間を利用して旅行に行くのも良いでしょう。クアラルンプールは都会なので，治安も良く安全に生活できますが，何か困ったことがあれば，現地のバディの学生に相談してみると良いと思います。

最後に

マラヤ大学での留学生活を通して世界中の学生と交流し，たくさんの刺激を得て，人の温かさにも触れることができました。私は半年間の留学のために1年間多く在学しましたが，留学を経験できて本当に良かったと思っています。迷っている方がいたら，ぜひ勇気を出して一歩踏み出してみてください！

ネヴァダ大学リノ校（アメリカ合衆国）

融合学域先導学類　大八木和輝

はじめに

私は2022年8月から2023年5月までの約10か月間，アメリカ合衆国のネヴァダ大学リノ校（University of Nevada, Reno）に派遣留学に行っていました。私の所属である融合学域先導学類で開講されていないアート分野を学び，同類でのプロジェクトに生かすことが今回の留学の主な目的でした。私の体験記が少しでも皆さんの参考になれば幸いです。

授業

派遣留学生は，秋学期と春学期にそれぞれ12単位以上の授業を履修する必要がありました。金沢大学と比べると単位数は少ないかもしれませんが，課題の量が多く，学習量はかなりありました。私は秋春学期ともにアート関連の科目を中心に履修し，秋学期には留学の導入段階として，留学生向けの英語科目（English as a Second Language）も受講しました。この英語科目でエッセイの書き方やプレゼンテーションの進め方などについて学んだことで，他の授業の課題にも対応できるようになったので，留学先の授業についていけるか不安な学生は履修を検討しても良いと思います。一方，アートの授業はLab/Studio科目（実技科目）を中心に履修し，作品の製作が主な課題でした。課題ごとに学生が作品について説明し，質疑応答を行う講評の時間があり，英語力に不安があった私にとっては負担が大きかったです。ただ，他の学生や教授と意見を交わす過程で自身の作品の改善点や新しい解釈を学ぶことができ，とても有意義な時間になりました。さらに，期末レポートの作成のため，リノの美術館やアーティスト，教授のトークイベントに参加する機会も多々ありました。アートの授業を通じて技能だけでない幅広い学びを得ることができたと感じています。アメリカの大学全般に言えることだと思いますが，初学者でも教養として気軽に広範な分野の科目を履修できる環境が整っています。アートに限らず金沢大学では開講されていないような分野に興味あれば，ぜひアメリカの大学も選択肢に入れてみてください。

課外活動 & 旅行

課外活動にも積極的に参加しました。私は日本サークルとダンスクラブに所属していました。日本サークルでは現地の学生と花見をしたりアニメ映画（となりのトトロ）を鑑賞したりする活動の中で現地の学生との交友関係が広がりました。留学中はできるだけ日本人コミュニティと関わらないようにする留学生も多いですが，困ったときに助けてもらえたりするので日本人が在籍しているコミュニティの活動に参加するのも有効な選択肢だと思います。他にもたくさんのサークル/クラブが活動しており留学生でも気軽に参加できます。現地の文化を知ったり交友関係を広げたりできる良い機会になると思うので興味のあるサークル/クラブがあれば是非積極的に参加してみてください。

また長期休暇には大学の施設が閉鎖されることもあり旅行している留学生が多かったです。私自身，冬休みにニューヨークへ約 2 週間，春休みに現地の友達とサンフランシスコへ日帰りの旅行に行きました。ニューヨークに行った時期が年末年始に重なり，クリスマスマーケットやタイムズスクエアでの年越しカウントダウンに参加できたことはとても良い思い出です。アメリカで留学生活を送っていると比較的手軽にアメリカ各地へ旅行することができます。州ごとの文化の違いを肌で感じることができるので，予算に余裕があれば長期休暇には旅行してみても良いと思います。

心構え

留学生活を円滑に進めるためには事前の情報収集がとても重要です。例えば寮費などを現地の大学に支払う際はクレジットカード以外にオンラインの送金サービス（PayMyTuiton）を利用することができるという情報を知っているだけで手数料が数万円単位で変わってきます。長期留学は多くの時間とお金が必要になるので，無駄遣いを避けるためにも情報収集に積極的に取り組むことが重要だと思います。

ただし，どれだけ情報収集をしても不測の事態に直面することは往々にしてあるので臨機応変に対応することも重要です。私自身，アメリカへ渡航する際に航空会社の手違いでスーツケースが紛失し，生活必需品が足りない状態で約 2 週間を過ごす羽目になりました。異なる国に長期間滞在していれば不測の事態は誰の身にも起こりうるので，周りの協力も得ながら慌てず冷静に対処するよう心がけてください。

終わりに

2 次募集の締め切り直前まで迷った末の留学でしたが，ネヴァダ大学リノ校に留学して本当に良かったです。目的であったアート分野の学びを深めることができたのはもちろんですが，それ以外の活動からもとても大きな学びを得ることができました。長期の留学に不安を感じる方も多いと思いますが，新しい文化や言語に触れる経験はかけがえのない財産になります。是非チャレンジしてみてください。

カールスタード大学（スウェーデン）

人間社会学域学校教育学類　長井春樹

僕は，金沢大学で英語教育を専攻していたため，北欧の英語教育を学びたいと思い，スウェーデンのカールスタード大学を選びました。学校教育学類では教育実習のある 3 年生と 4 年生の時期に留学に行くと 1 年留年になってしまいます。なので，私は約 1 年間の長期で留学をすることに決めました。

留学準備

留学前の準備として必要だと感じることは大きく 2 つです。1 つは英語力です。母国語が英語でない国に行ったとしても，留学生や現地の人とコミュニケーションを取るためには必ず英語が必要になってきます。英語はどれだけ資格試験で高い点数が取れていたとしても，スピーキングは日本人が不得意な分野かなと思うので，早めにオンライン英会話などをして話す練習をしておいた方がいいと思います。僕は直前の 1 か月だけしか練習せずに後悔しました。でも，留学先でも英語力は伸びるのでそこまで心配する必要はないです。カールスタード大学の場合には IELTS の Overall の点数がある程度ないと受け入れてもらえません。他にもそのような大学があります。なので，要項をしっかり読んで点数を取得して申請してください。

もう1つ準備として大切なことはビザの手続きはもちろんですが，現地に行くまでの交通手段や現地での移動手段，SIM カードについて入念に調べておくことです。ビザは国によって2か月以上かかります。また，交通手段や予約の仕方は日本と違うので，現地についてからなんとかしようと思っているとバスを逃したり，乗り口が分からず迷子になったりします。下調べは入念にしていた方がいいです。

留学中

留学中はたくさんのことをしました。スポーツはもちろん旅行はたくさんしたらいいと思います。友達の輪も広がりますし，コミュニケーションがたくさん取れます。僕は教育を専攻しているので，メールでアポイントメントを取って地域の小学校，中学校，高校と見学をさせてもらったりもしました。また僕の場合は大学に協賛してもらい言語カフェを主催しました。言語を学びたい学生を大学のホームページや留学生全体のグループ（200人ほど）から募集し，ドイツ語や韓国語などを他の留学生に先生をお願いして教えてもらいました。毎回20人程度の学生に参加していただきました。2週に1回程度の頻度ですが，3か月ほど継続できたことはよかったです。大学は留学生の取り組みに非常に積極的です。やりたいことは言ったもの勝ちです。それまでの準備などは全て自己責任ですが，達成感はその分大きいと思います。もちろん既存のイベントのサポーターなどをしてもいい経験になると思います。

もう1つ熱心に取り組んだことは，スウェーデン語の学習です。スウェーデンは国民のほとんどが流暢な英語を話しますが，移民の方も多く公用語はスウェーデン語です。なので，スーパーやお店ではスウェーデン語の表記がほとんどです。僕はせっかく英語圏ではない国に来たのだから，言語を将来教える身としてスウェーデン語を学ぶことに挑戦しました。そのために大学とは別にスウェーデン語学校に通いました。本来は移民としてスウェーデンに移住をしてきた人や仕事を得るためにスウェーデン語を学ぶ人々の施設ですが，留学生として特別に入校を許可していただきました。私の大学は週に2回程度しか授業がなかった (1回分の課題が多いのであまり休める時間はないのですが) ので，週に3回はスウェーデン学校に通い1日4時間の座学と自宅での練習を6か月続けました。最終的にはスウェーデン国内のスウェーデン語における国家試験に合格しました。スウェーデン人の友達とスウェーデン語で話したりしたことは今でも楽しい思い出です。

留学中はたくさんの苦悩がありました。しかし，1番大きな影響があった問題は言語だけでした。英語が話せるようになったのは留学をして3か月が経ってからです。それまではボディランゲージでなんとか会話をしていましたが，話せるようになってからはもう悩むことはなくなりました。授業の英語は専門的でわからない場面も多かったですが，日常会話では大きく困ることはありませんでした。ある程度，日常会話ができたら十分だというマインドセットが身についたのかもしれません。人間関係も良好で本当に環境に恵まれていたと感じます。

留学を始めてすぐに動画編集を始めました。これは将来に活かしたいことにつながる話ですが，私は動画で英語の楽しさを伝えられる英語の先生になりたいと考えています。そのためにたくさん動画をスウェーデンで撮って動画の中で英語を話して，編集をしていました。今になって英語がある程度話せるようになりましたが，留学に行く前は自分の英語に自信がありませんでした。僕と同じような生徒や学生が少しでも僕の成長を動画で感じて勇気をもらってくれたら嬉しいなと思っています。

留学を終えて

これからもひとりの学習者としてこの留学の経験を1人でも多くの人に届けたいと思っています。卒業後は金沢市内の私立英語教員として教壇に立つ予定です。僕は留学という選択肢を教師になる前に選んで本当に良かったと思います。留学中には僕自身の未熟さを痛感すると同時に，自分の英語としっかり向き合うことができました。それは教員として十分な自信になったと感じています。

今までの学びを生徒たちに還元できるような英語教員になりたいです。留学を通して，英語だけでなく，文化の違いや価値観の違いについて異文化コミュニケーションを通して肌で感じることができました。その経験は日本ではあまりできることではないと思います。

今でも留学先で出会った友達とは仲が良く，僕の帰国後すぐにヨーロッパから友人が遊びにきてくれました。また僕も彼らに会いにヨーロッパに 1 か月ほど滞在する予定です。今は留学前以上に日本語をオンラインで教えるアルバイトをして旅行用の資金を稼いでいます。本当に留学前の自分では考えられないくらい行動力や決断力，フットワークの軽さが増したような気がします。それだけ自分のしたいことに正直になれているのだと感じます。

最後に

最後に後輩の皆様へメッセージを送ります。不安な要素は考え始めたらキリがありません。まずは自分のやりたいことを自分の意思で選んでやってみてください。僕も北欧という僕のことを誰も知らない土地でゼロから人間関係を築いて，ゼロからイベントを企画して，ゼロから現地の言葉を学びました。そのおかげで自分の本当の気持ちに気づけました。全てが初めてでも何も恐れることはないと思います。何か自分のやりたいことのために目標を決めてスモールステップで進めていけばいいと思います。その目標はどれだけ小さなことでも大きなことでも大丈夫です。新たな土地で自分の意思で決めてやりきったことはあなたの経験となり自信になります。失敗も苦悩ももちろんあることでしょう。しかし，それもやってみた人にしかわからない景色だと思って楽しんでください。あなたの次の 1 歩を心より応援しています。頑張ってください。

（足立英彦，金沢大学国際部留学企画課留学推進係）

4.2　進路開拓のすすめ

4.2.1　将来のキャリアプラン

皆さんはどんな目標を持って入学しましたか？　金沢大学での生活を通してどんな経験をし，どんな能力や知識を得たいですか？　卒業後，自分をどのように活かしたいですか？　10年後，20年後，どんな仕事，生活を送っていたいですか？

入学して間もない皆さんが，以上の問いに全て答えるのは難しいでしょう。答えられるとしても，漠然としたことしか言えないかもしれません。

就職活動を始めたばかりの学生の相談を聞いていると，自分のやりたい事や将来への明確なビジョンを，自信を持って語れる人はごくわずかです。ほとんどの人が，「時期が来たから取りあえず…」とか，「大学を出たら働かなくてはいけないから…」という考えで，就職活動を始めているようです。ところが就職活動が進み，採用選考試験に進むことになると，面接の場で「なぜ当社で働きたいのか？」，「なぜこの仕事を選ぶのか？」ということを面接官から突っ込んだ形でしつこく聞かれます。そこで面接官を「なるほど！！」と納得させるような理由を説明することができない学生はなかなか内定をもらうことができません。「なんとなく…」とか，「大きな会社は安定しているし，福利厚生もしっかりしているから…」というような基準で会社を選んで応募している学生は数十社受験しても1社も内定がもらえないということが現実的に起きています。ご存知かもしれませんが2009年から2012年くらいは「就職超氷河期」とも言われており新卒の就職内定率の低さが社会問題になっておりました。2008年秋にリーマンブラザーズという米国の証券会社の経営破たんに端を発した世界同時不況（リーマンショックと呼ばれています）以降の景気低迷の影響で就職が厳しくなり，その後景気が良くなったことに加えて少子高齢化が進むことから積極的に若者を採用する企業が増えていることにより今は売り手市場（学生諸君は就職しやすい状況）になっております。しかし，一方で企業は若者が欲しいのではなく，自社で将来力を発揮してくれそうな若者を求めています。残念ながら売り手市場の現在でもなかなか就職が決まらずに苦労している学生が一定数いるのも事実です。

就職活動を通してあるいは就職活動を始める前から「自分はどんなプロとして社会に出て働くのか」，という自分のキャリアに対する考え方を具体的にもてない学生は能力の有無に関係なく就職活動で非常に苦労することになることを肝に銘じてこれからの学生生活を送ってください。

4.2.2　進路を取り巻く環境の変化

以前は大学卒業後の就職は今よりも簡単でした。バブル経済が崩壊するまでの高度経済成長期では，学校名で採用してくれる会社が多く，面接も形ばかりの会社が多くありました。ところが，1990年代後半以降は，質重視の名の下，面接による選考が重視される傾向が強くなっており，前述したリーマンショック以降はさらにこの傾向が高まっています。さらには筆記試験で一定以上の成績を収めることができれば合格できていた公務員試験でも，面接重視の傾向が高まってきています。

なぜこのような傾向が高まってきたのでしょうか？ これは日本経済を取り巻く環境の変化が大きく影響しています。バブル期までは，国としてやるべき方向が決まっているものが多く，それらをいかにうまくやるかという視点で，国を挙げて官民ともに取り組んでいることが多くありました。この場合は，やるべきことが決まっているので，あとはそれらをどう効率的に，ミスなく，低コストで実行するかという部分での競争になります。そして，このような競争で求められるのは，記憶力や理解力を駆使してパターン化された問題を効率よくクリアしていく能力であったために，受験勉強で鍛えた能力がそのまま仕事で活かせていました。したがって，入学した大学名でどの程度の仕事ができるかを判断しても問題がなく，いわゆる学歴重視の選考を行う企業が行われていたのです。

さて一方，90 年代後半から日本経済は低成長期に入り，ビジネスの進め方が大きく変わっていきました。これまでのように，「いかに効率的にやるか」という仕事の進め方から，「何をやるか」という部分が非常に重視されるようになってきたのです。これは日本経済が低成長期に入ったことに加えて，日本の国そのものが豊かになったために嗜好が多様化してきていることも関係があります。

暮らしが豊かになると，どんなに安くてもそれに価値を感じないものは欲しいと思わなくなります。逆に，これは良いと思うものならお金を出してでも手に入れたいと思うようになります。すると，いかにこれを欲しいと思ってもらうかが非常に重要になってきます。そして，いかにうまく作るかということよりも，何を作るかということを考えて仕事をする必要性が高まり，これまでのようにやり方の工夫よりも，人が良いと思うものを**生み出す能力やセンス**が重要になってきます。仕事の進め方についても，言われことを言われたとおりにするという能力より，**自分の直面している課題に自発的に取り組み，アイディアを出し，それを解決していく能力**が重視されるようになってきたわけです。

上記の状況に加えて，21 世紀に入り，ビジネスの世界での環境変化のスピードがますます速くなりました。環境が変化すると，その**変化に合わせて柔軟に対応していく能力**が問われます。さらに言うと，いち早く環境の変化に対応できた企業が新しい環境で大きく成長することができ，環境変化に取り残された企業は規模に関係なく淘汰されるという傾向が顕著になってきます。こうした状況の中で，ますます**自律的に考え，リスクを恐れずに新しいことに積極的にチャレンジし，行動できる人材**に対するニーズが高まっています。新卒者に対しても，この部分を見極めようとする動きが高まってきているのです。

皆さんは「**2045 年問題**」という言葉を聞いたことがあるでしょうか？ 提唱したのはアメリカ人の発明家，レイ・カーツワイル氏です。過去にはアメリカ国家技術章を受賞し，現在（2016 年現在）は Google で最先端研究を進めている人物です。人工知能（AI）はこの数年で大きく技術革新が進み，過去に蓄積されたデータから状況に応じた最適な解を見つける能力が飛躍的に向上してきています。さらにインターネットの発達でスマートフォンなどの様々な電子デバイスに無線通信機能を搭載しそれらから膨大な情報が収集できるようになってきているのですがこのビックデータといわれる情報をAIが使って学習することで自動車の自動運転技術などの分野でも飛躍的な技術革新が進み始めております。一言でいえば過去の知識の中から最適解を導き出すといういわゆる正解を探すという知的作業の分野ではもはやAIは人間を超えてきており，そうした分野の仕事はAIに2045年までに取って代わられるのではと指摘しているのです。

では人間が将来にわたってAIに勝る部分は何でしょうか？　これについては諸説あるのですが，当面は**リスクがあるものに挑戦し，その過程の中で成長しながら成果を導き出していくという行動**や，イノベーションといわれる**今まで全く世の中に存在しなかったような価値を持つ何かを生み出す力**，あとは集団の中で**周囲の人を巻き込みながらリーダーシップを発揮**していくような力などではないかといわれています。あと人間が自らの意思で何かに向かって行動するという**自律的な思考や行動**もAIに対して優位性がある部分といえるのではないでしょうか？　わかりやすくいうとコンピュータは道具です。道具は使い手の意思によってさまざまな目的に使用されます。AIを使って何をするのかということを自律的に考えることが今後の仕事の中でとても大きなウェートを占めることになるのではと推察されています。

4.2.3　自律的に考え行動するために

「自律的に考え行動できる」ということについて，もう少し詳しく説明します。皆さんは，これまでは課題や問題を与えられて，それに対して正解を見つけるという形式での勉強を中心にしてきたと思います。これは，与えられた課題に対して正しい一つの正解を導き出すという能力を身につけてきたといえるでしょう。一方，自律的に考え行動するということは，課題や問題そのものを自分自身で設定し，それに対して最も良いと思われるやり方で，それを解決する行動をとることになります。つまり，最初に正解が決まっているわけではなく，課題や問題が表に出ていない状態から解決に向けて取り組んでいく必要があるのです。

受身になって，与えられた問題をただこなすのではなく，自ら主体的に動いて目標を定め，障害となる課題や問題点を明らかにし，その解決策を工夫し，結果を出すという行動を取ることができるかどうかが，今後社会で働く上で重視されるわけです。

【P-D-C-Aサイクルの習慣をつける】

では，どうすればこのような能力を高めることができるでしょうか？　特別な勉強をする必要があるのでしょうか？　自らの意志で目標を掲げ，その達成のために創意工夫・努力して何事かに取り組んでみるという経験を増やすことが必要です。それは勉強でもサークルでもアルバイトでも何でも構いません。その際に，自分自身の意志で取り組んでみるということが非常に重要になります。また，その取り組み方について，以下のような流れとポイントを押さえておくことが有効です。

① PLAN:まず目標を掲げ，その目標を達成するための計画を作る

自分自身で何か目標を掲げて行動する癖をつけてみましょう。人から言われたことや強制されたものをやるのではなく，自らの意志でこれを実現できたら**わくわくする**ものを掲げること

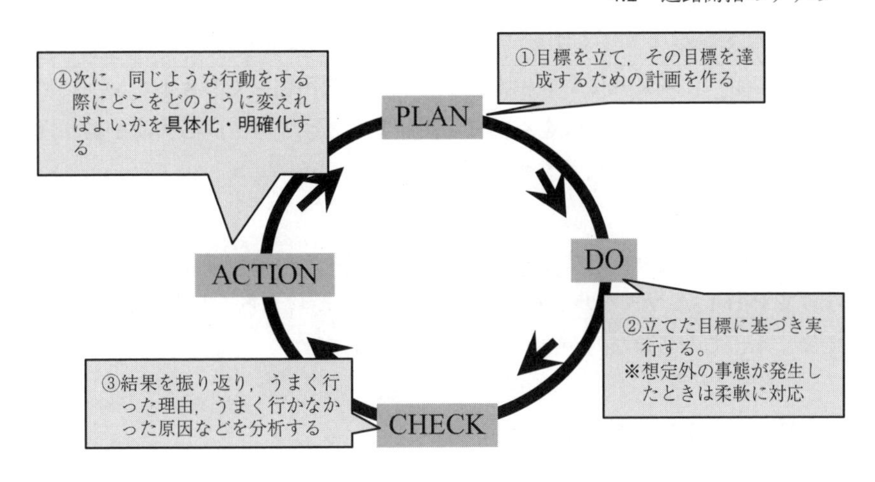

図 **4.2.1**

が重要です。

また目標を掲げる際のポイントは，「いつまでに何を」を目標に具体的に取り入れることです。目標の具体化が弱いと，後から結果を振り返ったときに，うまく行ったのか，行かなかったのかが判断できなくなってしまいます。

良い例⇒「今年の 12 月の TOEIC で 600 点以上のスコアを獲得する」

悪い例⇒「英語を頑張って勉強する」

計画作りはこれまでにも受験勉強などで何度か経験はあると思いますが，スケジュールだけ作って満足するケースが多いようです。何をどのようにやるかという手段や方法も明確にすることが必要です。さらにもう一つ重要なポイントは，途中で発生が予想されるリスクや障害をできるだけ事前に洗い出しておくとともに，それに対する備えを用意しておくことです。このリスクや障害を洗い出す能力が高まると，結果的に目標を達成する能力が高くなります。

② DO：立てた目標に基づき実行する

実際に物事を進めていくと，当初想定していなかったような事態やアクシデントが起こることが多々あります。その状況に応じて柔軟に対応し，必要な場合は対策を具体的に講じながら，目標達成に粘り強く取り組み続けることが求められます。

③ CHECK：結果を振り返り，うまく行った理由，うまく行かなかった原因などを分析する

まず，結果が設定した目標に届いているかどうかをきちんと評価してみましょう。さらに，よかった点，悪かった点を洗い出してみましょう。悪かった点は，次に同じようなケースになったときにはどうすればよいかを具体的に考えてみます。計画通りにうまく行った点は何が成功のポイントになったか，うまく行かなかった点があればその理由を具体的に洗い出してみましょう。

④ ACTION:次に同じような行動をする際に，どこをどのように変えればよいかを具体化・明確化する

うまく行った部分は，「よりよくするにはどこを強化すればよいのか」，うまく行かなかった部分は「何をどのように変えればよいのか」を具体化・明確化しておきましょう。次に同じようなことに取り組む際に，この経験を有効に活用することができ，同じ失敗を繰り返す確率をぐっと抑えることができるようになります。

この四つのプロセスを経ることを**マネジメントサイクル**，あるいはそれぞれのプロセスの頭文字をつなげて**P-D-C-A サイクル**と呼んでいます。学生時代からこれを意識的に行うことで，社会に出て働くうえでの必要な力が徐々に身についてきます。

4.2.4　就業基礎力 12 の力とは

さて，この社会で働くうえで必要な力について，金沢大学生向けにわかりやすくまとめられたものとして「**就業基礎力 12 の力**」をご紹介します。

金沢大学では「学生が，教育や学生生活を通して得ていく知識・技能・態度等を総合的に活用し，自らが立てた社会的・職業的な課題にそれらを適用し，その課題を自ら解決していく」能力と定義づけ，それを「就業基礎力」と名づけています。「**就業基礎力 12 の力**」とは，さらに就業基礎力の発揮につながる行動特性を解析し，かつ本学のこれまでの就職支援の経験を踏まえて，就業基礎力を 12 の要素（「就業基礎力 12 の力」）に分類したものです。

具体的には下表の **12 の能力要素**によって構成されています。

A 取り組み力	物事に進んで取り組む力
B 働きかけ力	他人に働きかけ巻き込む力
C 実行力	目的を設定し確実に行動する力
D 課題発見力	現状を分析し目的や課題を明らかにする力
E 計画力	課題の解決に向けたプロセスを明らかにし準備する力
F 創造力	新しい価値を生み出す力
G 発信力	自分の意見をわかりやすく伝える力
H 傾聴力	相手の意見を丁寧に聴く力
I 柔軟性力	意見の違いや立場の違いを理解する力
J 情況把握力	自分と周囲の人々や物事との関係性を理解する力
K 規律性力	社会のルールや人との約束を守る力
L ストレスコントロール力	ストレスの発生源に対応する力

これらの要素は相互に関係しあっており，これらを基にして新たな経験や能力を積み上げていくことができるため，まさにキャリア形成の下地となる能力といえます。

就業基礎力は，図 4.2.2 のように基礎学力や専門知識を活かすための力と位置付けられます。そして，これはそのために特別なことに取り組む必要があるわけではなく，基本的な生活習慣のなかで，先述したようにマネジメントサイクルを意識して行動することで強化することができます。正解のない課題や問題に取り組む経験を増やし，そのなかで P-D-C-A サイクルを自律的に運用できるスキルを高めることで経験を通して学ぶことができます。とはいえ，そのた

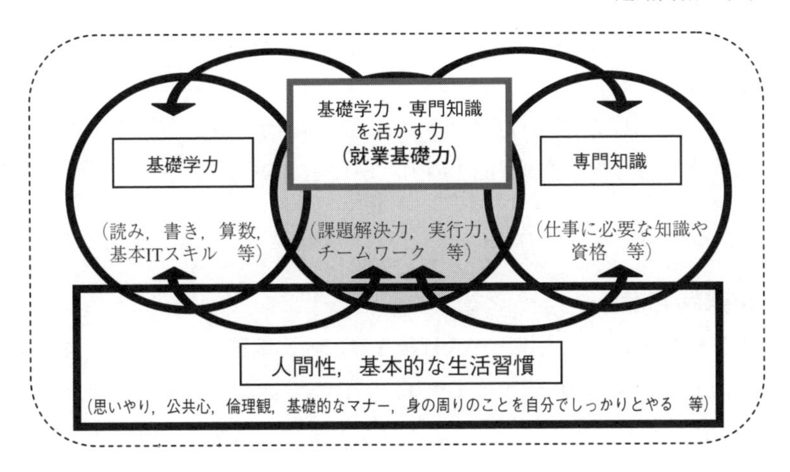

図 **4.2.2**

めに一定の思考スキルが求められます。興味のある方，よりP-D-C-Aサイクルの自律的な運用スキルを修得したい方は「キャリアデベロップメント入門」という科目を受講すると良いでしょう（この科目は平成26（2014）年に経済産業省が選定した「社会人基礎力を養う授業30選」にも選定されています）。

さて就業基礎力12の力について企業が重視しているものや，学生が自覚している自分の能力とはどのようになっているのでしょうか？

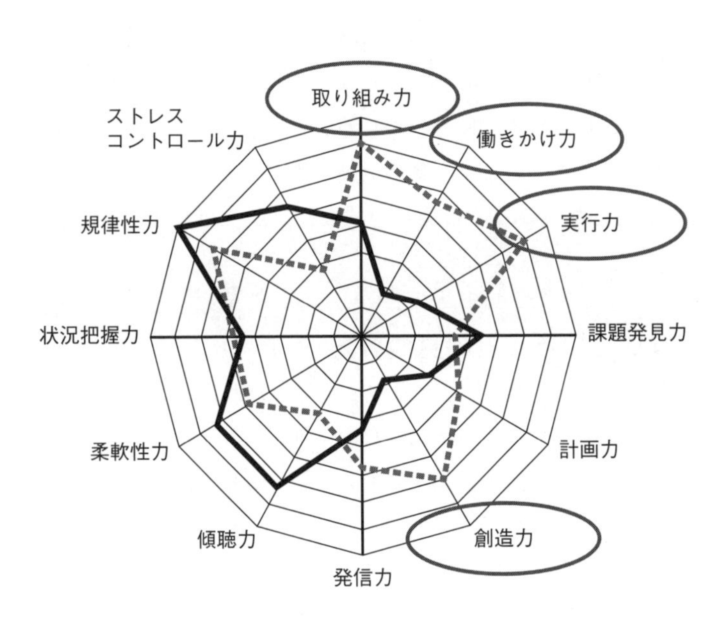

図 **4.2.3**　学生平均と企業平均の比較

左のレーダーチャートの実線は2013年新卒予定学生352名が自己評価した平均データ，点線は2013年に本学に求人依頼を行っている企業287社の平均データです。

ご覧いただけるとおり「取り組み力」「働きかけ力」「実行力」「創造力」の四つの項目が大きく乖離（かい）しています。

つまり今の学生がどちらかというと苦手だと思っている能力要素を企業側は採用時に重視しているということになります。学生が苦手だと認識している能力の多くが，職場を決める選考の場で重視されているわけですから，漠然と大学生活を送り，そのまま就職活動の時期を迎えてしまうと非常に苦労することになるでしょう。
ちなみにこの「就業基礎力12の力」の測定ツールはアカンサスポータル内に入っています（キャリア&就職支援→「就業基礎力12の力」→就業基礎力12の力測定の順に入ってください）。

4.2.5　早期離職の問題

近年，大学新卒者の3人に1人以上が**入社後3年以内に離職**しており，社会問題となっています。さまざまな理由があるのですが，「やりたい仕事ではなかった…」とか，「自分には向いていない…」という理由が非常に多いようです。筆者が企業の人事の仕事をしていたときにも，退職する方に「では何がやりたいのか？」という質問をしたところ，「とりあえず今の仕事ではない…」という回答が多く，具体的に「次はこういう仕事に就きたい」という話をする人は多くありませんでした。こうした実態を考えると，自分のやりたい事や将来へのビジョンを見つけられずに就職活動を始めることは，社会に出たあとも早期離職につながるリスクが高いといえるでしょう。
詳しくは後述しますが，社会に出てからも仕事の中で求められる成果のレベルが以前より上がっているために，いったん「自分のやりたい仕事ではない」とか，「自分に向いている仕事ではない」と思ってしまうと，仕事を続ける意欲が持続しにくくなっていることも関係しています。
民間企業では入社してから3年くらいは教育期間と位置づけていることが多いです。手間暇をかけてようやく一人前になるかどうかの段階で，まだまだ給料分の働きが充分にできていない状態で離職されると，企業側にとっても非常にダメージが残ります。したがって，企業側も早期離職者に対する警戒感が強くなっており，面接で自分のやりたいことが明確に言えない学生の採用は以前よりも手控えるようになってきています。就職活動の段階でやりたいことが言えないようでは，早期離職どころか採用されることすら難しい状況になっているといえるでしょう。

4.2.6　自分のやりたいこと，向いていることの見つけ方

では，「自分のやりたいこと」や「向いていること」をどうやって見つければよいでしょうか？　実は，前述した，自らの意志で目標を掲げ，その達成のために創意工夫・努力して何事かに取り組んでみるという経験を通して見つけることができます。最初に自らの意志で目標を掲げてみるわけですが，「なぜそれを目標として掲げたのか？」を考えてみるとよいでしょう。自らの意志で主体的に目標を掲げるということは，それを「**やりたい**」ということです。つまり，主体的に考えて目標を掲げるという行為は，自分のやりたい事を示しているということです。なぜそれをやりたいかを深く掘り下げることで自分の好みが見えてきます。
次に，実際にそれらに取り組んでいる過程を自分自身がどのように感じられたかを振り返っ

てみましょう。実際にはいろいろな問題や課題に直面しているので決して楽な状況ではないはずですが，「楽ではなかったけれど楽しかった！」という達成感や充実感を味わうこともあるはずです。ここに，自分にあった仕事を見つけるヒントが隠されています。働くことは決して楽しいことばかりではありません。苦しいことや辛いこともたくさんあります。早期離職の多くはこの苦しさや辛さに耐えられないことが原因ですが，それ以上に充実感が感じられる仕事であればそれを乗り越えていくことが可能です。このような意味で，いろいろな経験を通して「このような苦労には耐えられる」という自覚を深めておくことも重要だといえるでしょう。

「向いていること」については，いろいろ取り組んでみた結果の中から，うまくいった事例を振り返ってみてください。なぜそれがうまくいったのかを分析してみると，そこに何らかの自分の強みが発揮されているはずです。「向いていること」とは，自分の強みを発揮できることだと言い換えることができます。なお，どのような強みが自分にあるかについては社会人基礎力の 12 の要素など，仕事をする上で求められる能力で分類しておくと，実際に就職活動を開始した際に便利です。

4.2.7　選択肢を広げる

金沢大学の卒業生は，社会のさまざまな分野で活躍しています。北陸地方に限らず，全国各地に活躍の場を広げ，ビジネス，研究開発，医療，教育，行政などのあらゆる領域で活躍し，その能力を認められています。金沢大学出身者には，「真面目で優秀」，「潜在能力が高く，入社後の成長が期待できる」という評価が多いです。しかしその反面，「優秀だが覇気に欠ける」，「真面目だが主体性，積極性に欠ける」という評価も多くあります。高い能力を備え，社会で活躍できる資質を備えていながら，その価値に気付かずに埋もれていってしまう人もいるのです。

ところで，皆さんは世の中にどのくらいの職業があるかご存知ですか？

広辞苑によると職業の定義は，「**日常従事する業務。生計を立てるための仕事。**」とされています。また，厚生労働省職業分類によるとその定義は次のようになっています。

「**職業とは，職務の内容である仕事や課せられた責任を遂行するために要求されている技能，知識，能力などの共通性または類似性によってまとめられた一群の職務をいう。**」

職業名については明確な定義で認識されていない部分が多いためにわかりにくいのですが，厚生労働省の職業分類では約 2 万 8 千の職業名が収録されています。

勤労経験を持っていない方には，職業名だけ聞いても内容がほとんどイメージできない職種も多いですし，またうわさレベルのイメージが先行してしまっている職業も多くあることでしょう。しかし当たり前のことですが，どんな職業があるのかをわかっていなければ実際に選択することもできるわけがありません。職業を理解するには世の中のことを知らないといけません。学生生活を大学と自宅の往復だけに費やしていると，大学以外の社会と関わりなく過ごすことになってしまう懸念があります。金沢大学のキャンパスは緑豊かな自然に囲まれていて，学問をするには素晴らしい環境なのですが，反面，外部からの刺激を受けにくい環境でもあります。自ら積極的に，外部の情報を求めて行く意識を持つことが重要だということを覚えておきましょう。

また，3学域17学類という本学の体制は，皆さんが学びたい項目を自由に学ぶことができるシステムになっています。このシステムを存分に活用するためにも，社会で実際に何が行われているのか，どんな職業があるかを知り，関心を広げる努力をして頂きたいと思います。

さらに，金沢という土地は生活環境としては素晴らしい場所なのですが，ビジネスに関しては，残念ながら豊富な情報が集まってくるとは言い難いのも事実です。首都圏で学生生活を送っていると，最先端の分野で働いている方々や日本経済の中心で働いている方々と直接関わりを持つ機会が比較的多くあり，そこからビジネスの仕組みや仕事の内容について理解を深めることができます。そういう意味では，金沢大学生は首都圏の学生に対して情報収集の面で不利な点があるのは否めません。しかしその反面，地方都市としての良さもあります。特に本学は創立以来，金沢市をはじめ，地域社会と密接に関わりあってきた歴史があるため，本学の学生のさまざまな取り組みに対して地域社会の方々が好意的，また協力的に対応してくれることが多く，地域に溶け込んでさまざまな体験をするのに非常に恵まれた環境です。アルバイトやボランティア，インターンシップなどを通してさまざまな職業や価値観を持った方と触れ合うという実体験が得られます。自ら街に出て，地域に働く方々との関わりを持つなかで，実体験としても職業理解を深めていくとよいでしょう。

ここまでは経験を通して学ぶことについて述べてきました。さらに，情報収集の進め方についても触れていきます。昔は情報を持っている人とそうでない人という分け方をしていたのですが，インターネットの普及に伴い，ネットにつながっている端末機さえあれば誰でも簡単に情報収集することができるようになってきました。そういう意味では，情報を持っているかどうかが重要なのではなく,「正しい情報を選択できる」あるいは「価値のある情報を見つけることができる」能力が重要になってきています。では，このような情報収集能力を高めるにはどうすればよいでしょうか？

話題は変わりますが,「情報」をあらわす英単語は二つあることをご存知でしょうか？　正解は「**Information**」と「**Intelligence**」です。この二つの違いについて考えたことはありますか？　**Intelligence** はご存知のように知性や教養という意味もあります。つまり，さまざまな情報（Information）を分析し，組み合わせることにより全体像を明らかにした姿が **Intelligence** であり，今求められている情報収集能力はまさしく **Intelligence** を作る能力です。

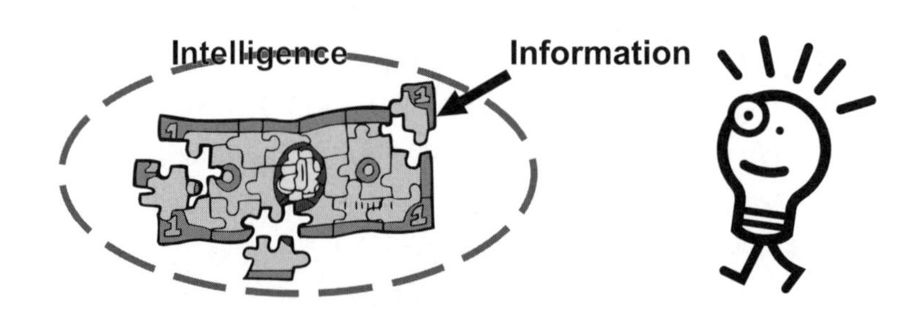

図 **4.2.4**

インターネットを使うと瞬時にさまざまな情報（Information）を集めることができます。しかしこの中には，不正確な内容や，時には意図的に真実と異なる情報が含まれていること（フェイクニュースなど）があります。それらを組み合わせ，分析し，正しい真実の姿を導きだすという作業を行わなくてはなりません。インターネットを使った情報検索は Intelligence を導き出す力のある方には有効な手段ですが，この力の未熟な人にはかえって雑多な情報に振り回されてしまうリスクがあることも覚えておきましょう。

では，この Intelligence を導き出す力を身につける有効な方法は何でしょうか？　いろいろあるのですが，皆さんにとってもっとも手軽で実践的なやり方を紹介します。それは，**新聞を毎日読むこと**です。新聞は記者という Intelligence を導きだすプロの人達が，最新の情報を分析し，わかりやすい形で読者に提供しています。ただ，最新の情報であるがゆえに，限られた情報から仮説を立てて記事を書いていることが多いので，推測に基づいて書かれていることもあります。記事を毎日続けて読んでいると，時間の経過とともに全体像が徐々に明らかになり，その記事を書いた記者がどのような形でその情報を分析したかがわかることがあります。また，自分で「次はこうなるのではないか？」という仮説を立てて新聞を読む習慣づけをすると，徐々に情報を分析する能力を高めることができます。また，新聞は世間の関心の高い順番で紙面が割かれていますので，それを読み続けることで自然に世の中の流れについていくことができます。入学して間もない皆さんは，世間や社会の流れを理解するために必要な情報量が十分に頭に入っているとは言いがたいため，新聞を読み続けることで社会常識を修得できるというメリットもあります。インターネットは，自分の好みの情報ばかり集めてしまう危険が高いため，インターネットのみに偏った情報収集はお勧めできません。

読む新聞はどの新聞でもよいのですが，就職活動時には**日本経済新聞**を読む習慣をつけたほうがよいと言われています。日本経済新聞は，慣れるまでは読みにくい新聞だと思いますが，これから先のことを考えて，早くから継続して取り組んでみるとよいでしょう。

4.2.8 正解を求めすぎない

皆さんはこれまでの勉強で，正しい解答を導き出すための知識や考え方を中心に学んできています。社会に出るにあたって，覚えておいてほしいのは「**正解を求めすぎない**」ことです。仕事をしているなかでは正解がある場合はむしろ珍しいかもしれません。

人間関係を例にとってみましょう。人と話すときを想定すると，それぞれのケースに応じて「こういうやり方をしたほうがよい」というのはあるのですが，「これが常に正しい」というやり方はありません。正解を探し求めていろんなノウハウ本を読んでいくうちに，何をどうすればよいのかわからなくなってしまう…。就職活動がうまく行かない人が多くはまってしまっているパターンです。何が正しいのかにこだわりすぎると，何もできなくなってしまいます。

では，そのようなパターンにはまらないようにするにはどうすればよいのでしょうか？　一つは，まずは自分で考え，「こうすればよいのではないか」という仮説を立てることです。人の意見を聴いたり本を読んで調べたりするのは，自分の立てた仮説の正当性を確かめるため，あるいは，より良いやり方にブラッシュアップするために行うのがよいでしょう。自分のなかで考える前に，正解を求めて情報を集め始めると，さまざまな情報に振り回されてしまうことがあります。

4.2.9　進路選択に正解はない

実は進路選択にも正解はありません。大学を選ぶ際に学力と進学先の偏差値を比較して決定した人は多いでしょうが，そのような「ものさし」はこれからの進路を選ぶ際にはありません。**就職人気企業ランキング**のような調査で上位に入ってくる会社が，皆にとって良い会社かというと決してそうではありません。その人と会社の風土との相性が合わない会社に入ると，長続きしないことが多いのは先述のとおりです。また，この就職人気企業ランキングではその時点で非常に勢いのある会社が選ばれることが多いのですが，10年，20年という長期的な視点でみると**10年後，20年後も今の勢いを持続できている会社はまれ**です。では，10年後，20年後も今の勢いを持続できている会社はどこか？　それは誰もわからないことですし，それこそ正解のない答えを探すようなものだといえるでしょう。

また，「○○学類」に入学したからこの選択肢しかない，と考える必要もありません。法学類＝法律家，学校教育学類＝教師，機械工学類＝エンジニア，などというような決まりはありません。皆さんが思っている以上に世の中にはさまざまな会社や職業があり，皆さんが想像もつかないような形でそれぞれの知識が役立つことが多いのです。その一例として，以下のケースを考えてみてください。

あなたが，ある自動車部品のメーカーA社に就職したとします。現在は日本国内を中心とした生産体制を採っていますが，日本国内の販売が頭打ちになり，また主要取引先のトヨタ自動車がインドに新工場を建設することになったために，A社としてもトヨタの新しく建設するインドの新工場の傍に工場を作る必要が出てきました。A社の社員であるあなたが，このプロジェクトメンバーに選ばれたとします。工場建設の是非を検討するためには，以下のようなさまざまな知識が必要になります。

まず，インドの政治や経済の状況，工場予定地のインフラの状況，賃金水準，労働力の質・量の見極め，その地域の文化などを把握しなくてはなりません【政治，経済，地理，歴史，文化】。国内と同様の技術レベルを維持できるか，現地で調達した部材で高品質の製品の生産が可能かの検討も必要です【工学】。また，現地で雇用した社員の雇用や教育体制も構築しなくてはなりません【心理，教育】。インド進出のための必要な規程類の整備や，官公庁への届出，現地の用地買収等の契約手続き，税務や決算体制等に関する日本とインドの法律を把握しなくてはなりません【法律】。実際に現地での関係者との交渉も必要なので，英語を話さなければなりません【語学】。そしてこれらの全てを実施するためのコスト，リスク，長期的な投資効果を検討し，進出の是非を決定しなければなりません【経営】。

ざっと挙げただけでもこれだけ広範な知識が必要になります。中には自分の現在の専攻とはまったく関係のない分野の知識も求められるでしょう。しかし，逆に言えば，あなたが学生時代に身につけた知識や能力がどのような業種や業界に進んでも，必ずどこかで役立つのです。自分の専攻に対するイメージや思い込みで選択肢を絞り込んでしまうのではなく，自分がこれから学ぶことをどこでどのように活かせるかを幅広く考えるように心がけましょう。

4.2.10　自分と向き合い自分を知る

さて，ここまでは，さまざまな経験を主体的に行ってみることと，その経験を通して自分自身を深く理解することが大事だということを書いてきました。自分と向き合い自分を知ることによって，人は大きく成長することができます。自分にとって何が楽しいか，何が向いているのか，何ができるのかということを自覚すれば，単に気づきになるだけでなく，自覚と自信が生まれ，自己成長の喜びを味わうことができるのです。

アメリカの心理学者，アブラハム・マズローは，「**人間は自己実現に向かって絶えず成長する生きものである**」と仮定し，人間の欲求を5段階の階層で理論化しています（**マズローの欲求段階説**）。

人間の行動を引き起こす欲求は次の五つの階層を持つとし，

1）　生理的欲求（飢え，空腹，睡眠など生命の維持に関する欲求）
2）　安全の欲求（戦争，天災，病気から逃れたい，衣服や住居など生命に関するものを安定的に維持したいという欲求）
3）　社会的欲求（愛と帰属の欲求ともいう。集団に所属し仲間からの愛情を求める欲求）
4）　自尊欲求（承認の欲求ともいう。承認，尊敬，独立などを求める欲求）
5）　**自己実現欲求**（自分がなすべきことをなすために自己の成長や発展を求める欲求）

これらは満たされるごとに次の階層の欲求を感じるようになり，いったん満たされた欲求はもうその人を動機付けるものにはならないとしています。しかし，最高次の自己実現欲求だけは，それが満たされても動機付けの効果がなくなることはなく，満たされるほど一層強い動機付けになると述べています。進路を選ぶ際にはぜひ，自己実現欲求に基づき，自分にとって最適な進路を選択することをお勧めします。端的に言えば周囲からの強制や誰かに強いられた「**ねばねば**」（こうしなければならないという他者からの強制）でなく自分の自己実現欲求に素直に従った「**わくわく**」で自分の進路を考えるとよいでしょう。

（就職支援室　山本　均）

4.3　健康論―健康生活のすすめ

4.3.1　健康とは

皆さんは「人間の幸福と健康」について，考えたことはありますか？　健康と幸福は違うもののようにみえて，はっきりとは区別できないようにも思えます。健康であれば幸福でしょうか？　幸福であれば健康でしょうか？　違いますね。一つだけはっきりとしていることは，人間として生きる過程で，健康を享受できれば幸せである，ということです。

健康の定義としてよく引用されるものに，WHO（World Health Organization；世界保健機構）憲章（1946年）の前文があります。次の文です。“Health is a state of complete physical, mental and social well-being and not merely the absence of disease or infirmity”　日本語訳すると，「健康とは身体的，精神的ならびに社会的に完全に良好な状態であって，単に病気でないとか身体が虚弱でないというだけでは不十分である。」ということになります。少し，分かりにくいですが，次のように，いくつかの項目にわけて自分の健康をチェックしてみてはいかがでしょうか。

1. 身体的健康とは？
   1）適正体重を維持している
   2）1日30分以上の運動を週3，4回している
   3）7–8時間の睡眠をとっている
   4）アルコール摂取は適量である
   5）間食をしない
   6）朝食をきちんと食べる
   7）タバコを吸わない
2. 心理的健康とは？
   1）よく笑う
   2）自分の感情を恥ずかしがらずに表すことが出来る
   3）たいていのことはコントロールできる
   4）よい気分でいる
   5）怒ったときには他人を傷つけたり争ったりしない方法で表出する
   6）いろいろなことにチャレンジしている
   7）楽観的である
3. 社会的健康とは？
   1）他人と正直にかかわっている
   2）利己主義的な行動はせずに他人の気持ちを配慮している
   3）社会的な活動に参加しさまざまな人との交流を楽しんでいる
   4）個人的な感情について話すことができる人がいる
   5）自分の性役割を肯定的に受け止める

6) 社会的に問題となる行動は改めようとしている

7) 人生を楽しんでいる

このなかに,「はい」はいくつありましたか? とくに基準はありませんが,多い方が健康的といえます。

また,ライフスタイルという言葉があります。では,健康的なライフスタイルとは,なにを指すのでしょうか。次の点を,チェックしてみてください。

1) 自分がしたいと思っている暮らし方ができているか(勉強・研究,対人関係,余暇)

2) 健康に配慮した暮らし方ができているか(食生活,運動,睡眠・休養)

人それぞれに違うと思いますが,自分の人生,生活を主体的に過ごすことが健康につながります。自分のライフスタイルの点検をしてみてはいかがでしょうか。

4.3.2 国民健康システム

私たちが健康を考える場合,同時に労働を考えていく必要があります。健康と労働の両立は,私たちが社会生活を営んでいく上で,欠かせない要素です。人生 80 年の時代,私たちを支えてくれる国民健康システムはたいへん重要なものです。それは,皆さんの誕生前から始まります(図 4.3.1)。妊娠をすると胎児・母体の健診によって「母子手帳」が渡されます。これは,日本独自の優れた制度です。誕生して小学校入学までは,「地域保健」の下にあって,成育状態の健診や各種の予防接種がなされます。小学校入学から,高校ないし大学を卒業して就職するまでは,「学校保健」の下にあって,皆さんは毎年健診を受けるわけです。このことを定めた法律が,学校保健安全法で文部科学省の管轄下となります。就職をすれば,「産業保健」の管理下に置かれます。ここでは,厚生労働省の管轄下で,労働基準法,労働安全衛生法が健康保持と健康と仕事の両立の面から皆さんを支えることになります。そして,時が流れ,いろいろなことを経験して退職をすれば再び「地域保健」の枠組みのなかに置かれます。このように,健やかな生涯を全うできるよう,国民保健システムは機能しているわけです。そして,それを経済的に支えているのが,健康保健制度(国民皆保健)です。

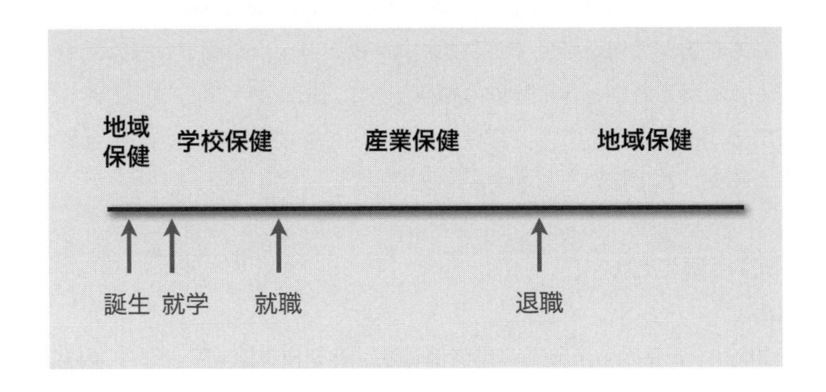

図 4.3.1 人生 80 年における国民健康システム

4.3.3　障がいについて

健康について考えるとき，同時に障がいについても考えてみましょう。障がいとは，個人の精神，身体における一定の機能が，比較的恒久的に低下している状態をいいます。障がいの概念は，私たちの意識とその時々の社会情勢とともに変化しています。人間は何らかの障がいをもって生まれることがありますし，人生の途中で障がいを負ったり，さらにその障がいが進行していくという場合もあります。障がいは外から見えないこともありますし，本人が気がついていないこともあるのです。人間はそれぞれ個性をもって生まれ，個性をもって生きていく。障がいは，個性の一つとして考えるのが良いのだと思います。そして，「障がい」ではなく「障がいのある人」を見ることが大切です。

4.3.4　金沢大学保健管理センターの役割

保健管理センターの役割を知ってもらうには，ホームページを見てもらうのが良いと思います（https://hsc.w3.kanazawa-u.ac.jp）。学生の皆さんの健康管理，危機管理，健康教育が保健管理センターの重要な業務です。また，大学の法人化に伴い，大学の安全衛生という任務も付加されました。これは，大学の安全と職員の健康保持・増進を担うというたいへんに大きな仕事で，産業医と保健師が配置されています。健康管理には体（健康診断と事後措置，診察と病院紹介）と心（カウンセリング）がありますが，保健管理センターでは，医師による診察や健康相談を受けることができます。また，公認心理師による学生相談も行っています。危機管理については，感染症などから皆さんを守る活動をしています。また，キャンパス内での災害や事故を未然に防ぐ仕事（安全衛生活動）をしています。インフルエンザの予防接種も，そのような予防活動の一環として行っています。一方，健康教育も予防活動として大変重要です。この項は，大学・社会生活論の健康論のテキストですが，正課教育，課外教育（学生支援プログラム）等の機会を通じて講義，いろいろなセミナーを開催しています。知識は力なりです。

現代社会における健康上の問題は数多くありますが，学生・職員を含めてうつ病などのメンタル不調は，大きな課題です。体の不調としては，メタボリックシンドロームが中年以降問題になってきますが，活動量の多い大学生の場合は，さほど基準を満たす人は多くありません。しかし，どちらも予防が大切な疾患です。とくにメタボリックシンドロームは中年以降になって増加しますが，もっと若いときに健康の知識として，セルフケアを知っておいてもらったらと残念に思うことがあります。でも，皆さんは在学中に必要なセルフケアを身に付けていってください。私たちが，お手伝いをします。

4.3.5　身体の疾病について

a）生活習慣病

平成20（2008）年4月から，後期高齢者医療法（特定健康診査）により40歳から74歳までのすべての人を対象に特定健診・特定保健指導が始まりました。皆さんは，この年齢に該当する人は少ないと思いますが，メタボリックシンドロームの診断基準を見てみましょう（表

表 4.3.1　内臓脂肪（腹腔内脂肪）蓄積

内臓脂肪（腹腔内脂肪）蓄積	
ウエスト周囲径 （内臓脂肪面積　男女とも ≧100 cm^2 に相当）	男性 ≧85 cm 女性 ≧90 cm
上記に加え以下のうち 2 項目以上	
高 TG 血症	≧150 mg/dl
かつ／または	
低 HDL 血症	<40 mg/dl
収縮期血圧	≧130 mmHg
かつ／または	
拡張期血圧	≧85 mmHg
空腹時高血糖	≧110 mg/dl

4.3.1)。皆さんの年齢で，腹囲が該当する人は少ないと思いますが，20 年後はおそらく半数以上の人が，基準を上回っているのではないでしょうか。メタボリックシンドロームは高血圧，高血糖，高中性脂肪，肥満の重複ですが，対策を急がれている理由は，これらが心血管疾患発症進展因子の高コレステロール血症とは独立した危険因子とされているからです。言いかえると，メタボリックシンドロームは脳梗塞・心筋梗塞などの動脈硬化性疾患のリスクを増やすので，とても怖い存在です。では，やせればいいと簡単にいいますが，40 歳台以上の人たちは苦労している割に，なかなか効果が見られないようです。この理由の一つは，肥満につながるライフスタイルが，その人において確立されてしまっていることです。例えば，夜遅く帰ってきて，ビールを飲みながら焼き鳥を食べ，その後でご飯をお腹いっぱい食べるなどの習慣です。また，外食・単身赴任などの社会環境も問題です。仕事でくたくたになって帰ってきて，疲れをアルコールやカロリーの多い食物で癒すのもわからないわけではありません。しかし，これでは自分の寿命を縮め家族を路頭に迷わせます。肥満の解消には，食事療法と運動療法の双方からのアプローチが必要です。エネルギー出納のバランスを長期的かつ継続的に負の状態に保つのは，肥満につながるライフスタイルが確立された後では大変に難しいことです。この問題を克服する方法の一つとして，心理的アプローチがあります。皆さん自身は，現時点で生活習慣病対策をする必要はなく，むしろ皆さんのご両親に注意していただきたい事柄です。しかし，知識として勉強しておくのは悪いことではありません。一度，身についたライフスタイルの修正は難しいため，健康に良くないライフスタイルにならないよう，注意していきましょう。

b）たばこの害

たばこは，精神的依存とニコチン依存とがあり，一度吸う習慣が身につくと，やめることが困難です。たばこは，多くのがんの発生率を増加します，また，がん以外にも心筋梗塞や肺気腫，末梢動脈閉塞などの，死につながる病気の原因の一つになっています。たばこの煙には有害物質が含まれており，ニコチン（自律神経系や骨格筋に作用），タール（ベンツピレンなどの発がん物質を含む），一酸化炭素（赤血球のヘモグロビンと結合し，酸素運搬機能を奪う）があります。また，受動喫煙も大きな問題です。これは，吸い込んで吐き出されたたばこの煙，吸わないときにたばこの火から立ち上がる煙を非喫煙者が吸入することをいいます。吸い口から吸うときの煙を主流煙，吸わないときに立ち上る煙を副流煙といいますが，副流煙に含まれるニコチン，一酸化炭素，タールはフィルターを介さないため，主流煙の約3〜4倍になります。とくに妊婦には，胎児に低体重児などの悪影響を与えます。たばこは，病院の禁煙外来でニコチンパッチなどを使用することにより，無理なく止められます（たばこが欲しく無くなります)。禁煙外来は保険適応もあり，やめようと思えば，努力することなくやめられるのです。また，禁煙は何度トライしても構いません。最近流行してきた電子たばこも害があります。

c）アルコールの害

皆さんの年齢で問題となるのは，20歳未満の飲酒と急性アルコール中毒です。どちらも，飲酒の強要などのアルコールハラスメントが背景にあります。20歳未満の者に飲酒を強要すると，未成年者飲酒禁止法により飲ませたほうが罰せられます。また，最近もある大学のサークルの歓迎会などで，20歳未満の者に飲酒をさせた結果，不幸にして死亡してしまったり，障がいを負ってしまった例があります。その場合は，傷害罪や傷害致死罪により飲ませた者が処罰されることになります。アルコールは円滑なコミュニケーションをもたらす楽しい飲み物のはずです。20歳未満や体質的に飲めない人に強要することがないようにしましょう。また，飲みたくないのに先輩等に勧められたからと言って，無理をしてお酒を飲む必要はありません。断っても問題はありません。何事においても，自分の意見を上手に相手に伝えるということは日本人には苦手なことで，周囲の雰囲気に合わせなければと思ってしまいます。ですが，上手に自分の意見を伝えること（アサーション）を大学生活の中で学ぶことが大切です。

d）薬物乱用について

薬物乱用とは，医薬品を本来の医療目的から逸脱した用法や用量あるいは目的のもとに使用すること，医用目的にない薬物を不正に使用することをいいます。現代の人たちは薬物（くすり）に対する正しい知識が薄れているように思われます。医薬品は長年の英知の結果生まれた産物であって，治療等には欠かせない大切なものです。医師の指示に従って用法と用量を守って使うことが大切です。また，仮にあなたが薬物の乱用に当たる行為をしていたからと言って，人生が終わりというわけではありません。保健管理センターの保健師，公認心理師，医師は，そのような状態から抜け出すためのお手伝いもしています。

e）救命処置（BLS）について

平成18（2006）年から，金沢大学では学内にAED（自動体外式徐細動器）の設置を始めました。角間，宝町両キャンパスに合わせて30数台のAEDが設置されています。救命救急処置に必要なことは，まず正しい基礎的な知識を得ることです。そして，次に実習で胸骨圧迫（心臓マッサージ）や人工呼吸の方法，AEDの使い方を身に付けることです。いざというときに役に立つ知識を身に付けていることは，皆さんの小さな自信にもつながると思います。救命処置の基本は，

1）反応（意識）を確認する

2)　助けを呼ぶ（人を集めて，119番通報やAEDを持ってきてもらう）
3)　呼吸を確認する
4)　胸骨圧迫を行う
5)　人工呼吸（口対口人工呼吸）を行うが，できないか，ためらわれる場合は胸骨圧迫のみを行う
6)　AEDを使用する

になります。この手順は，2010年に改訂されていますので，最新の知識を得るために，定期的に実習を受けることをお勧めします。

AEDが多く設置されるようになり，空港や駅などの公共機関でも目にするようになりました。主に病院外で起こる，発症24時間以内の外傷などによらない死亡を突然死といいますが，その8割は心臓突然死です。その数は，我が国において年間約5万人といわれています。その原因として圧倒的に多いのが，心室細動という致死的不整脈です。細動といいますが，実際は心停止の一種で，脳を含めた臓器への血流はゼロの状態です。放置すれば，3分で脳死に至ります。AEDはこの心室細動を，電気ショックにより正常な調律に戻す機械です。これだけで，人の命が救えるのではなく，救命処置（BLS）と併用することにより，その効果が発揮できます。AEDにはメーカーにより，幾つかのタイプがありますが，通常，音声案内に従って操作することができます。実習を受ければ，とっさの時の使用にも迷いはないと思います。

f)　熱中症について

熱中症は，重症化すると死に至る大変怖い病気です。一命をとりとめても，長期的につらい治療を続けなければならないこともあります。我々の体の臓器は，たんぱく質などで出来ていますので，体温上昇により機能しなくなってしまいます。極端なたとえですが，ゆで卵からヒヨコは孵らないのです。熱中症は，重症度によって三つに分けられています。すなわち，I度：めまい，大量の発汗，失神，こむら返り，II度：頭痛，おう吐，倦怠感，虚脱感，集中力や判断力の低下，III度：（重症）中枢神経症状（意識障害，けいれん発作など），肝・腎機能障害，血液凝固異常などの臓器障害の三つです。体温だけで，重症度を判断することはできません。熱中症は体調管理や計画的な運動プラン，日陰の設置などで，予防することがもっとも重要です。

g)　感染症対策

危機管理が必要な感染症としてあげられるのが，麻疹，風疹，流行性耳下腺炎，水痘，結核，ノロウイルス感染症です。日本では予防接種法により，定期接種の対象疾患が定められていますが，法律の改正によりその対象疾患が広がってきています。2006年頃から大学キャンパスで麻疹の大流行がおこりました。そのため，金沢大学では2006年から2010年まで，麻疹，風疹，流行性耳下腺炎，水痘の抗体検査を無料で行って，抗体の値が感染症を防ぐのに十分でない人に予防接種を勧めてきました。現在は予防接種法の改正により，定期接種の対象疾患が広がるとともに，予防接種の回数が必要な回数に増やされたため，多くの人たちが，これらのウイルスに対して発病を予防できる抗体を持つようになりました。そのため，この対策は終了しました。これらの疾患は，空気感染をするため，感染力は大変に強いものです。成人になって

から，これらの疾患にかかると重症化（肺炎，脳炎）することがあり，怖い病気です。また，女性は風疹の抗体を十分持っていないと，妊娠中に風疹にかかって先天性風疹症候群（感音性難聴，先天性白内障，動脈管開存を合併）の子供が産まれることがあります。実習で学校や病院へ行くこともありますので，皆さんがこれらの疾患を病気で抵抗力のない人にうつしてしまうとことのないよう，予防接種の記録を各自が管理するとともに，必要な場合には抗体検査を受けるようにしてください。

結核については，日本は2021年の統計で結核罹患率（人口10万人対）が9.2人となり，悲願の結核低蔓延国となりました（罹患率10未満）。しかし，海外ではまだ結核が蔓延している国々もあり，人の行き来に伴い，日本に来てから発症する人たちもいます。結核は患者のくしゃみや咳の飛沫に含まれる結核菌を吸引することによって発症します。感染力は強く，毎年健康診断で胸部X線写真を調べている大きな理由が肺結核の早期発見です。次のような場合は，すぐ病院へ行くことをお勧めします。

・長引く咳（2週間以上）　・タンが出る　・長引く微熱
・長引く倦怠感　・胸痛　・体重減少

結核は早期診断と適切な治療が大切です。

新型コロナウイルス感染症について

2019年に発生した新型コロナウイルス感染症は世界中でパンデミックを引き起こし，現在は収束しています。今後も，新たな感染症が流行するかもしれませんが，大学のサイトやポータルで皆さんに情報提供をしていきます。慌てずに，対応していきましょう。

h）海外渡航時の疾病予防

海外渡航時（留学を含む）には，渡航前にすることとして，現在，心配なところがあれば治療していくことをお勧めします（歯科治療も含む）。海外では，治療費が日本よりも高額です。また，渡航先の流行性疾患を知っておくことも大切です。予防接種が必要な場合と疾患については，次のものがあります。

開発途上国に中・長期（1ヶ月以上）滞在する人；**A型肝炎**
留学などで血液に接触する可能性のある人；**B型肝炎**
フィールドワークなどでケガをする可能性のある人；**破傷風**
イヌ，キツネ，コウモリなどの多い地域へ行く人；**狂犬病**
主に東南アジアでブタを飼っている地域に行く人；**日本脳炎**

これらの情報は，インターネットを通じて得ることができます（`https://www.forth.go.jp/index.html`）。また，帰国後に発症する潜伏期の長い感染症もあります（マラリアなど）。海外旅行後，体調が悪いときは，早めに医療機関を受診して，海外渡航歴を医師に伝えてください。

留学時には，受入機関より健康診断の提出を求められます。健康診断の情報だけでは不十分な場合もあり，特定の感染症の検査結果を求めている国もありますので，必要な人は，早めに準備をしてください。保健管理センターのホームページから「海外留学　健康の手引き」がダウンロードできますので，利用してください。

4.3.6　精神の疾病について

精神的に健康であるとは，どういう状態をいうのでしょうか。一つの考え方として，心が絶えず揺れ動いている自由な状態といえるかもしれません。それは，柔軟な心とも呼べそうです。悲しいことがあっても，また立ち直れる心があれば，前へ進めますよね。また，自立して生きるとともに，仲間と支え合って生きることも大切だと思います。困ったことがあったり，悩んだりした時は，誰かに相談してみましょう。保健管理センターの公認心理師は，皆さんの悩みに一緒に向き合ってくれます。学生相談とは，何か答えを示すことではなく，皆さんが悩みを乗り越えることができるよう，成長を支援することなのです。

さて，精神疾患の基礎知識として，a）統合失調症，b）うつ病，c）パーソナリティ障害，d）発達障害を知っておきましょう。（c と d は正確には精神病ではありませんが，本項では精神の疾病としてまとめて記載しました。）

a）統合失調症

思春期・青年期に好発することが多い精神疾患で，原因は不明です。遺伝的要素，社会的要因がいわれています。症状は，知覚，思考，自我，感情，意欲や行動の障害，社会性の減退です。約 100 人に 1 人の発症率といわれています。薬物治療，精神療法，リハビリテーションで治癒する可能性が高い疾患です。もし，統合失調症の人に出会ったら，普通に（相手も同じ人間として）接しましょう。そして，病気について知ることから始めましょう。多くの偏見は無知から生じることもあるのです。

b）うつ病

青年期から高齢者までどの年代でも発症しますが，とくに中年期以降から多いとされます。最近の調査では，学童にも発症するといわれています。発症の原因として，心理的要因（自分にとって大切なもの（対象）を失ったとき），環境要因（人間関係や友人・親子の問題などが悪化したとき），身体的要因（ストレスや慢性疲労など）があります。これらのさまざまな要因が単独あるいは重なりあい，脳内の神経伝達物質（セロトニンやノルアドレナリンなど）のバランスが崩れるためと考えられています。治療は，休養，薬物療法，精神療法などになりますが，長期の休業を必要とする場合があります。また，再発率が高いのも大きな問題です。日頃から，自分の心の変調に気づくように心がけましょう。ちなみに，企業などの健康管理室で相談に来る人の半分がうつ病，半分はその他の身体的疾患とされています。

日本では毎年 2 万人前後の自殺が生じています。自殺の原因は，ここでは詳しく触れませんが，その理由の一つにうつ病があります。自殺もしくは未遂があると，周りの人に深い悲しみと心の傷を負わせます。

c）パーソナリティ障害

10 種類に分類されますが，「好き」or「嫌い」といった極端な二つの価値観のなかで生きていたり，他者を巻き込むのが得意であったり，人間関係を壊すのが上手であったりします。欧米では 10% 程度の人がパーソナリティ障害を有しているといわれていますが，日本での正確な頻度はわかっていません。薬物治療に反応しにくいことがほとんどで，治療が継続できない場合が多いといわれています。パーソナリティ障害の人たちは，周囲の人間関係を混乱させながら生き延びる術を知っている人たちともいえると思います。また，関わった人たちの印象がそれぞれ異なるのも特徴です。ただ，本人もそのことで大変に苦しんでいることも多いのです。そのような人に出会ったら，カウンセラーに相談したり，病院を受診するように勧めてください。

d）発達障害

最新の「精神疾患の診断・統計マニュアル 第5版（DSM-5）」において，発達障害は，知的障害（知的能力障害），コミュニケーション障害，自閉スペクトラム症（ASD），注意欠如・多動症（ADHD），学習障害（限局性学習症，LD），発達性協調運動障害，チック症の7つに分類されています。特徴的な症状として，ASDの人たちは，察して柔軟に対応するのが苦手といわれます。ADHDの人たちは，集中と自制が苦手です。そして，LDの人たちは，読み，書き，計算が極端に苦手です。

これらは，生まれつき脳の一部の機能に障害があるという点が共通しています。同じ人に，いくつかのタイプの発達障害があることも珍しくなく，そのため，同じ障害がある人同士でもまったく似ていないように見えることがあります。個人差がとても大きいという点が，「発達障害」の特徴といえるかもしれません。周囲を理解する仕方（認知や情報処理）に偏りがあるため，日常の出来事への反応や行動に特徴が現れます。これは，知能などの単純な発達の遅れではなく，発達の様相が異なるためと理解されています。一方で，ある特定の分野に対しては，非常に優れた能力を有する人もいます。中枢神経系のネットワークの特性が原因と考えられますが，そのような特性が生じてしまう原因は一つではないようです。この特性を治すことはとても難しく，本人や周囲がどう対応するかという教育的対応が重要です。このような人たちも役割を持って，社会のなかで一緒に生きていくことができるようになれば，よいと思います。

4.3.7　最後に

皆さんには，金沢大学にいる間に，自分の専門の知識の他に「心と体の健康」についても，学んでほしいと願っています。その知識は，皆さんが社会に出てから，自分自身だけでなく周りの人たちにもきっと役に立つはずです。また，人は何らかの障がいを抱えて生きていることもあり，それが周りからは見えないこともあります。他人をいたわる心と，コミュニケーションの力も，皆さんの未来を明るく照らすはずです。

2024年1月1日に能登半島地震の発生により，困難を抱える人たちがたくさんいます。金沢大学では，こころの専門家によるメンタルサポートチーム KEYPAT（Kanazawa Educational Yell Psychological Assistance Team）を結成し，こころのケアを始めました。ともに支えあうことにより，人は生きています。

（吉川弘明）

4.4 障がいとその支援

Aさんには聴覚障がいがあり，他者の声がかすかに聞こえるものの，聞き取れないことが多くあります。高校までは，教科書を読んで自分なりに学習を進めていました。ところが，大学では先生の講義やグループでのディスカッションが中心となり，説明を聞き取ることができないと，内容を理解することができません。

そこでAさん担当の先生や障がい学生支援室のスタッフと相談し，ノートテイカーをつけることにしました。先生の説明や他の学生の発言を文字にして読むことで，授業の内容をよく理解できるようになり，学習にも身が入るようになりました。

Bさんには視覚障がいがあり，授業で使うテキストや資料を読むことが難しいです。そこでBさん担当の先生や障がい学生支援室のスタッフと相談し，テキストや資料を音声化することにしました。音声を繰り返し聞きながら予習復習をすることで，授業の内容をよく理解できるようになりました。

Cさんには不注意なミスを繰り返してしまう発達障がいがあります。そのため，毎回履修登録の仕方を間違え，受けたい科目を登録できていなかったり，同じ時間の違う科目を登録してしまったりすることがよくあります。Cさん自身は希望した科目を受けるのですが，学期が終わり，成績表を受け取った時，自分が履修科目をきちんと登録できていなかったことを知ります。このようなことが繰り返され困ったCさんは，家族や障がい学生支援室のスタッフと一緒に確認しながら履修科目を登録するようにしたところ，安心して授業を受けることができるようになりました。

発達障がいのあるDさんは，コミュニケーションの図り方に課題があることに加え，カッとなりやすい傾向があります。ゼミのディスカッションでは，自分の意見を通そうと熱くなりすぎ，周囲の意見を聞けなくなってしまいがちです。そのため研究室の仲間との関係もぎくしゃくしてきました。

そこで，Dさんは，自分の障がい特性を研究室のメンバーに説明し，興奮してきた場合には「熱くなり過ぎているよ」との声かけをお願いしました。またDさん自身は，他のメンバーの意見を落ち着いて聞くよう，自分に言い聞かせることにしました。今は，メンバーに声をかけてもらいながら，他者との適度な距離を探っています。

Eさんは他者とどのように会話をすればよいのか分からず，高校生活でもいつもひとりで過ごしていました。大学生になり，友達を作ろうと頑張ってみたのですが，どうもうまくいかず，他の学生の輪に入ることができません。自分は発達障がいではないかと感じたEさんは，障がい学生支援室を訪ねてどのような状況で相手とうまくいかなくなるのか整理したり，学内のコミュニケーションに関するプログラムに積極的に参加してみることにしました。時間をかけて自分の問題と向き合うことで，自分に足りないスキルが少しずつ見えてきました。現在は，対人場面での適切な振る舞いのポイントをひとつひとつ学習しています。

発達障がいのあるFさんは，大学生になってひとり暮らしを始めたものの，時間を忘れて大好きなゲームに一晩中没頭してしまい，朝起きられず授業を欠席することがしばしばあります。これではいけないと思ったものの，自分ひとりではどうしても時間管理ができません。Fさんは，障がい学生支援室のスタッフに相談し，ゲームを止めて就寝するための工夫を話し合っていくことにしました。また，しばらくは時間を意識するため，朝と就寝時刻に実家から電話をもらうよう家族にお願いしました。

4.4.1　障がいと合理的配慮

「障害者基本法」（2011年改正）では障がい者を「身体障害，知的障害，精神障害（発達障害を含む。）その他の心身の機能の障害（以下「障害」と総称する。）がある者であって，障害及び社会的障壁により継続的に日常生活又は社会生活に相当な制限を受ける状態にあるものをいう」と定義しています。個人の心身機能の困難のみでなく，周囲の環境や他者，社会とのかかわりの中で障壁が生じるという視点も重要です。では，障壁にはどのような事柄があるのでしょうか。内閣府（2000）による「平成12年版障害者白書」では，「障害者をとりまく4つの障壁」として次のような事柄が挙げられています。

1. 歩道の段差，車いす使用者の通行を妨げる障害物，乗降口や出入口の段差等の物理的な障壁
2. 障害があることを理由に資格・免許等の付与を制限する等の制度的な障壁
3. 音声案内，点字，手話通訳，字幕放送，分かりやすい表示の欠如などによる文化・情報面での障壁
4. 心ない言葉や視線，障害者を庇護されるべき存在としてとらえる等の意識上の障壁（心の壁）

このように，障がいのある人が社会生活を送る上で，物理的な面のみならず，社会制度，情報伝達やコミュニケーション，心理的な理解においても，障壁となり得ることを知っておく必要があります。

日本では平成28（2016）年4月より施行された「障害を理由とする差別の解消の推進に関する法律（以下「障害者差別解消法」）」に「障害の有無によって分け隔てられることなく，相互に人格と個性を尊重し合いながら共生する社会の実現」と記載されているように，全ての人がお互いに尊重しながら社会生活を送るため，障がいのある人をとりまく障壁の除去に努めているところです。障害者差別解消法では，当初国の行政機関および国公立大学をはじめとした独立行政法人等や地方公共団体に障がいへの合理的配慮の提供が義務づけられていましたが，令和3（2021）年5月に改正され，民間企業や私立大学においても合理的配慮の提供が義務と改められました。

2006年に国連で採択された「障害者の権利に関する条約」によれば「合理的配慮（Reasonable accommodation）」とは「障害者が他の者との平等を基礎として全ての人権及び基本的自由を享有し，又は行使することを確保するための必要かつ適当な変更及び調整であって，特定の場合

において必要とされるものであり，かつ，均衡を失した又は過度の負担を課さないものをいう」と定義されています。

大学においては，障がいのある学生への合理的配慮として，他の学生と同じように大学生活を送ることができるよう，キャンパスの環境や学修方法を調整することになります。何らかの活動を始める際，同じスタートラインに立つことができるよう調整することが合理的配慮であり，最終的な評価の基準を下げることは合理的配慮ではありません。また，大学側にとって大きな負担となるようなことも合理的配慮とはいえません。したがって合理的配慮を行うにあたっては，学生側の希望と，大学側で可能な範囲について，話し合いによる擦り合わせを行うことも必要な場合があります。

では，障がいのある学生が大学生活を送るにあたって，本人や周囲の学生にはどのようなことができるでしょうか。以下に，各障がいのある学生の大学生活における困難と，本人が留意できること，周囲が配慮できることを見てみましょう。

4.4.2　障がいのある学生の大学生活における困難と周囲が配慮できること

a）聴覚障がい

【聴覚障がいとは】

聴覚障がいと一言で言っても，補聴器を使えば，一対一の会話もマイクを使った講義も問題なく聞き取れる人から，補聴器を使ってもスピーチを聞き取ることが難しく，口の動きからスピーチを理解する読話や筆談，手話などを使って，人の話を理解する人まで様々です。一般にはささやき声程度の音の大きさである 30 dB 以上の聴力損失がある場合を聴覚障がいといいます。また，補聴器をつけていなくても，片方だけ全く聞こえない一側性聴覚障がいや，30 dB 程度の軽度の難聴で，補聴器をつけていない人もいます。聴覚障がいの特徴は，補聴器が見えなければ，外から見てその人に聴覚障がいがあるかどうかがわからないということが挙げられます。

【聴覚障がいのある学生の大学生活における困難】

今，多くの聴覚障がいのある学生が大学に入学しています。聴覚障がいのある学生が大学生活において感じる最大の困難は，講義です。補聴器である程度日常的なやり取りができる人であっても，マイクを使った大講義では反響音などでほとんど聞き取れないことが少なくありません。また，冗談や語尾など声が小さくなると聞き取り間違いが起こり，講義の理解に支障が出ることがあります。

また補聴器を使ってもスピーチの聞き取りが難しい学生は，講義の内容をノートテイカーが文字に書き，それを見て講義を理解したり，手話通訳を配置して，手話を通して講義を理解したりすることになります。聴覚障がい学生が在籍する大学では，ノートテイカーや手話通訳を配置し，このような支援を情報保障といいます。ただ，このような支援も，複数の人が同時に話すディスカッションや実習場面では，情報保障がうまくいかないことがあり，周りの学生の協力が不可欠です。

【周囲の学生が配慮できること】

多くの大学では，ノートテイカーや手話通訳を同じ大学の学生が行っています。このような支援学生の存在が，聴覚障がい学生の学修には欠かせません。なので，ぜひノートテイカーの募集があった場合には，積極的に協力してください。金沢大学では支援学生に対し，実働時間に応じて謝金を出しています。あわせて支援学生に対しては年に2回の研修を義務付けています。

また履修している授業に聴覚障がいのある学生がいる場合は，前方の座席を聴覚障がい学生とノートテイカー用に空けておいてください。またディスカッションの時には議論に聴覚障がいのある学生がついてきているかどうか，確認しながら進めてください。どんなコミュニケーション方法がその聴覚障がい学生にとって分かりやすいのかは，本人が一番よく分かっていますので，本人に確認するといいと思います。

b）視覚障がい

【視覚障がいとは】

柿澤（2011）によると「視覚障害は，盲と弱視に分類される。盲は読み書きに点字を用い，単独歩行には白杖や盲導犬を使用する。生活上，触覚や聴覚などの視覚以外の感覚を用いる状態である。一方，弱視は見えにくさによって新聞を読むことに困難がある状態で，活字文字を用いた読み書きが可能であるが，文字の拡大や拡大鏡の利用などが必要な状態である。」と説明されています。視覚障がいと一言で言っても，視力は人によって異なり，情報を得る方法も異なるのです。

【視覚障がいのある学生の大学生活における困難】

視覚障がいのある学生は視覚的に情報を得ることが難しいため，掲示物やメール，印刷物からの情報を見ることができない，もしくは見えにくい，コミュニケーション場面において他者の表情が見えにくいなどの困難が生じます。また，移動する際も段差や障害物により移動に時間がかかることがありますし，初めて来た場所では建物内の構造を理解することも大変です。

【周囲の学生が配慮できること】

視覚障がいのある人にとっては，音声情報が頼りになります。掲示やメールによるお知らせは周囲が積極的に知らせてください。また，困っている様子の視覚障がい学生を見つけたら，まず声をかけてください。たとえば，「○○の授業で一緒の△△です。何かお手伝いしましょうか？」（青柳，2011）などです。急に肩をたたかれたり，手をとられると驚いてしまいます。

大きな障害物や工事で通行止めになるなど，通常と異なる移動の仕方が必要である場合も，周囲が知らせてください。たとえば，「車が停まっているから気をつけて」「今日は工事中で危ないから一緒に行きましょう」「私の隣の席が空いているからどうぞ」（青柳，2011）などです。また障がいのある学生のためのみならず，社会的なマナーとしても，通路に移動の妨げとなるような荷物を置かないようお互いに心がけることも大切です。

c）肢体不自由

【肢体不自由とは】

肢体不自由とは，教育支援資料（文部科学省初等中等教育局特別支援教育課，2013）によると，「身体の動きに関する器官が，病気やけがで損なわれ，歩行や筆記などの日常生活動作が困難な状態」と定義されています。人によって医学的原因も異なり，また困難の程度も同じではありません。このようなことから，肢体不自由のある学生の生活上の困難も一人一人異なるということを踏まえておかなければなりません。

【肢体不自由のある学生の大学生活における困難】

肢体不自由のある学生の大学生活における困難として，まず下肢に不自由がある場合は，移動における困難が挙げられます。通学時や学内を移動する際に，道が狭い，通路に障害物が置かれている，段差や溝がある，といったことにより他の人より移動に時間がかかったり，迂回しなければならなかったりすることもあります。特に車椅子を利用している場合，道路のわずかな隙間や積雪に車輪が引っかかったり，引っかかるのではと不安に感じたりする，また施設のドアを手動で開けながら出入りすることが難しい，といったこともあります。

また上肢に不自由がある場合は，ノートを取ることが難しいなどの困難につながります。また実習，実技，実験などでは内容によって困難なものが出てきます。

【周囲の学生が配慮できること】

移動の配慮として，車椅子でも通ることができるよう通路を確保することや，教室などのドアの開閉，荷物の移動を補助することができます。

また，独立行政法人　日本学生支援機構（2014）に考えられる支援のひとつとして「グループで実験する際に，分担等について協議し，肢体不自由のある学生が姿勢と運動等の困難があることによって消極的にならず，積極的に参加できるよう配慮する」と挙げられているように，授業やサークル，その他グループで活動する際には，メンバー各々の参加の仕方を考えることも大切です。

d）発達障がい

【発達障がいとは】

発達障がいとは「なんらかの要因による中枢神経系の障害のため，生まれつき認知やコミュニケーション，社会性，学習，注意力等の能力に偏りや問題を生じ，現実生活に困難をきたす障害」（日本学生支援機構，2014）です。発達障がいには様々な分類が含まれますが，ここでは「限局性学習症／限局性学習障がい」，「注意欠如・多動症／注意欠如・多動性障がい」，「自閉スペクトラム症／自閉症スペクトラム障がい」を取り上げます。

限局性学習症／限局性学習障がいとは，知的な問題はないが，「読む」「書く」「計算する」のいずれかひとつもしくは複数に困難がある障がいです。これらに「聞く」「話す」「推論する」といった困難が加えられることもあります。文章の読み書きがぎこちなかったり，時間がかかったりすることがある他，書字が乱雑であったり細かい部分で書き間違いが見られることもあります。

注意欠如・多動症／注意欠如・多動性障がいとは「注意力に障害があり困難を生じたり，多動や衝動的な行動をコントロールできない障害」（日本学生支援機構，2014）です。注意力に問題がある場合，うっかりミスや忘れ物が多かったり，ひとつのことに集中して取り組むことが困難であったりします。また多動性や衝動性がある場合，落ち着きがなくそわそわしたり，多弁になったり，感情のコントロールが難しくカッとなりやすいこともあります。

自閉スペクトラム症／自閉症スペクトラム障がいとは，「他人との意思や情緒の疎通，適切な関係を築くことに問題を示すといった社会的コミュニケーションと社会的相互作用の困難さに関する特徴，同じ状況や決められたことへのこだわりが強く柔軟な対応ができないといった行動や興味，活動が限定されて，反復的なパターンを有する特徴を幼小児期から継続してもち続けている障害」（日本学生支援機構，2014）です。社会的コミュニケーションや社会的相互作用の困難とは，コミュニケーション力や社会性の低さ，想像力の少なさなどを背景とし，一例を挙げると，相手の気持ちを推測することが難しい，会話を発展させることが難しい，対人マナーに気がつかない，他者との協調性の不足，場や相手に応じた適切な言動を選ぶことが難しい，見通しをもった行動が難しい，といったことがあります。

その他にも，光や音，臭いに対して極端に敏感であったり，激しい偏食，痛みを感じにくいなど，特定の感覚刺激に対して，過敏であったり，鈍感であったりする人もいます。

なおここに挙げた「限局性学習症／限局性学習障がい」，「注意欠如・多動症／注意欠如・多動性障がい」，「自閉スペクトラム症／自閉症スペクトラム障がい」は，いずれかの障がいがある人もいれば，複数を併せ持つ人もいます（図 4.4.1）。

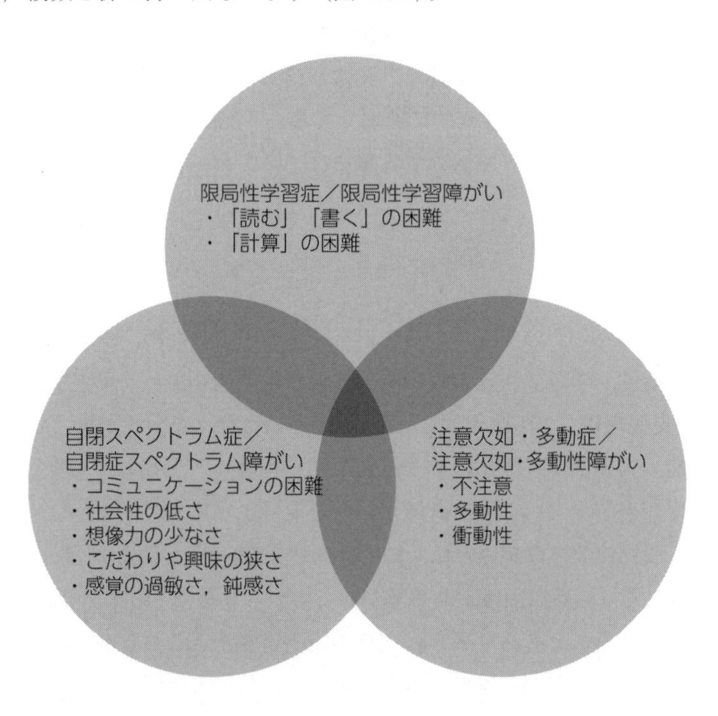

図 4.4.1　発達障がいの例

【発達障がいのある学生の大学生活における困難】

発達障がいのある学生が大学で遭遇する困難の例を表 4.4.1 に挙げました。これらはほんの一例であり，人によって困難場面やその程度は多様です。

表 4.4.1　発達障がいのある学生が大学で遭遇する困難の例

学習面	生活面
• 履修計画を立てることが難しい • レポート，卒論作成が進まない • 課題を期限までに提出することができない • 試験の時間を間違える • 少しでも遅刻すると，遅れて教室に入ることができない • 1 回授業を休むと，次から授業に出席できない • 同時に 2 つの作業を進めることが難しく，講義を聞きながら，ノートを取ることができない • 特定の科目の単位が取れない（語学・体育など） • グループワーク，ゼミのディスカッションに入ることができない • 実習先で職員や対象者の指示や意図を理解することができずトラブルを起こしてしまう • 突然の休講にパニックになってしまう • 周囲の音や光が気になり，授業や課題に集中できない	• 親しい友人をつくることができない • 周囲の雰囲気に馴染めないことが多い • サークルでトラブルを起こしてしまい，参加しにくくなってしまう • 悪意なく発した言葉によって他者を怒らせてしまう • 約束を忘れてしまう • 人の多い学生食堂で食事をとることができない • 相手の主張を受け入れることができず，自分の主張をしつこく言い続けてしまう • 大切な物をなくしてしまう • 自律的なひとり暮らしができない（時間管理，規則正しい生活，家の整頓，掃除，洗濯など） • 就職活動が進まない • アルバイト先で仕事が覚えられず，続かない • 日常会話，雑談で何を話してよいかわからない

野呂（2011）を改変して引用

発達障がいがある場合，社会性やコミュニケーション上の困難など，周囲との関係における課題を伴うことがあります。したがって，本人と周囲の人々双方の歩み寄りが必要です。発達障がいのある学生は，得意な点を伸ばすことに加え，苦手な点，困難な点をどのようにすれば少しでも補うことができるのか工夫が必要ですし，見えにくい障がいであるため，周囲の人々へ自身の苦手な点について理解を得ていく必要があります。また，本人の工夫のみでは困難を補うことが難しい場合は，家族や教職員のサポートを得る必要もあります。

発達障がいのある学生については，気づきの遅れや対応の先送りが，大学生活のみならず，就職活動や，就職後の職業生活，家族や地域との関わりなどにおいて，社会適応のリスクとなる場合があります。また，対応の遅れから環境への不適応や対人関係のトラブルなどが重なることで，ストレスが溜まり，精神的な不調をきたしてしまう（二次障害）恐れもあります。

【周囲の学生が配慮できること】

発達障がいのある人は，あいまいな伝え方をされても，どのようにすればよいのか理解しにくいことがあるので，物事を伝える際には，簡潔に，具体的に伝えるようにしましょう。また，口頭で伝えたのみでは理解できなかったり，忘れてしまうことがあります。重要なことや複雑なことはメモやメールなどを用い，視覚化して伝えることが有効な場合もあります。

発達障がいのある学生は，どのような言動が相手に対して不適切であるか分からないために，周囲が「付き合いにくい人」と言って避けていても本人はなぜ避けられているのか分からない場合が多いです。「どのような行為によって周囲が困惑しているのか，どのようにしてほしいのか」ということを冷静に具体的に指摘してください。大声で叱責されたり，どのようにすればよいか伝えず「君のしていることはダメだよ」だけでは混乱してしまいます。

以上，各障がいについて，障がいによる困難や，周囲が配慮できることを説明しました。しかし，障がいによる困難やその程度はそれぞれであり，可能なこともそれぞれ異なります。したがってその学生が求めているサポートも個々によってさまざまであることを留めておかなくてはなりません。さらに，障がいがあるからといって，過剰な配慮をすることもまた，心の障壁となることを記しておきます。

4.4.3　困難を感じたら…

障がいのある学生が，大学生活や卒業後の社会生活を送るにあたり，自身の困難がどのようなことで，自分自身はどのような工夫をすれば補うことができるのか把握しておくこと，またどのような支援があればよいのか周囲に説明できるようにしておく必要があります。漠然とした困難を抱えたままにしておいても，社会人になった際に自分も周囲も困ってしまいます。

しかし，なんだかうまくいかないが，なぜだか分からないという場合もあるでしょう。自分だけで考えていても，なかなかよい見通しを見出せないことも多いものです。そのような時には困難をそのままにしておくのではなく，周囲の教職員（アドバイス教員や指導教員など）や支援部署（障がい学生支援室，保健管理センター，学生支援課など）に相談してみましょう。一緒に状況の整理をしてみることで，自身の困難についての理解が深まるはずです。

障がいのある学生に限らず，コミュニケーションや対人関係上の困難，就職における不安を感じている学生は，学内の各部署が実施している支援プログラムや講座に積極的に参加してみることもよいでしょう。自己についての新たな気づきや，コミュニケーションスキル，対人マナーの学びがあるかもしれません。また，周囲の教職員や支援部署の担当者からプログラムや講座を勧められることがあるかもしれません。それは，直接指摘することは難しいが客観的な視点から見て，あなたの社会性に心配がある場合の周囲からのサインである可能性があります。自分は大丈夫，自分には関係ないと思わずに，今一度自身の周囲との関わり方について振り返ってみましょう。

4.4.4　金沢大学における障がい学生支援室

金沢大学では，2015年4月に障がい学生支援室を開室しました。障がい学生支援室では，障がいや病気などにより大学での学修に何らかの困難を感じている学生への支援を行っています。例えば，聴覚に障がいのある学生に対しては，本人の希望に応じて，ノートテイカーの募集や配置を行い，ノートテイカーに対してノートテイク研修会を開催しています。また，発達障がいやその疑いにより，課題への取り組みが滞る，時間の管理がうまくいかないなどの相談に乗っています。また，障がいの種類や程度によって実験や実習を1人で行うことが難しい場合は，必要に応じてチューターをつけるなど，当該学生と相談しながら，どのようにしたら学修が可能になるか一緒に考えます。障がい学生支援室の詳細は以下のサイトから確認してください。

引用文献・参考文献

青柳まゆみ　視覚障害学生支援の実際　鳥山由子・竹田一則（編）『障害学生支援入門　誰もが輝くキャンパスを』第1部　第2章　第1節③　ジアース教育新社，pp.34-40，2011年

独立行政法人　日本学生支援機構　「教職員のための障害学生修学支援ガイド（平成26年度改訂版）」，2014年

柿澤敏文　視覚障害とは　鳥山由子・竹田一則（編）『障害学生支援入門　誰もが輝くキャンパスを』第1部　第2章　第1節①　ジアース教育新社，pp.30-31，2011年

文部科学省初等中等教育局特別支援教育課　教育支援資料～障害のある子供の就学手続と早期からの一貫した支援の充実～，2013年

内閣府　平成12年版障害者白書，2000年

野呂文行　発達障害学生はどのようなことで困っているのか　鳥山由子・竹田一則（編）『障害学生支援入門　誰もが輝くキャンパスを』第1部　第2章　第4節③　ジアース教育新社，pp.64-65，2011年

（濱田里羽・武居　渡）

4.5　自分の大学を知る―金沢大学の歴史

4.5.1　はじめに―自分の大学を説明できますか

大学生になった皆さんは，今までとは比較にならないほどいろいろな場所へ出かけて行き，たくさんの人に会うことと思います。留学先だったり，バイト先だったり，インターンシップ先だったり，就職面接の場所だったり。当然その多くで自己紹介をすることになりますが，留学や語学研修，就職活動などで遠方に行ったときによく尋ねられるのが，あなたの大学はどんな大学ですか，という質問です。果たして皆さんは自分の大学をどんな大学だと思っているでしょうか。特に外国に行ったときなどは，あなたはこの大学の代表，つまり「大使」のような存在になります。「大使」ならば，自分の大学の良さや強み，あるいは伝統といったことをきちんと話せないといけません。皆さんはどの程度，自分の大学のことを知っているでしょうか。

この節では，金沢大学がどんな大学なのかを，その歴史を追いながら説明していきます。自分たちが所属している学類が，どんな歴史的な経緯で生まれたものかも明らかにしていきます。これらを学ぶことを通して，この金沢大学の良さや強みを理解するとともに，自分の大学としての愛着を持ってもらえたらと思います。

4.5.2　金沢大学の創基と金沢医科大学

金沢大学は，2012（平成24）年に「創基150年」を迎え，これまでの大学のあり方をふり返り，今後の大学のあり方を模索するさまざまな事業を行いました。「創基」とは「基となった施設等の創設」という意味です。金沢大学の基となった施設では，1862（文久2）年に開設された加賀藩公認の**金沢彦三種痘所**がもっとも古く，金沢大学ではこれをもって創基としています。

日本で伝統あるとされる大学も，多くは近代化が始まる明治になって創設された学校・施設を起源としており，幕末からの歴史を持つ大学は多くありません。2012年当時，創基の年を本学より古く設定していた国立の大学・学部は，長崎医学伝習所を源流とする長崎大学（1857年）と神田お玉が池種痘所を源流とする東京大学医学部（1858年）だけで，金沢大学は「日本で3番目に古い国立大学」といえました。そのため，さまざまなところで金沢大学はこのように紹介されます。ただ，近年，創基を江戸時代の藩校や私塾に求めて古く設定しようとする国立大学が増えており，今は何番目に古いという言い方はできなくなってきています。

種痘は，当時最も恐れられた伝染病である天然痘を予防する方法で，イギリス人エドワード・ジェンナーによって考案されると，全世界に普及しました。1949年7月に長崎に伝えられると，蘭学者のネットワークを伝って瞬く間に全国に広がり，翌年2月には金沢でも初めての種痘が行われました。これを普及させるべく，加賀藩公認で作られたのが彦三種痘所で，ここでは種痘法が医師の間で伝授されました。これは近代的な医学教育の始まりとも呼べるもので，それゆえに彦三種痘所が創基とされています。

1867（慶応3）年になると，種痘所を基にして卯辰山に養生所が開かれます。これは，藩主・前田慶寧が福沢諭吉の『西洋事情』に啓発されて作った貧民救済を目的とした病院でしたが，医育部門が併設されていました。そこで指導的役割を果たしたのが，北陸近代医学の祖と呼ばれる蘭学者・**黒川良安**（まさやす）です。彼はさらに慶寧の命で長崎に行き医学校制度を調査して，1870（明治3）年，大手町に医学館を開設します。その後，廃藩置県で危機的状況に陥りますが，金沢の人たちの働きかけで1875年に県立石川県病院となり，翌年には医学教育が分離して石川県医学所，79年には金沢医学校と改称します。1884年には，近代的な医学制度整備に伴って修業年限4年の甲種医学校に昇格しましたが，国の県立医学校を官立にするという方針によって，87年には新設された第四高等中学校の医学部（のち第四高等学校医学部）となりました。1901（明治34）年，新たに全国5カ所に医学専門学校が置かれることになると，金沢はその一つに選ばれ，四高医学部は独立して官立金沢医学専門学校となりました。校長は**高安右人**（みきと）で，彼は校長としての激務のなかで高安病を発見し，今も病名にその名を残しています。また，現在の小立野に移転したのも，医専時代の1912年です。

1918（大正7）年，単科大学を認める新たな大学令が出ると，医学の単科大学設立の動きが各地で起こり，1923年，金沢医専が4年制の**金沢医科大学**に昇格しました。前年に新潟・岡山，同年に千葉・長崎，遅れて熊本にも官立医科大学が設置されました。現在もこの6国立大学は「**旧六**」と呼ばれ，ひとまとまりのグループになっていますが，その由来は戦前からの医科大学の系譜を引く点にあります。そして1949（昭和24）年の金沢大学への統合によってその医学部となりました。

また，薬学教育も1867年の卯辰山養生所設立時における製薬所・舎密（せいみ）局設立に始まります。その後も医学教育に附属して，医学館製薬所，医学所薬局学科，医学校製薬学科，第四高等中学校医学部薬学科，四高医学部薬学科，医専薬学科となりました。1923年の金沢医科大学設置に伴い，その**付属薬学専門部**となり，金沢大学への統合で薬学部として独立することになります。

4.5.3　第四高等学校

金沢大学は七つの前身校を統合して1949年に発足しますが，その前身校のなかで最も有名なのが，旧制の**第四高等学校**，通称「四高（しこう）」です。

日本は近代的制度の導入の一環として学校教育制度を整備すべく，1887（明治20）年，全国に五つの高等中学校を設置しました。その一つが金沢に置かれた第四高等中学校で，その後制度変更により1894（明治27）年に第四高等学校となりました。四高は，旧制高校の中でも最も伝統があるとされた五つのナンバースクールの一つだったのです。

金沢に四高が置かれた背景には，藩校の伝統を引き，北陸唯一の専門学校であった石川県専門学校があって既に優秀な人材を輩出していたことと，金沢市民の熱心な誘致活動がありました。四高開学時には，高価な英国製の百科事典（The Encyclopedia Britannica）が市民たち204

名によって寄贈されました。このようにして開設されたこともあり，四高は金沢市民にとって非常に親しみのある存在であり，かつその誇りでもありました，

旧制高校には制度的な変化がありますが，終始一貫していたのは，旧制の大学への進学を目指すエリートのための予備教育機関という性格でした。昭和初期の制度でいうと，旧制高校は3年制で，受験資格は旧制中学4年修了（旧制中学は5年制）から認められていました。ただ，入試が難関なので中学卒業後の入学者が多く，実際には現在の高3～大学2年に該当する学生が多く学んでいました。学科は文科・理科に大別され，カリキュラムは二つの外国語・数学・哲学などの西洋教養学の基礎を学ぶことが中心で，スポーツも盛んでした。高等学校間の対抗戦は有名で，四高は京都の三高との対抗戦で遠征することを，金沢を「北の都」と位置付けて「南下軍」と呼び，これはやがて運動部の対外遠征を指すようになりました。

四高出身の著名人としては，Z項の発見者・**木村栄**（ひさし），『善の研究』で知られる哲学者・**西田幾多郎**，世界的な仏教学者・**鈴木大拙**，雪氷研究の権威で随筆家でもあった**中谷宇吉郎**，家族法研究の先駆者でのちに金沢大学長にもなった**中川善之助**，金沢三文豪の一人・**徳田秋声**，プロレタリア文学の**中野重治**，『天平の甍』『風林火山』などで知られる**井上靖**，『風の盆恋歌』の直木賞作家・**高橋治**，帝国劇場の設計者で世界的な建築家・**谷口吉郎**，読売新聞社主で日本プロ野球の父と言われる**正力松太郎**，コマツ製作所中興の祖といわれる**河合良成**，抵抗のジャーナリスト**桐生悠々**など枚挙に暇がありません。井上靖の『北の海』は，彼の四高入学前後を描いた自伝的小説で，当時の雰囲気がよく伝わってきます。

四高の所在地は，現在の石川四高記念公園（旧中央公園）で，その本館は石川四高記念文化交流館として現存し，有料ゾーンには石川近代文学館が，無料ゾーンには四高記念室と多目的利用室があります（右写真はその正面）。多目的利用室では，平日の夜と土曜日にシティカレッジの単位互換授業が開講され，受講して単位を取ることもできます。

4.5.4　師範学校と工業専門学校

金沢大学の前身校には，先に紹介した金沢医科大・同付属薬学専門部・四高以外に，三つの師範学校と金沢工業専門学校がありました。三つの師範学校とは，石川師範学校，石川青年師範学校，金沢高等師範学校のことです。

石川師範学校は，1874（明治7）年，小学校教員養成を目的とした石川県集成学校の開校に始まります。これは同年に石川県師範学校と改称し，翌年には女性教員養成を目的とする石川県女子師範学校も開校しました。この女子師範学校は，全国初の公立の女性教員養成学校でした。その後，両校は統合され，広坂の地（現在の金沢21世紀美術館）に移転しましたが，1914（大正3）年男女師範の分離により，男子師範は今の金沢市弥生の地（現在の金沢市立泉中学校）に移転します。1943（昭和18）年師範学校令が改正され，石川県師範学校は文部省直轄の官立

専門学校に昇格し，女子師範を再統合して石川師範学校男子部・女子部となり，金沢大学への統合まで続くことになります。

石川青年師範学校は，1918（大正 7）年に勤労青年教育に当たる教員を養成するために開かれた石川県農業教員養成所を始まりとします。その後名称の変遷がありましたが，1943 年の師範学校令改正により石川青年師範学校となりました。一方，高等師範は中学校教員の養成を目指したもので，当初全国に 4 校（東京・広島に男子 2 校，東京・奈良に女子 2 校）しかありませんでした。戦時下で高等師範増設の方針が出されると，金沢は誘致運動に動き，1944 年に 5 校目として**金沢高等師範学校**が開校されました。両校は戦後，野田町に移転して金沢大学の統合を迎えます。平和町の附属学校はその跡地の一部です。

明治期から工業教育に関する官立高等教育機関として高等工業学校が全国に作られましたが，大正期まで北陸には一つもありませんでした。石川県・金沢市は設立要求運動を展開し，福井との誘致合戦の末，1920（大正 9）年にやっと現在の金沢市小立野の地に金沢高等工業学校が設置されました。当初は土木工学・機械工学・応用化学の 3 学科，入学者 110 名ほどでしたが，応募者の増加や国の技術者養成強化の要請を受けて，1939（昭和 14）年には化学機械科・電気工学科が増設され，さらに戦時下での理工系学校拡充の方針により，1944 年には**金沢工業専門学校**と改称し，学科も増え，入学者も 640 名に拡大しました。戦後，入学者数は大幅に減少し，学科の整理も行われ，金沢大学に統合されて工学部となった時点では，5 学科・入学定員 140 名でした。その校舎は小立野にあり続けましたが，2004～05（平成 16～17）年に角間に移転しました。小立野の跡地は，現在，石川県立図書館（2022 年 7 月開館）と金沢美術工芸大学（2023 年 10 月移転）になっています。

4.5.5　金沢大学の発足

日本の高等教育政策は，1886（明治 19）年に，東京に唯一作られた帝国大学と，そこへの全員進学を原則とする五つの高等中学校（うち一つが金沢の第四高等中学校）の設置という形で出発しました。その後，1897 年の京都帝国大学の開設を皮切りに帝国大学の増設が始まると，石川では金沢に北陸帝国大学の設立を求める運動が展開されましたが，結局それが結実することはありませんでした。

1945（昭和 20）年の敗戦は日本の諸制度に大変革をもたらしましたが，高等教育についても制度の大改革が検討されました。石川では，全国に先駆けて敗戦直後から，金沢にある高等教育機関を統合して北陸総合大学の設立を求める運動が始まります。それは 1947 年の文部省の 10 官立総合大学構想（7 帝大と新設の北陸・中国・四国の総合大学のみ官立とする構想）で実現するかと思われましたが，翌年，各県に少なくとも一つの新制国立総合大学を置くという国の方針転換により「北陸帝国大学」は実現しませんでした。代わって，1 年後の新制大学設置に向けて急ピッチで準備が行われました。

1949 年 5 月 31 日，国立学校設置法が交付され，正式に**金沢大学が発足**しました。設置当初は，法文・教育・理・医・薬・工の 6 学部で，法文と理は四高と金沢高等師範の一部を，教育は三つの師範学校を，医は金沢医科大学を，薬は同附属薬学専門部を，工は金沢工業専門学校を，それぞれ前身とするものでした。学生定員は1010名，現在の約6割でした。キャンパスは前身校のそれを引き継ぎましたが，メインキャンパスは新たに，戦前に軍隊の駐屯地だった**金沢城跡**となり，ここに大学本部と法文学部・一般教養部が置かれました。

その後，日本の経済成長を背景に理工系を中心に入学定員が増加し，1960年代には，1955年の医学研究科博士課程に続き，理系学部にも大学院（修士課程）が設置されました。キャンパスは，教育学部・理学部も金沢城内に移転し，城内が真にメインキャンパスとしての姿を整えていきました。また，医療の進歩に合わせて医療技術者の養成が求められるようになると，そのための短期大学部の設置が検討され，1972年には全国の国立大学で3番目となる**医療技術短期大学部**が開設されます。これが現在の保健学類の前身で，新たに金沢市から鶴間町の用地を取得してそこに置かれました。

なお，附属図書館にある**暁烏文庫**は，北陸総合大学設置運動の過程で，石川県松任（現在の白山市）の著名な仏教学者・暁烏敏（あけがらす・はや）氏の蔵書約5万冊の寄贈を受けて設置されたものです。

4.5.6　角間移転

金沢城跡をメインキャンパスとしていた金沢大学において，キャンパス移転が初めて話題に上ったのは1974（昭和49）年でした。当時は高度成長のなかで学生数が増加するとともに，理工系では博士課程の設置計画が浮上し，文系でも大学院修士課程の相次ぐ設置や法文学部の分離改組構想など，大学の拡充・発展が図られている時期でした。こうした発展の計画に対して城内キャンパスはあまりに狭く，史跡ゆえに建物の新設もままならず，さらに観光振興を考える石川県・金沢市・地元財界などからはキャンパス開放の要求も出されていました。また，大学全体でみると，全キャンパスの敷地面積を足しても，大学設置基準に決められた必要面積の約半分しかなく，城内以外のキャンパスでも移転の要望がありました。こうした事情の中で議論が始まり，1978年末に「総合移転」の方針が決定されました。

1979年に入ると移転候補地の検討が始まり，いくつかの候補地の中から最終的に**角間**が選ばれました。ただ，「総合移転」で移転する学部の範囲が当初から明確でなく，移転論議や候補地選定の経緯に不透明なところもあったため，移転反対の声は根強くありました。なかでも教養部は城内キャンパスから「当面移転しない」という方針を決め，大学の執行部や移転推進の立場に立つ諸学部と対立しました。最終的に大学の評議会は教養部の反対を押し切って移転を決定し，文部省に予算を要求して，1983年度から用地取得，1984年度から建設が始まりました。教養部はその後も反対を続けましたが，1992（平成4）年度に教養教育の責任を全うするために移転せざるを得ない旨の声明を出し，移転に動き出すことになりました。

移転計画は当初より，城内キャンパスが移転する第I期と，城外の工学部・薬学部が移転する第II期に分かれていました。1989（平成元）年夏，文・法・経済の3学部（1980年に法文学部が分離改組）が最初に移転し，1992年に理学部・教育学部，1993年に教養部（現在の総合教育棟)，1994年に大学本部が移転して第I期移転が完了しました。ついで，1998年から第II期の整備工事が始まり，2004年に宝町キャンパスから薬学部が，小立野キャンパスから工学部の一部が，2005年に工学部の大半が移転して，第II期移転も完了しました。こうして金沢大学は全国屈指の広大な敷地面積を持つようになりました。

4.5.7 新生金沢大学

戦後日本の国立大学の拡充・発展は，オイルショックで生じた巨額の財政赤字によって1980年代から行政改革が始まったことで，抑制されるようになります。それでも金沢大学には，1987（昭和62）年に自然科学研究科，1993（平成5）年に社会環境科学研究科（現在の人間社会環境研究科）ができ，文系・理系・医系の3分野すべてに博士課程が揃い，研究大学としても姿が整いました。

1991年に大学設置基準が改正され，大学の自主改革が促されるようになると，18歳人口の急速な減少（1993年度の205万人が2009年度には120万人になる）とあいまって，大学の大改革時代が到来します。金沢大学ではまず教養教育から改革が行われ，1994年にそのカリキュラムが改正されました。ついで1996年に組織改革が行われ，教養部を廃止して全学教員が教養教育を担当し，それを全学組織である教養教育機構（のちに共通教育機構）が統括する体制になります。その後も教育改革を進め，学生支援に力を入れている教育重視の大学として次第に全国に知られるようになっていきました。

2000年代に入ると，行政組織のスリム化を目指す国の行政改革方針によって，全国立大学は国の直轄ではなく，財政の支援を受けつつも自立した法人に移行することとなります。こうして**2004年，国立大学法人金沢大学**が誕生しました。

法人となった金沢大学では，その憲法ともいうべき**「金沢大学憲章」**を制定し，それまでの歴史を踏まえ，その理念・目標に「地域と世界に開かれた教育重視の研究大学」を目指すことを掲げました。しかし，この時点ではまだそれに見合った教育組織ではありませんでした。法人化以前から検討されてきた大学の新たなあり方の模索は，現代社会が抱える複雑な問題を解決するには，従来の学問領域の枠組を超えた幅広い知識と能力が求められているという認識のもと，のちに進む専門領域に関わらず，まずは共有すべき視点・知識・方法論などを身に付けるための共通性の高い教育が受けられるような組織作りをすべきとの結論に達します。そして，学部の壁を取り払い，上記の共通性でくくられた学域と，専門教育の単位である学類を組み合わせた，**3学域16学類**の新たな教育システムが考え出されたわけです。こうして，**2008年4月，新生・金沢大学**がスタートしました。

4.5.8 おわりに—大学の歴史はあなたが作る

以上，現在の学域学類制の金沢大学ができるまでの歴史をたどってきました。その後も金沢大学は新たな改革を進めています。特に2014年度に文部科学省の**スーパーグローバル大学**に選ばれたことで国際化に対応するカリキュラムの大幅な改定が行われ，2016年度からそれが実施されています。その延長線上で，文部省が三つに分類した国立大学類型の中から「特定分野型」「地域貢献型」を選ばず，**「全学的に世界で卓越した教育研究を推進する大学（世界水準型）」**という旧帝大や世界の一流大学と競争する道を選びました。しかし，その一方で地域の大学・行政・企業団体等が連携して地域創生のための人材育成を行う文部科学省の**COCプラス事業**の石川県の取組に参加し，その中心として事業の運営を担いました。2016年度から始まった「地域概論」は，このことと関係して作られた授業科目です。さらに，学域学類制への移行10周年になる2018年度には，理工学域の再編が行われて3学域17学類制となるとともに，文系一括・理系一括入試が行われ，2021年度には，新たに文理融合型の融合学域が誕生し，学類も増えて，4学域18学類制となりました（2023年度には20学類）。このように金沢大学は，時代の要請に応え，学域・学類のダイナミックな交流を通して，未来志向の研究に積極的に取り組み，質の高い学びを提供しようとしています。

今までの歴史を見てもらえればわかるように，金沢大学はその前身校の時代から，地域の人たちに支えられ，その人たちの期待を背負って，旧帝大と肩を並べるような大学になろうとしてきました。世界と競争することを大学のミッションとして掲げたからといって，地域貢献をやめることは金沢大学にはできないことです。それは大学にとっては大変なことですが，むしろ世界に伍することと地域に貢献することは両立すべきものであり，それが本来の大学のあり方なのかもしれません。

こうした金沢大学の歴史と現状を理解したうえで，皆さんにはこれからの金沢大学の未来を考えていってほしく思います。あなた方一人一人の活動・活躍が，あなた方が所属する，そして卒業後には所属したこの大学の評価ともなり，将来へとつながっていきます。そうした自覚を持って，これからの大学生活，そして卒業後の進路選択をしていってほしく思います。これからの金沢大学の歴史はあなたが作るのです。

最後に，この大学をよりよく理解するために，ぜひ一度**金沢大学資料館**に足を運んでください。これはこの大学の大学博物館で，約9万点の学術資料・文書資料を保管し，160年間のこの大学の歩みと学術的な蓄積を知ることができる場所です。展示室は，角間北キャンパスの中央図書館の奥にあります。ここまで文章で読んできたことを写真とモノでビジュアルに理解できるとともに，ほかの大学にはない本学の誇りとなるさまざまな学術コレクションを見ることができます。この大学がどんな大学なのかを，展示を見ながらあらためて考えてみてもらえればと思います。

参考文献

『金沢大学創基150年史』金沢大学創基150年史編纂部会，2012年

『金沢大学五十年史　通史編』金沢大学創立50周年記念事業後援会，1999年

（古畑　徹）

第 5 章

現代教養への展開

5.1　地球温暖化のしくみと対策

5.1.1　はじめに

地球温暖化の最初の徴候は，異常な気候現象の増加であると言われます。気候システムがおかしくなり，極端な集中豪雨や洪水，干ばつ，異常寒波などが頻発することです。私たちの周りを見てみると，2013 年 11 月にフィリピンに上陸した台風 30 号（ハイエン）によって 6,200 人以上の人が死亡したと伝えられています。日本においても，2014 年 8 月に広島市三入地区で最大 1 時間降水量 101 mm という観測史上最高の降水量を記録し，大きな被害をもたらしました。世界で最も権威があるとされる気候変動に関する政府間パネル（IPCC）の第 5 次評価報告書（AR5）では，気候システムの温暖化については疑う余地がないと断言しています。1880～2012 年において，世界の平均地上気温は 0.85 ℃上昇しており，最近 30 年間の各 10 年間の世界平均の地上気温は，1850 年以降のどの 10 年間よりも高温でした。このような地球温暖化がなぜ起こるのか，温暖化によりどのような影響を受けるのか，地球温暖化を防止するためには何が必要かなどについて学びましょう。

5.1.2　地球温暖化の仕組み

現在の地球の平均気温はおよそ 14 ℃です。これは，二酸化炭素や水蒸気のような「温室効果ガス」の働きによります。温室効果ガスは，太陽から地球に当たり，放射されたエネルギーを吸収し，再び地表に戻します（図 5.1.1）。もし，温室効果ガスがなければ，地表面から放射された熱は地球の大気を素通りしてしまうため，地球の平均気温は −19 ℃になると言われています。このように，温室効果ガスがあることにより，人間や他の生き物が生きるのに適した環境が成立しているのです。

しかし，1750 年ころからはじまった産業革命以降，私たちは，石炭や石油などの化石燃料を大量に使うようになり，その結果，人間活動による大気中への二酸化炭素の排出量を地球の歴史からみて極めて短時間のうちに急速に増やしてきました。このため，温室効果が急激に増大し，地球温暖化問題を引き起こすようになりました。

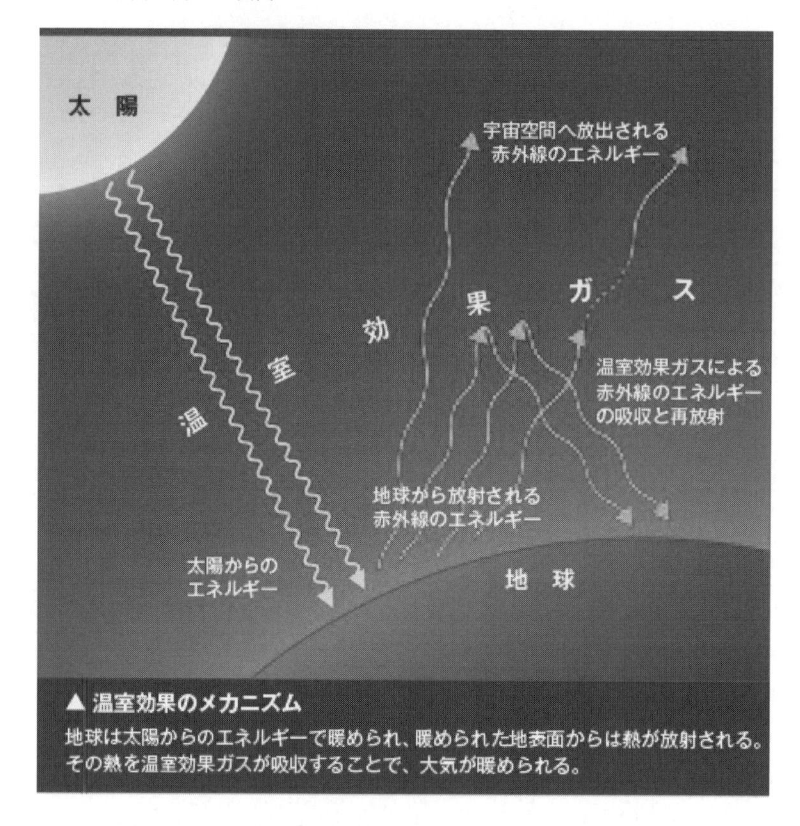

図 **5.1.1**　温室効果のしくみ [1)]

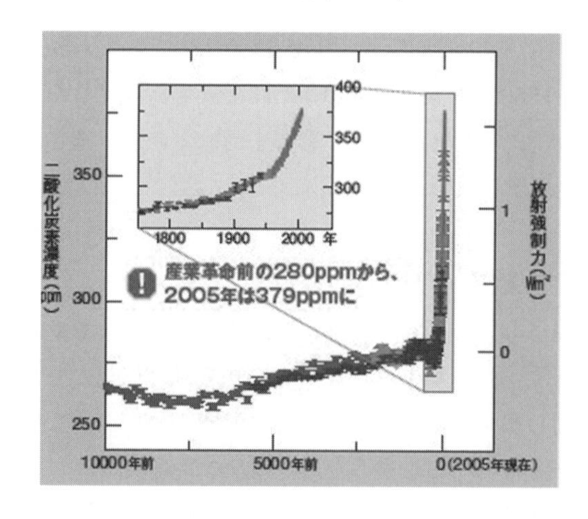

図 **5.1.2**　過去 1 万年間の二酸化炭素濃度の変化 [2)]

図 5.1.2 は，過去 1 万年間の二酸化炭素濃度の変化を示した図です。大気中の二酸化炭素濃度は徐々に増加し，産業革命時には約 280 ppm 程度であったのが，2014 年には 397.7 ppm にまで急上昇しています。

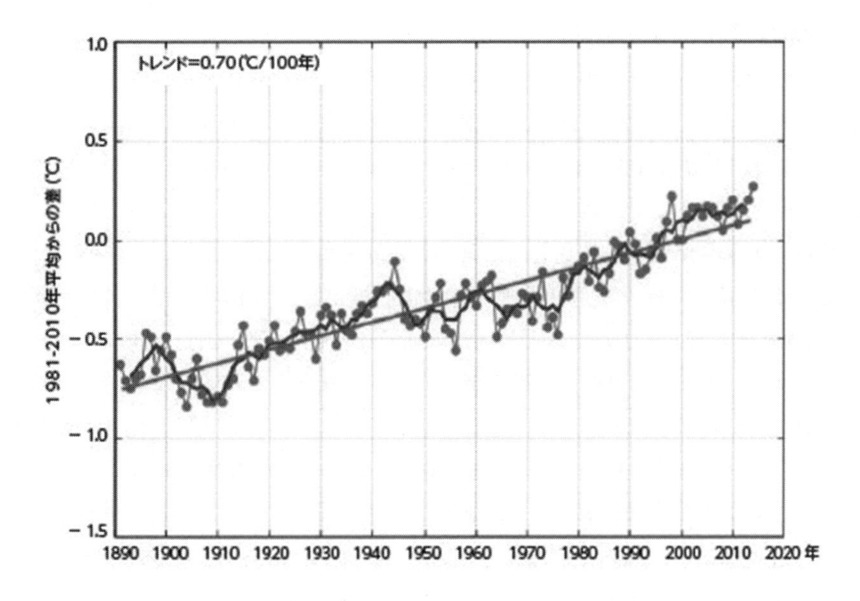

図 5.1.3　世界の平均地上気温の変化（1891～2014 年）[1)]

それに伴い，図 5.1.3 に示されるように，世界の平均地上気温は大きく上昇しています。IPCC 第 5 次評価報告書によれば，1950 年代以降に観測された変化の多くは，数十年から数千年にわたって前例がないものです。大気と海洋は温暖化し，雪氷の量は減少し，海面水位が上昇し，温室効果ガス濃度が増加しています。

世界の平均地上気温は，独立した複数のデータセットが存在する 1880～2012 年の期間に 0.85℃上昇しました。20 世紀半ば以降，世界的に対流圏の大気が昇温していることはほぼ確実です。世界平均地上気温の変化は，数十年にわたる明確な温暖化に加え，かなりの大きさの 10 年規模変動や年々変動を含むため，自然変動のために短期間で見た気温の変化率は，どの期間を見るかにより大きく影響されます。例えば，強いエルニーニョ現象が起きていた 1998 年から 2012 年までの 15 年間の気温の上昇率は，1951 年から 2012 年までの気温の上昇率と比べて低くなっています。

世界平均の海面水位は，1901～2010 年の期間に 0.19 m 上昇しました。世界平均海面水位の上昇率は，1901～2010 年の間には 1.7 mm ／年でしたが，1993～2010 年には 3.2 mm ／年に加速化されている可能性が非常に高いです。

大気中の二酸化炭素（CO_2），メタン（CH_4），一酸化二窒素（N_2O）濃度は，過去 80 万年間で前例のない水準まで増加しています。CO_2 濃度は，化石燃料の燃焼による排出や土地利用の変化などにより，工業化以前より 40% 以上増加しています。このように人為的に排出される温室効果ガスに加え，水蒸気等の自然由来の温室効果ガスもあります。地球温暖化への効果を見ると，水蒸気による寄与が約 6 割と大変大きいですが，その排出量を人為的にコントロールできないので，人為起源の CO_2 の抑制を図ることにしています。

5.1.3　地球温暖化による影響

既に地球温暖化により，北極の氷床や海氷の減少が広範囲で進んでいることが観測されています。1978年からの衛星データによれば，北極の海氷範囲の年平均値は10年ごとに約2.7%減少しており，夏季には約7.4%とより大きく減少しています。図5.1.4は，アラスカのミューア氷河の減少を示した写真です。1941年8月と2004年8月とを比較してみると，約半世紀の間に氷河の位置や大きさが大きく変化したことがわかります。

そのほかにも世界中で様々な地球温暖化を示す兆候が観測されています。ヨーロッパでは2003年8月の熱波により，2万人以上の人が死亡しました。米国では，2005年のハリケーンカトリーナにより，1,800人を超える死亡者，120万人を超える避難民を出しました。アジアでは，例えば2008年5月にミャンマーを襲ったサイクロンナルギスは，死者・行方不明者約14万人，被災人口約240万人という大きな被害をもたらしています。地球温暖化が進行することにより，このような異常気象の数が増加し，強さも増大することが懸念されます。

日本では，近年極端に少雨の年が増えるとともに，少雨の年と多雨の年の差が大きくなる，つまり年変動が拡大する傾向が確認されています。一方で，時間雨量100ミリ以上の豪雨の回

Field,W.O. 1941. Muir Glasier: From the Online glacier photograph database. Boulder, Colorado USA: National Snow and Ice Data Center/World Data Center for Galciology. Digital media.

Molnia,B.F. 2004. Muir Glasier: From the Online glacier photograph database. Boulder, Colorado USA: National Snow and Ice Data Center/World Data Center for Galciology. Digital media.

図5.1.4　アラスカのミューア氷河の変化[1)]

ハクサンイチゲの大群落

スゲ類の草原へ変化し，お花畑は見られない。

（写真提供：北海道大学工藤岳准教授）

図5.1.5　北海道大雪山五色が原でのお花畑の消失[1)]

数が増加していることも確認されています。このような降水量の年変動や豪雨の増加が直接的に温暖化によるものかどうかは科学的に十分に解明されているわけではありませんが，今後地球温暖化が進むとこうした傾向が強くなると予測されています。

地球温暖化により，生態系にも大きな影響が生じます。生態系は，気候などの変化に合わせて適応する能力を持っていますが，急激な地球温暖化がその適応能力を超えてしまい，生息適地の変化に追いつけなくなる可能性が高いと言われています。図 5.1.5 は北海道大雪山五色が原の写真です。五色が原では，この 10〜20 年の間にお花畑の消失が進行しました。これは，雪解け時期が早まったことにより，土壌の乾燥化が進んだためではないかと推測されています。

IPCC 第 5 次評価報告書では，新たな知見をもとに，観測された影響と将来の影響，脆弱性について地域，分野別に，より具体的に評価するとともに，適応策についても実際の適用を念頭に置いた整理が行われました。報告書では，既に温暖化の影響が広範囲に観測されていることが示されるとともに，気候の変動性に対する生態系や人間システムの著しい脆弱性等を明ら

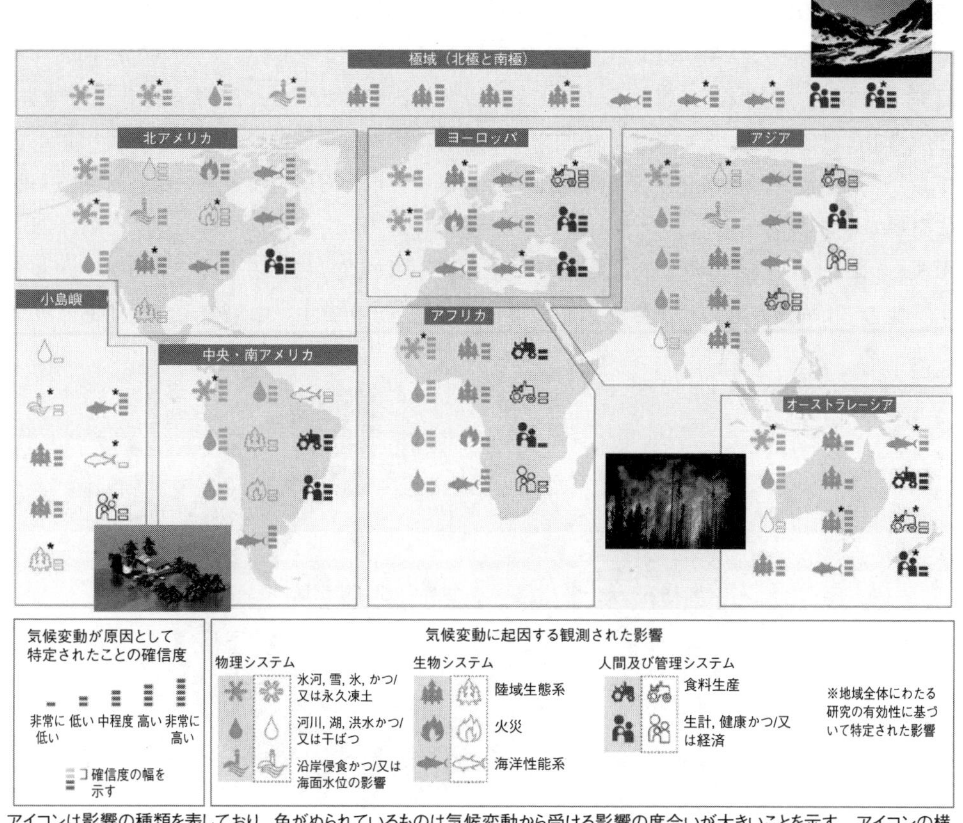

アイコンは影響の種類を表しており，色がぬられているものは気候変動から受ける影響の度合いが大きいことを示す。アイコンの横のバロメーターは，気候変動が原因であることの確信度を示すもので，目盛りの数が多いほど確信度が高い。

（IPCC AR5 SYR 図 SPM.4）

図 5.1.6　気候変動が原因として特定された影響の世界分布 [1)]

かにしました。

将来に関しては，温暖化の進行がより早く，大きくなると，適応の限界を超える可能性がありますが，政治的，社会的，経済的，技術的システムの変革により，効果的な適応策を講じ，緩和策をあわせて促進することにより，強靭な社会の実現が図れるとしています。

図 5.1.6 は，気候変動が原因として特定された影響の世界分布を示しています。氷河の融解や海面水位の変化，洪水や干ばつなどの物理的影響，陸上や海の生態系への影響，食糧生産や健康など人間への影響が，世界の各地に現れていることがわかります。今後地球温暖化が進むと，様々な影響の深刻度と確信度，すなわち気候変動リスクがさらに高まると言われています。

5.1.4　温室効果ガスの排出量の変化

地球温暖化を防止するためには，大気中の温室効果ガスを減らすことが不可欠です。私たちは，水蒸気などの自然起源の温室効果ガスをコントロールできないので，人為起源の温室効果ガスの排出量を減らすことが必要です。

図 5.1.7 は，2012 年の世界のエネルギー起源 CO_2 排出量を示しています。中国が全世界の排出量（317 億トン）の 4 分の 1 以上を占めて第 1 位となっています。アメリカが 16% で第 2 位です。日本は，中国，アメリカ，インド，ロシアに次ぐ第 5 位で，3.9% の排出量です。EU は 28 か国で 11% 排出しています。中国やインドのような途上国やロシアからの排出量が急増しており，今後の地球温暖化対策を考える場合には，彼らからの排出量をいかに抑えるかがカギになっています。

図 5.1.8 によれば，近年の温室効果ガスの増加は，主に CO_2 によるものであることがわかります。他方，1 人当たりの排出量を示したものが，図 5.1.9 です。中東の産油国であるカター

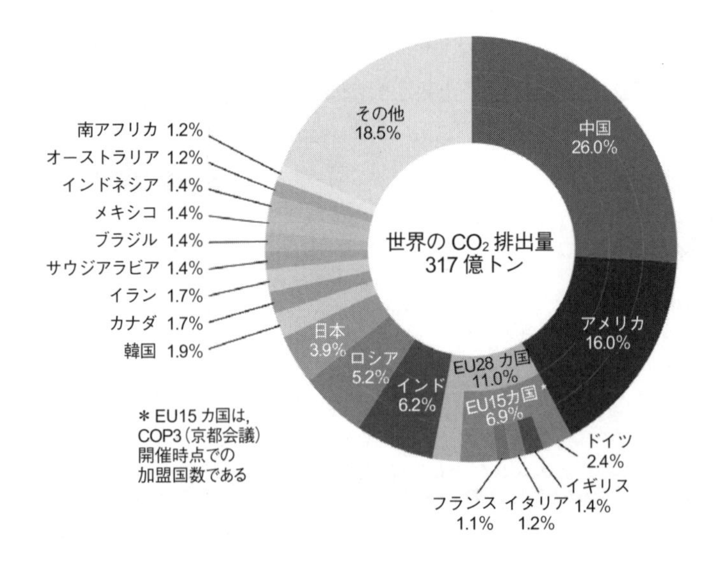

図 5.1.7　世界のエネルギー起源 CO_2 排出量（2012 年）[1]

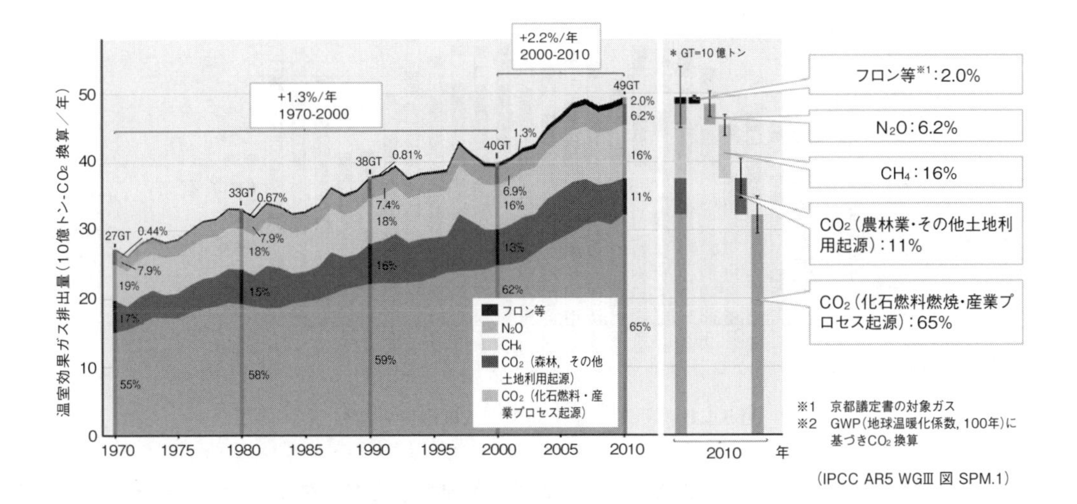

図 **5.1.8**　人為的な世界の温室効果ガス排出量の推移 1)

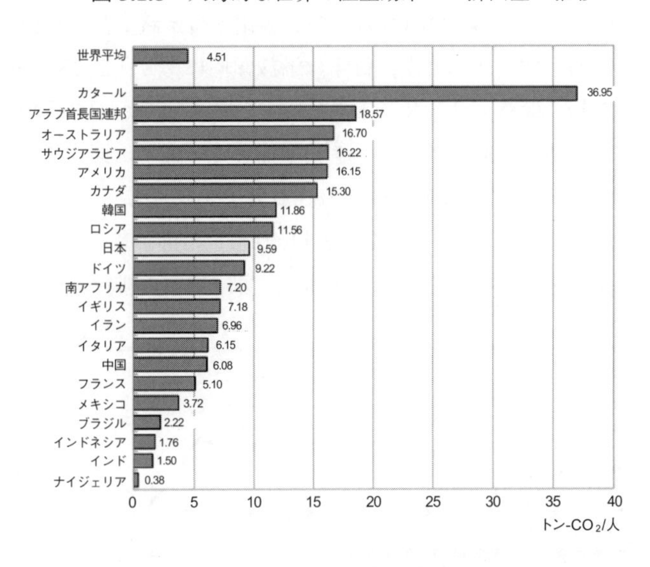

図 **5.1.9**　国別 1 人当たりエネルギー起源 CO_2 排出量 1)

ルが第 1 位，アラブ首長国連邦が第 2 位，サウジアラビアが第 4 位と続きます。先進国では，オーストラリアが第 3 位であり，アメリカ，カナダが第 5 位，第 6 位と続きます。日本は 9.59 トン CO_2 ／人で第 9 位ですが，世界最大の排出国である中国の 1 人当たりの排出量（6.08 トン CO_2 ／人）の 1.5 倍，インド（1.50 トン CO_2 ／人）の 6 倍以上になります。このような格差が地球温暖化対策における国際交渉を難しくしています。

我が国における温室効果ガス排出量の経年変化は，図 5.1.10 のとおりです。2013 年度の温室効果ガス総排出量は，13 億 9500 万トン（CO_2 換算）であり，前年度と比べて 1.6%，2005 年度と比べて 1.3% 増加しています。リーマンショック後の 2009 年には総排出量が落ち込み

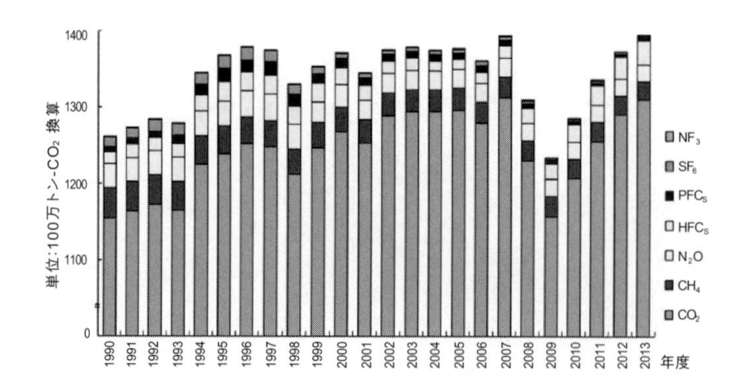

図 **5.1.10**　日本の温室効果ガス排出量の推移 [1)]

ましたが，それ以降は，総排出量は年々着実な増加傾向を示しています。

部門別の CO_2 排出量の推移をみると，2013年度には産業部門の排出量が4億3000万トンと最も多いですが，1990年レベル（4億8200万トン）と比べると減少傾向にあります。運輸部門からの排出量は，一時期増大しましたが，近年は漸減傾向にあり，2013年度には2億2200万トンでした。これに対し，商業・サービス・事務所等の業務部門からの排出量は着実な増加傾向にあり，2013年には2億8100万トンと大きく増加しています。同様に，家庭部門からの排出量も着実な増加傾向を示し，2013年には2億300万トンに達しています。1990年度の排出量と比較すると，業務部門（1.71倍），家庭部門（1.60倍）の排出量の伸びが著しいため，産業絵部門からの排出量の一層の削減と併せて業務部門，家庭部門の排出量の抑制に努めることが重要です。

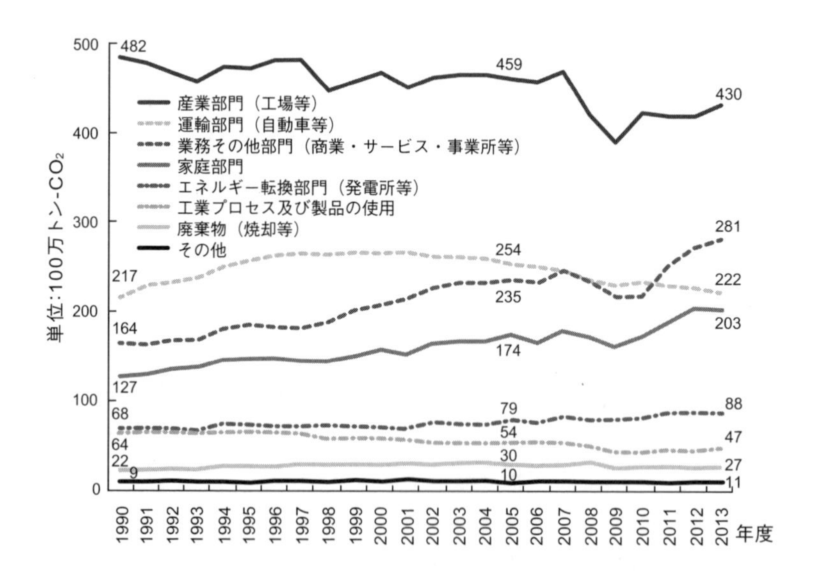

図 **5.1.11**　日本の CO_2 の部門別排出量の推移 [1)]

5.1.5 地球温暖化対策

地球温暖化対策には，大きく分けて緩和対策と適応対策の2種類があります。緩和対策は，温室効果ガスの排出量を抑制することであり，地球温暖化対策の基本です。適応対策は，緩和対策を実施しても地球温暖化の影響が避けられない場合，その影響に対して自然や社会システムを調整していく方策です。

a） 緩和対策

地球温暖化の進行を食い止めるため，世界的に様々な対策が進められています。1992年には，国連気候変動枠組条約が採択され，世界的な地球温暖化問題への取組の枠組みが合意されました。この条約は1995年に発効しましたが，法的拘束力のある具体的な削減目標の規定がなかったことから，更なる交渉の結果，1997年に国連気候変動枠組条約京都議定書が採択されました。京都議定書は，

○ 二酸化炭素（CO_2），メタン，一酸化二窒素，HFCs，PFCs，SF_6の6種類の人為的な温室効果ガスを対象としています。

○ 先進国の温室効果ガスの排出量について，法的拘束力のある数値目標を国ごとに設定しました。第一約束期間（2008～2012年）の日本の排出量は，基準年である1990年と比べて6%削減することとされました。

○ 国際的に協調して目標を達成するために，京都メカニズムと呼ばれる仕組み（国際的排出量取引，クリーン開発メカニズム，共同実施）が導入されました。

○ 途上国に対する数値目標等の新たな義務は設定されませんでした。

京都議定書は2005年に発効し，我が国も第一約束期間の目標達成に向けて多大な努力を行いました。1998年には，京都議定書の採択を受け，「地球温暖化対策推進法」が成立しました。この法律は，度重なる改訂により，対策の強化を図っています。地球温暖化対策推進法に基づき，2005年には「京都議定書目標達成計画」が閣議決定されました。2008年には目標達成計画の全面的な見直しが行われ，対策の一層の強化が図られました。

京都議定書の目標の達成状況を示したものが図5.1.12です。我が国における京都議定書第一約束期間中の5か年平均の温室効果ガス総排出量は，12億7800万トンであり，基準年度比で1.4%の増加でした。2008年度後半のリーマンショックの影響を受けて2009年度は総排出量が大きく減少したものの，2010年度以降，景気の回復と東日本大震災を契機とした火力発電の増加により3年連続して総排出量が増加したためです。他方，第一約束期間の目標達成に向けて算入可能な吸収量は，5か年平均で4870万トンとなり，基準年総排出量の3.9%に相当しました。その結果，総排出量に森林等による吸収量と京都メカニズムによるクレジット（約4.5%）を加味すると，5か年平均で基準年比8.4%減となるため，6%減という京都議定書の目標は達成されました。

京都議定書には当時世界最大の温室効果ガス排出国であった米国が参加しなかったこと，世界の排出量の過半を占めるようになった途上国に義務が課せられていないことなどから，世界全体で取り組む2020年以降の新たな枠組みの構築に向けての国際交渉（ダーバンプラット

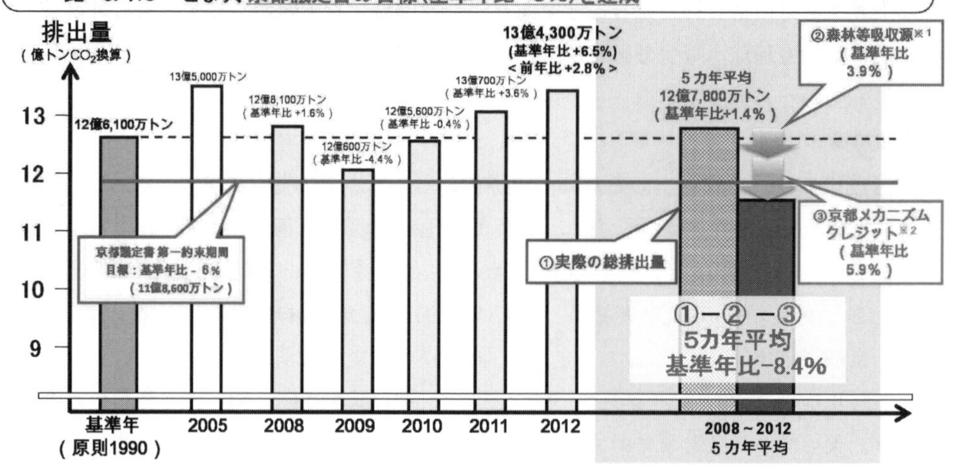

図 **5.1.12**　京都議定書の目標の達成状況[7)]

フォーム）が続けられてきました。その結果，2015年12月に，パリで開かれていた国連気候変動枠組条約第21回締約国会議（COP21）で世界の地球温暖化対策の新たな枠組みである「パリ協定」が採択されました。パリ協定の特徴は，以下の四つのキーワードで示されます。

①　すべての国に適用される枠組み（Applicable to all）

第一の特徴は，「すべての国に適用される枠組み」であることです。先進国とその他の国（途上国）の対応に明確な違いを設けた気候変動枠組条約，京都議定書と異なり，パリ協定の主要な規定の多くは，「すべての締約国」に適用されます。

②　包括的な枠組み（Comprehensive）

パリ協定は，緩和（排出削減），適応，資金，技術，能力開発，透明性といった要素をバランスよく包括的に取り扱っています。協定の目的も，緩和だけでなく適応，資金に関するものも含め三つ定めており，先進国の温室効果ガス排出削減を狙いとした京都議定書と比べスコープが明確に拡大しています。

③　長期にわたる永続的な枠組み（Durable）

第三の特徴は，長期的な視点に立って取組みを進めていく点です。産業革命以前からの世界の気温上昇を2℃よりも十分下方に保持するとの目標や今世紀後半の排出と吸収のバランスを目指すといった長期目標を法的合意として初めて規定したこと，各国に長期の低排出開発戦略の策定を求めたこと，5年ごとの各国の目標提出のサイクルといった規定は，いずれも長期にわたって永続的に対応を進めることを念頭に置いたものです。

④　前進・向上していく枠組み（Progressive）

そうした長期的な取組みの中で，各国そして世界全体の対応を向上させていく仕組みが規定されていることが特に重要です。パリ協定に基づき，世界全体の進捗確認（グローバル・ストックテイク（GS））と，すべての国による削減目標の提出・更新がともに5年ごとに進められます。その際，GSは各国の目標の提出・更新に先んじて行われ，各国の取組みの向上に対して情報を与えます。

このように，パリ協定は，歴史上初めて世界のすべての国が対策に取り組む画期的な枠組みを提供しましたが，残された課題も多々あることを忘れてはいけません。2020年の発効に向けて，世界の55か国，世界全体の温室効果ガス排出量の55％以上を排出する国の批准が必要です。また，現在各国が約束した削減量（intended nationally determined contributions: INDCs）ではパリ協定が目指す1.5℃以内どころか2.0℃目標の達成も到底実現できません。今後のますますの，たゆまぬ努力が不可欠です。

b）適応対策

既に世界各国では，気候変動の将来予測を踏まえ，特に影響の大きい分野や優先的に適応を進めるべき分野を特定した適応対策を進めつつあります。そのような対策には，海面上昇による高潮被害を防ぐための防潮堤のかさ上げ，高温による農作物被害を防ぐための品種の改良や他品種への転換などが含まれます。

日本においても，適応計画の策定が現実に進められつつあります。地球温暖化の影響は地域ごとに異なるため，適応対策の策定と実施に際しては，自治体の役割が非常に重要になります。例えば，和歌山県では，夏の暑熱ストレスに強い産卵鶏の開発に取り組んでいます。山形県では，地球温暖化を先取りした戦略的な研究開発を進めており，暖地型作物の導入プロジェクトなどが実施されています。

5.1.6　おわりに

地球温暖化問題は今世紀最大の地球環境問題といわれ，私たちだけでなく，子どもや孫の世代にまで多大な影響を及ぼします。IPCC第5次評価報告書によれば，このまま適切な対策を講じない場合には，壊滅的なダメージを受ける恐れがあるとされています。他方，同じ第5次評価報告書では，それほど大きな経済的影響を受けずに温暖化対策を進めていくことは可能であり，そうするかどうかは私たちの決断にかかっていると指摘されています。私たちは，将来世代のためにも，私たち自身がどのような温暖化対策を実施できるのかを常に模索し続けることが求められています。

参考文献

1）STOP THE 温暖化 2015，環境省

2）気候変動に関する政府間パネル第5次評価報告書第1作業部会報告書の公表について（報道発表資料）2013年9月

3）気候変動に関する政府間パネル第5次評価報告書第2作業部会報告書の公表について（報道発表資

料）2014年3月

4） 気候変動に関する政府間パネル第5次評価報告書第3作業部会報告書の公表について（お知らせ）2014年4月

5） 京都議定書目標達成計画の進捗状況，地球温暖化推進本部，平成26年7月1日

6） 国連気候変動枠組条約第21回締約国会議（COP21），京都議定書第11回締約国会合（CMP11）等，外務省報道資料，平成27年12月13日

7） 2012年度（平成24年度）の温室ガス排出量（確定値）について，環境省，2014年4月

（鈴木克徳）

5.2 人 権 論

5.2.1 なぜ「大学・社会生活論」で人権論を講義するのか

「21 世紀は人権の世紀」とよくいわれます。しかし，21 世紀に入って十数年が経った今日，私たちを取り巻く人権状況をこのフレーズにふさわしいと感じている人はあまりいないのではないでしょうか。その理由は人によってさまざまでしょう。ある人はニュースを見て，ある人は自分の周りで起きていることを知って，またある人は自分が受けているある種の差別・圧迫を感じて，そう思うのだと思います。では，いったいこのフレーズは何なのでしょう。

「21 世紀は人権の世紀」とは，“21 世紀を全人類の幸福が実現する理想的な社会にしていこう”という一種のスローガンです。これは一部の人のスローガンではなく，世界の人びとの願望であり，世界の目指すべき方向性として，現代社会の根本的な了解事項となっているものです。だから，現代社会は「人権の確立した理想社会を目指す」という理念・価値観のうえに成り立っているといっても過言ではありません。

私たちの金沢大学は，2004 年に大学の拠って立つ理念と目標を「金沢大学憲章」としてまとめましたが，その前文で「本学の活動が自然・人間と調和した 21 世紀の時代を切り拓き，世界の平和と人類の持続的な発展に資する」という認識を示し，それが真に実現できるよう，2 条で「国際感覚と倫理観を有する人間性豊かな人材を育成」することを謳っています。そして中期目標のなかで，その具体的なあり方として環境などと並んで人権教育を挙げ，人権感覚を身に付けた人材の養成を明確に打ち出しました。つまり，金沢大学は，皆さんがこれからの時代に活躍できる人材となるには人権感覚を身に付けることが必要と考えているのです。そして，そのための第一歩として「大学・社会生活論」の柱の一つに人権論を組み込んだのです。

「大学・社会生活論」の人権論では，各担当者がそれぞれ得意とする分野を中心にして，人権問題についての講義を行います。ただ，それらすべてに対応するテキストを作ると膨大な量になってしまいますので，このテキストでは，どの授業にも関係する三つの問題―人権とは何か，世界人権宣言の意義，日本の人権状況―について基本的なことを述べ，最後に金沢大学の学生が果たした日本の人権状況への貢献について紹介します。皆さんには，このテキストと具体的な授業とを関連させながら，人権に対する感覚を磨き，認識を深めていってもらいたいと思います。

5.2.2 人権とは

「人権ってなに？」「人権問題ってなに？」と聞かれた時，皆さんはどう答えるでしょうか。ついむずかしく考えてしまうのではないでしょうか。あるいは，ある一部の“かわいそうな人”の問題と答えてしまう人もいるかもしれません。また，辞書を引いて答える人もいるかもしれません。しかし，「人間が人間として生まれながらに持っている権利。実定法上の権利のように自由に剥奪または制限されない。基本的人権。」（『広辞苑』第 5 版）と説明があるだけで，どうしても抽象的になりがちです。もう少し具体的に考えてみましょう。

2012年には東日本大震災があり，2024年正月にはこの北陸でも最大震度7を観測する能登半島地震がありました。このような大災害の報道を例に考えてみましょう。

大災害が発生すると，どんな報道がなされるでしょうか。まず，その地域の人の安否，けがをして救助・治療を求めている人のことが報道されるでしょう。ついで，避難所での食料の配給や水道・ガス・電気などのライフラインの状況，個別の安否確認に必要な電話回線の状況についての報道もあるでしょう。さらに数日すると，避難所生活が続くことでの苦痛が報じられるでしょう。「せめて歯磨きがしたい」「風呂に入って下着を替えたい」「温かい食事がしたい」などの声につづき，「プライバシーがないのが辛い」という声も出てくるでしょう。さらに時間が経つと，仮設住宅への入居やそこからの自立というニュースも流れます。

では，なぜこうしたことが報道の対象になるのでしょうか。もし「豪邸に住みたい」「毎日フルコースが食べたい」という声ならば，それはニュースになりません。日本語では同じ「～たい」であっても，英語にすると，前段落のものは‘need’と訳すことも可能ですが，これらは‘want’でしかないのです。つまり，ニュースになっていることは，いずれも人間が「‘人間らしく生きる’ために不可欠なニーズ」に関するものなのです。そして，それは人権に関わるものばかりでもあります。安否の報道とは生命の安全保障という人権の一番の前提に直接関わるものですし，食料・ライフライン・避難所生活の報道はいずれも生存権，つまり「健康で文化的な生活を営む権利」（日本国憲法25条1項）に関するものです。

とすれば，人権とは**「‘人間らしく生きる’ために不可欠なニーズ」**と置き換えることもでき，また私たちが普通に暮らしていけるのも人権があるからなのだと気づいてもらえるのではないでしょうか。人権問題とは特別な人の問題ではなく，自分たちの問題なのであり，それゆえに人権について学ぶのは自分の人権を守るためなのです。

ところで，‘人間らしく生きる’のなかに人間の**「尊厳」**が含まれるのはいうまでもありません。人間の「尊厳」とは，**「一人ひとりの人間がかけがえのない存在であること」**と説明するのが最も適切です。こう説明すると多くの人の頭には，スマップのヒット曲「世界にひとつだけの花」が浮かぶのではないでしょうか。この歌がこころを打つのは，人間の「尊厳」を最も端的に歌い上げているからにほかなりません。また，その視点からすると，本項冒頭の人権問題を“かわいそうな人”の問題という考え方に当然疑問が発せられるはずです。問題を解説するより，岡山県人権推進室が作成した『人権ハンドブック The Personal is Political』に載っていた次の文章を読んで，考えてみてください。

> スーパーマーケットで買い物をしている高校生。そこへ白い杖をついた目の不自由な人がやって来ました。このお店には慣れていないらしく，買いたいものがどこにあるのかわからない様子です。高校生は，「**かわいそうに。**付き添いの人がいなくて，買い物ができるのかしら？」と思いながらも，どう接していいのかわからず，見て見ぬふりをしました。さて，この高校生のとった態度を，あなたはどう受け止めますか。
>
> （略）

障害者はかわいそうな存在なの？

こうした意識の中には，もしかすると障害をもつ人は，自分たちとは違うかわいそうな人たちといった思いがあるのではないでしょうか。確かに障害をもつ人は，日常の生活で不便なことはあると思います。でも，不便なことと不幸なこととは違います。幸せであるかそうでないかは自分自身が感じることであって，他人が決めつけることではありません。現在，障害をもつ人の「完全参加と平等」の実現に向けて，制度面や物的な面でのさまざまなバリア（障壁）を取り除く施策が進められています。しかし，もしかすると私たち自身が障害をもつ人たちを特別視することによって，知らず知らずのうちに心に大きなバリアを作り上げているのでは…。この見えないバリアを取り除くことこそ，真のバリアフリー社会への近道なのではないでしょうか。障害をもつ人に優しい社会は，すべての人に優しく暮らしやすい社会なのではないでしょうか。

5.2.3 世界人権宣言と国際人権規約

人権の思想は古代から主張されていましたが，ヨーロッパ絶対専制君主に対する反抗のなかで明確化され，18 世紀にはイギリスのロックやフランスのルソーらによって理論化されました。これを具現化したのがアメリカ独立宣言（1776 年）とフランス人権宣言（1789 年）で，それ以降，近代社会の原理として世界に広がりました。しかし，当初の人権思想では女性の権利は制限されており，また資本主義・帝国主義の時代を反映して，文明化されていないと見なされた植民地などの人びとも人権を保障される対象から除外されていました。

それがさまざまな社会運動や国際条約，2 回に及ぶ世界大戦への反省などを経て，人権は「人類社会のすべての構成員」（世界人権宣言前文）に保障されるべきものと考えられるようになっていきました。それを具現化して，**「すべての人民と国とが達成すべき共通の基準として」**（世界人権宣言前文）公布されたのが，**1948 年 12 月 10 日**の国際連合総会において全会一致で可決された「**世界人権宣言**」です。国際社会はこの宣言を境に，人権を共通の理念・価値観とする新たな時代に入ったともいえます。

「世界人権宣言」は，前文と 30 の条文から構成されています。前文には，この宣言が出される七つの理由が書かれていますが，そこには人権が「世界における自由，正義及び平和の基礎である」こと，「人権の無視及び軽侮が，人類の良心を踏みにじった野蛮行為をもたらし，また，人間が言論及び信仰の自由並びに恐怖及び欠乏からの自由を享受する世界の到来が，一般の人民の最高の願望として宣明された」ことが述べられており，第二次世界大戦の悲惨な体験を二度と起こさせないという思いと，そのためには国際的な人権保障が不可欠であるという認識が明示されています。

30 の条文は世界初の人権カタログとも呼ぶべきものです。その全体像を見てみたいと思いますが，まずは冒頭の 3 条を引用してみましょう。

（自由平等）

第1条　すべての人間は，生まれながらにして自由であり，かつ，尊厳と権利とについて平等である。人間は，理性と良心とを授けられており，互いに同胞の精神をもって行動しなければならない。

（権利と自由の享有に関する無差別待遇）

第2条　1　すべて人は，人種，皮膚の色，性，言語，宗教，政治上その他の意見，国民的若しくは社会的出身，財産，門地その他の地位又はこれに類するいかなる事由による差別をも受けることなく，この宣言に掲げるすべての権利と自由を享有することができる。

2　さらに，個人の属する国又は地域が独立国であると，信託統治地域であると，非自治地域であると，又は他のなんらかの主権制限の下にあるとを問わず，その国又は地域の政治上，管轄上又は国際上の地位に基づくいかなる差別もしてはならない。

（生存，自由，身体の安全）

第3条　すべて人は，生命，自由及び身体の安全に対する権利を有する。

冒頭の第1条は人権の定義を示すもの，第2条はそれがすべての人間に差別なく享有されるものであることを示すものです。とくに第2条2項は，独立国といわゆる植民地との間における人権享受の格差を認めないことを明示することで，植民地における人権保障を制限する第2次大戦以前の考え方の否定を宣言したものといえます。ここまでが人権の考え方の前提で，第3条からが具体的な人権の規定で，まずはすべての人権の前提になる生命の安全保障から規定が始まります。以下，28条までが個々の人権の規定ですが，その条文名を列挙すると次のようになります。

「奴隷の禁止」「非人道的な待遇又は刑罰の禁止」「法の下に人としての承認」「法の下における平等」「基本的権利の侵害に対する救済」「逮捕，拘禁又は追放の制限」「裁判所の公正な審理」「無罪の推定，罪刑法定主義」「私生活，名誉，信用の保護」「移転と居住」「迫害」「国籍」「婚姻と家庭」「財産」「思想，良心，宗教」「意見，発表」「集会，結社」「参政権」「社会保障」「労働の権利」「休憩，余暇」「生活の保護」「教育」「文化」「社会的国際的秩序」

前項で見たように，人権が「‘人間らしく生きる’ために不可欠なニーズ」ならば，そのニーズには当然順序があります。28条までの条文の順序は，およそその順序に沿っているといえます。

最後に，第29条ですべての人の「社会に対する義務」を規定し，第30条でこの宣言のいかなる規定も「権利と自由に対する破壊的活動」を行う権利を認めるものと解してはいけないことを宣言して終わります。このように世界が準拠すべき人権の共通基準が示されたのです。

しかし，「世界人権宣言」は国連総会の決議ではあるものの，国連加盟国に対しそれ自体として法的拘束力を持ちません。それゆえ，この宣言をもとに国家を法的に拘束する人権条約の作成が進められ，18 年の歳月を費やして **1966 年**にやっと採択されたのが**「国際人権規約」**です。「国際人権規約」は**「経済的，社会的及び文化的権利に関する国際規約」（社会権規約，A 規約）**と**「市民的及び政治的権利に関する国際規約」（自由権規約，B 規約）**ならびに B 規約の選択議定書の 3 文書の総称で，**1976 年に発効**されました。

A 規約と B 規約ではその規定する権利が異なっています。A 規約に入っている主な権利は，

- 労働の権利
- 労働条件についての権利
- 団結権および同盟罷業権
- 社会保障についての権利
- 家族・母親・児童の保護
- 生活水準についての権利
- 健康を享受する権利
- 教育についての権利

などです。一方，B 規約に規定されているのは，

- 生存権および死刑の制限
- 拷問または非人道的な刑罰の禁止
- 奴隷および強制労働の禁止
- 身体の自由および逮捕抑留の要件
- 移動・居住・出国および帰国の自由
- 外国人の恣意的追放の禁止
- 思想・良心および宗教の自由
- 表現の自由
- 戦争宣伝および差別等の扇動の禁止
- 結社の自由
- 家族の保護および婚姻の権利
- 児童の権利
- 参政権
- 少数民族の権利

などです。おおむね「世界人権宣言」の前半が B 規約，後半が A 規約に関わるといえるでしょう。

また，「世界人権宣言」の構成と対応するように，A 規約では国の発展や財政状況も考慮に入れて締約国（条約に加入した国のこと）に漸進的達成の義務を課していますが，B 規約では締約国に即時実施の義務を課しています。このことはいい換えると，B 規約に規定された諸権利は，その締約国すべてで実現されていなければいけないということでもあります。

このような強制力を持つ「国際人権規約」ですが，これは概括的なことを規定するものなので，それだけでは実際に発生している人権問題すべてには対応できません。そこで国連では個

別の問題ごとに条約が作られ，発効されています。主なものには，「あらゆる形態の人種差別の撤廃に関する条約」（**人種差別撤廃条約**，1965年採択，1969年発効），「女子に対するあらゆる形態の差別の撤廃に関する条約」（**女性差別撤廃条約**，1979年採択，1981年発効），「児童の権利に関する条約」（**子どもの権利条約**，1989年採択，1990年発効），「難民の地位に関する条約」（**難民条約**，1951年採択，1954年発効）などがあります。

5.2.4　日本の人権状況

日本は1979年に「国際人権規約」のA規約・B規約に加入しており，またその他の条約にも，「人種差別撤廃条約」は1995年，「女性差別撤廃条約」は1985年，「子供の権利条約」は1994年，「難民条約」は1981年に加入しました。ただ，個々の条約の採択年次・発効年次と比べればわかるように，日本の加入年次はおおむねその発効より大幅に遅くなっています。これにはいくつかの理由がありますが，条約の実施義務との関係で，条約に合わせて国内の法・制度を整備する必要があることが一つの理由です。このことは，従来の日本の法律が，人権という面から見るときわめて遅れていたことを示しています。

その代表的な事例が，「難民条約」への加入によって発生した外国籍住民に対する処遇の改善です。

「難民条約」加入の背景には，1975年のベトナム統一後に発生した大量のインドシナ難民の存在があります。この難民の処遇をどうするかが国際社会の大きな課題となったこの年，先進国首脳会議（サミット）が発足し，日本もその一員となりました。先進諸国はサミット等で難民受け入れの方針を明らかにし，日本も1978年に定住許可を表明しましたが，とても積極的とはいえない姿勢でした。このことに対し国際社会から厳しい非難が浴びせられ，その消極的姿勢の背景に日本における外国人差別の存在があることが次第にクローズアップされてきました。そこで日本政府は先延ばしにしてきた人権関係の国際条約への加入を進めざるを得なくなり，1979年に「国際人権規約」，1981年に「難民条約」に加入しました。とりわけ「難民条約」は，社会保障について外国人の**「内国民待遇」（日本国籍者と同等の待遇）**を求めており，それまで外国人を排除していた社会保障制度などを改正しなければならなくなります。

こうして「難民条約」加入を機に，国民年金法や児童手当法などの**国籍条項（日本国籍を有さないという理由で外国人を排除する条項）**が撤廃され，外国人にも適用されるようになりました。また，出入国管理令も改正され，ハンセン氏病患者・精神障害者および生活保護受給者であることを理由に外国人を国外追放できるとしていた条項も削除されました。さらに，今は当たり前となっている国公立大学における外国人教員も，これとの関係で法改正が行われ，採用できるようになったのです。インドシナ難民の発生が日本の人権状況を大きく変えたことから，当初この人たちがボートピープルであったことと関連させて，これを「人権の『黒船』」と呼ぶことがあります。

日本の人権状況は，国際条約による実施義務もあって次第に改善されていますが，依然として多くの問題を残しています。「国際人権規約」B規約には，規約の実施を監視するために**自由**

権規約委員会（Human Rights Committee，規約人権委員会と訳されることもある）を設ける条項があり，B 規約の締約国に報告書の提出を求めてこれを検討し，**総括所見**という一種の勧告を送付し，とくに指定した懸念事項と勧告について回答を求める権限を有しています。日本に対しては，1998 年 11 月の委員会で非常に厳しい総括所見が採択されており，そこには 27 もの懸念事項と勧告が載せられています。その本文を四つ抜粋してみましょう。

- 委員会は人権侵害を調査し，申立人のための是正措置を取ることに役立つような制度的機構が存在しないことに関して懸念を表明する。（略）人権侵害に関する苦情申し立てを調査する独立的な機構を締約国が設立することを強く勧告する。
- 委員会は，朝鮮学校が承認されていないことを含めて，日本国民ではない日本の韓国・朝鮮人マイノリティに属する人々に対する諸々の差別の実例に懸念を抱く。（後略）
- 委員会は，死刑を適用できる犯罪の数が，（略）減少してはいないことに対して重大な懸念を有している。委員会は，規約の文言は死刑の廃止をめざしており，死刑をいまだに廃止していない締約国は最も深刻な犯罪にだけに適用するという義務があるとしていることへの注意を再び促す。（略）死刑の適用は最も重大な犯罪に限るべきであることを勧告する。
- 委員会は，女性への暴力，特にドメスティック・バイオレンスとレイプの高い発生率，及びこのような行為を根絶するためのいかなる救済措置も存在しないことに関して，引き続き重大な懸念を抱いている。（後略）

これらのなかには，最後に示した懸念事項のように，2001 年に「配偶者からの暴力の防止及び被害者の保護等に関する法律」（DV 防止法，最終改正は 2014 年）ができてすでに改善された事項もありますが，多くはまだ議論の途上か，まったく改善の動きがないか，です。最新の 2022 年 11 月採択の総括所見でも，先に行われた勧告の多くが履行されていないことに懸念が表明され，新たな事項も含めて依然 19 の勧告が出されています。この状況を変えていくことが，これからの時代を生きていく皆さんに託された課題ではないでしょうか。

5.2.5 大学生の国体参加に関する国籍条項の撤廃

皆さんは，「日本の人権状況を変えることが自分たちの課題だ，などといわれても …」と思っているかもしれません。そこで最後に，この金沢大学から日本の人権状況を動かした事例を紹介したいと思います。

1989 年 7 月，金沢大学ボート部の部員だった在日朝鮮人 3 世の A 君は，国民体育大会（国体）予選兼県民体育大会のシングル・スカルのレースに出場し，1 位になりました。しかし，国体の参加資格は国体基準要綱細則で「日本国に国籍を有する者」となっており，外国人には参加資格が与えられていなかったので（高校生に関しては 1981 年，中学生に関しては 1988 年から外国人にも参加資格が認められていました。），A 君は国体に出られず，2 位・3 位の人が国体に出場することになりました。

A君は，国体予選参加のために練習を開始した当初には，国体参加資格に国籍条項があることを知りませんでした。中高生には参加が認められていたので，当然成年でも出場できると思っていたのです。しかし，途中でそのことを知り，石川県漕艇協会を通して日本漕艇協会・日本体育協会に出場の要望書を出し，また金沢大学学生部長・漕艇部顧問教官の連名による要望書も日本漕艇協会に提出していました。しかし，予選の時点では結局認められることはなかったのです。

それでもA君はあきらめませんでした。仲間のボート部員たちも彼の再チャレンジを実現させたいと，1989年12月，日本体育協会に国籍条項撤廃の要望書を提出し，その後回答がないので2月には再度督促状を送りました。さらに周囲の人の協力で，1990年4月，文部省体育局のスポーツ課課長と直接会うことができ，A君とその友人たちは国籍条項の撤廃を訴えました。その結果，1990年5月の日本体育協会理事会において，大学生に限りという条件付きではありましたが，外国人の国体成年の部の出場資格が認められました。

ただ，A君はこの年の予選では敗退し，国体出場の夢はかないませんでしたが，代わりに早稲田大学に通う在日ベルギー人の学生が徳島代表として国体参加を果たし，外国籍大学生として初の国体参加者になりました。

これには，A君の意志もさることながら，彼に関わった金沢大学の教員・友人たちが一緒になって彼をバックアップしたことが大きな力となりました。皆が力を合わせることが状況を変えていくのだということ，そうした経験と伝統がこの金沢大学にはあるのだということを，金沢大生である皆さんにはぜひ知っておいてほしいと思います。

参考文献

田中宏『在日外国人　第三版』岩波書店，2013年

中川喜代子『人権ブックレット①　人権とは？』明石書店，1998年

薬師寺公夫・小畑郁・村上正直・坂元茂樹『法科大学院ケースブック　国際人権法』日本評論社，2006年

全国同和教育研究協議会編『各地の人権・啓発パンフレットより―人権教育・啓発資料集2』オフィスプロシード，2002年

全国同和教育研究協議会編『人権教育進展のための基本法令・資料集［改訂版］』オフィスプロシード，2004年

指紋押捺をともに考える金沢市民の会『ノルティギ通信』第1号～第3号，1990年

（古畑　徹）

5.3 企業倫理

5.3.1 はじめに

近年，津波による福島県での原子力発電所の悲惨な事故，焼き肉店での死に至る食中毒，臓器売買，インサイダー取引など，倫理観の欠如がその一つの原因と思われる事件が発生し世の中を騒がせました。その都度，原因究明，解決，再発防止などが図られ，このような事件が2度と起こらないでほしいという願いはよく聞かれます。しかし，残念ながら，もう起きないと本当に信じている人は少ないのが現状と思われます。

人間は，古来より「よく生きるとは」「何のために生きるのか」「モラルとは」などいろいろと考え続けてきました。現在もなお，人間が平和で豊かで思いやりを持った健全な社会生活を送るにあたって「責任と義務」，「モラル」，「正義・誠実」，「愛」が重要であると考えられます。

ここでは，社会生活を送るにあたって必要とされるいろいろな立場や分野での応用倫理について解説します。具体的には「企業倫理」，「技術者倫理」，「生命倫理」，「環境倫理」，「情報倫理」，「経済倫理」などについて紹介します。

5.3.2 応用倫理

倫理学は，道徳的な原理の確立や道徳的な言明の形式的な分析を行う理論的考察，すなわち慣習・行動規範とその説明を行う学問です。簡単には「いかに生きるべきか」を探求する学問といえます。有名なものにいかに善い行為をするべきかではなく，いかに善い人間になるべきかを考える徳倫理学があります。また，義務論（Kant など）は人間として守るべき義務があり，守れば正しい（善），守らなければ正しくない（悪）とします，人を殺してはいけない，嘘をついてはならない，盗んではいけないなどといった考えです。しかし，一見もっともと思われるこの考えも，時と場合によっては正しくないのが現実です。功利主義・帰結主義（Bentham や Mill）の考えによれば行為がよい結果をもたらすものであれば，その行為はよい行為（最大多数の最大幸福）とされています。しかし，これは，少数であれば大きな不幸は認めてもよいのかといった問題があります。

現在では，人間の営みのいろいろな領域で，道徳的な原理や規則をどのように活用しどのように実践していくかを考えることが必要になっています。これは単に原理や原則を現実にあてはめるだけではなく，場合によっては原理や原則を更新する動的な活動が必要となっています。このような考えは，「応用倫理」と呼ばれています。応用倫理には，企業倫理，技術者倫理（工学倫理），生命倫理，環境倫理，情報倫理，経済倫理などがあります。

5.3.3 企業と倫理

企業とは，構成で考えると顧客や仕入先，また社会全体を対象とし，資金，人間や機械などの資源で組織されたシステムと定義できます。企業は社会の需要を満たすことを目標とする経済的組織であり，製品，サービスによる利潤を追求する目的組織と一般に考えられています。

企業の一つの分類として私企業と公企業があります。私人が出資者で経営する私企業として法人と個人があります。法人としては株式会社，有限会社，合名会社，組合などで，個人としては農家や商店です。公企業とは国・地方公共団体などの行政主体が公共の福祉を維持増進目的で営む企業のことです。国営企業としては林野・印刷・造幣事業，地方公営企業としては水道・軌道・鉄道・電気・ガス事業などが挙げられます。現在は私企業ですが，かつては公企業であった公共性の高いものとして，日本高速道路（株）（NEXCO），日本郵政（日本郵便，郵貯銀行など），JR（旧国鉄）などがあります。

私企業は，営利を目的とするか否かにより営利企業と非営利企業に分類されます。営利企業は企業活動によって得た利益を構成員である出資者に分配することを目的としています。非営利企業は構成員である出資者の相互扶助によりその経済的環境の向上を目的とし，出資者に利益の分配を主目的としない―消費生活協同組合・農業協同組合・中小企業等協同組合等の協同組合などがあります。皆さんのもっとも身近なものでは金沢大学生活協同組合があります。

企業の活動について，ビジネスと倫理は両立しないと長い間考えられていました。これは企業の最大の関心が常に利益追求であると考えられ，道徳的な考えは代表的な目的である利益すなわち儲けにまったくつながらないと考えられてきました。しかしながら，大企業の不祥事が相次いだこともあり，企業の社会的責任を重視し，企業も倫理感を持って企業活動に真摯に取り組むべきと考えられるようになりました。すなわち，企業は人間社会の一部であり，企業活動は人間の活動であると考えられるようになっています。現在では，実際，企業活動は道徳的な観点から評価されます。

企業は人間から構成されています。企業の人間は，雇用者（経営者）と被雇用者（労働者）に分類されます。被雇用者は，一般に会社の命令に従う義務が求められます。これは忠実やロイヤリティなどと呼ばれます。この忠実やロイヤリティには2種類が考えられます。一つは無批判的な忠実です。この場合，雇用者の主張するとおりに，雇用者の利害関係を他のいかなることより優先させるということです。これは，企業が関係する事故発生要因の一つになると考えられています。例えば，ブレーキに不具合がわかっている自動車を会社の命令に従ってともかく販売し，後日それが原因で，その車が交通事故を起こすなどの例が挙げられます。これに対し批判的な忠実があります。公衆や社会に対して持つ義務に反しない範囲では雇用者の利害関係を尊重しますが，義務に反すると考えられる場合には，利害関係を尊重しないことです。この批判的な忠実行動は，短期的には企業の活動のブレーキになりますが，長期的には企業の活動促進することにつながると考えられています。

この批判的な忠実行動は，結果として雇用者に対する不服従といった形態になることが多いようです。被雇用者は企業組織の一員としての義務（雇用者や上司に対する忠誠の義務）を持っていますので，これに反して個人としての義務（社会・公衆に対する安全，健康の最優先）を優先した場合，その行動は不服従と呼ばれます。

不服従の形態としては，内部告発，対立行動（会社の利害と対立する行動），不参加（会社の命じた任務の拒否），抗議行動（企業の問題行為への抗議行動）などが知られています。しかしながら単独ではなく，これは複数の形態をとることもあります。

内部告発という言葉は，新聞，雑誌やニュースで目にしたことがある人が多いと思いますが，自分が属する組織の内部で行われている不正を外部へ漏らして，その不正を止めさせようとすることです。一般的には，できれば避け慎重に行うべき手段と考えられています。しかし，ある意味では，この内部告発が必要で重要な手段になる場合があります。

内部告発が道徳的に許されるのは，問題の放置が社会・公衆へ十分な害を与えることが明らか，証拠があり問題を説明できる，会社の人間や機関に訴えても問題解決につながらないことなどが条件として考えられます。一方，内部告発が道徳的に義務となるのは，上記の条件を満たし，かつ放置した場合に害の危険が非常に切迫している場合です。この場合には内部告発しなかった人も責任が問われることがあります。内部告発はこのように勇気を必要とする責任ある行動と考えられます。法律上の責任はさておき，個人として重大な問題を見て見ぬふりは人間として避けるべきことは当然のことです。内部告発をしないですむ方法として，組織内部の倫理委員会，オンブズマン（スウェーデン語 ombudsman で仲裁者の意），倫理ホットラインの活用などがあげられ，いろいろな企業・組織で採用されています。

5.3.4 技術者倫理

技術者倫理とは，技術者が専門的立場で「自ら情報を収集・分析し，関連する事項を熟考した上で，組織や他人からの影響とは独立に，道徳的意志決定を行う」ために必要な考えのことです。技術者というと，黙々とものづくりをする人といったイメージがありますが，技術者の役割は，単純に真面目に悪いことはせず，与えられた仕事を黙々と期限内に行うことではないと考えられています。また，技術者は，ほかの人と同じように法律に違反しなければ何をしてもよいわけではありません。法律は通常，国民として遵守すべき最低限の規範を示したものです。技術に関する価値観は時代とともに変遷するため，技術者倫理の詳細も更新すべきものと考えられています。

事例 1　コロンビア号事故

2003 年 2 月 1 日，スペースシャトル・コロンビア号が空中分解し，7 名の宇宙飛行士が死亡しました。打ち上げ直後に外部燃料タンクから分離した断熱材が，左翼の耐熱タイルに衝突した際に亀裂が発生し，大気圏への再突入時に超高温の空気がアルミ製の翼を溶解させ，事故に至りました。技術者は，事故の危険性を表明していましたが，NASA の上層部がこの意見を抑えていました。専門的意見の伝達の抑圧をする組織的な障害が原因とされています。

事例2　六本木ヒルズ回転ドアによる少年死亡事故

2004年3月26日，六本木ヒルズ内の森タワー2階正面入り口で，6歳の男児が自動回転ドアに挟まれ，亡くなりました。このドアでは安全センサーが設置されていましたが，その誤作動をさけるため，安全センサー感知範囲が当初の80cmから120cmに変更されていました。ちなみに男児の身長は117cmで感知できませんでした。このドアには挟まれた場合に押し戻す安全装置もありませんでした。2003年4月より32件の事故が発生していたことが事件後に明らかにされました。安全性に公的な基準はなく，メーカー任せでした。そのため故障や事故が生じるたびに対処して，単に経験的に安全を確保していました。設備の運用や事故について情報を共有するシステムがなかったことが大きな原因でした。オーナーの森ビルとドアの製造元の三和タジマは事故を予見できたとして有罪判決を受けました。

事例3　JR石勝線の特急列車の脱線炎上事故

2011年5月27日，北海道の石勝線の特急電車が第1ニニウトンネル内で脱線炎上し，トンネル内では白煙が充満し，乗客約40人が病院に運ばれました。避難誘導の遅れの責任が問われました。整備点検の不備だけでなく，構造・設計上の問題も疑われています。JR他社でも推進軸の脱落事故が多発しており，ハインリッヒの法則（一つの重大事故の背後には29件の軽微な事故があり，その背後には300件の無傷災害がある）を再認識すべきと考えられます。

事例4　福島第一原子力発電所事故

2011年3月11日に発生した東日本大震災によって，東京電力福島第一原子力発電所は緊急停止しその後の津波によりすべての電源を失い，核燃料の溶融が発生し，例を見ない悲惨な原発事故となりました。現在も広範囲に，放射能汚染が続いています。マグニチュード9の地震は，想定外であり，大津波は設計条件に与えられていなかったことがこの大災害の原因といわれており，日本のみならず世界を揺るがす問題になっています。エネルギー供給に対する国民の最大多数の最大幸福を追求した結果という見方もあります。リスクも含め皆で真摯にエネルギー問題をとらえるべきと思われます。

5.3.5　生命倫理

生命倫理とは生命に関する倫理的問題を扱う研究分野のことです。これは生物学，医学，政治学，文化人類学，法学，医療工学などの分野と関連があります。本来人間のみならずすべての生命体を対象としますが，医学的な観点からみる場合が多いようです。遺伝子操作，クローン技術，代理母出産，臓器移植，尊厳死，脳死などを考える場合，生命倫理抜きでは論じることができません。生命が大切であることは疑いのないことですが，生命に関するいろいろな価値観は，時代，国，経済状況により異なり，常にその倫理も更新すべきものです。

事例 5　射水市民病院の呼吸器外し問題

2005 年 10 月，富山県射水市の射水市民病院で患者の呼吸器が外されようとしているのを，看護師長が院長に報告し発覚しました。院長は外科部長と話し合い，県警に届けました。これにより射水市民病院で末期患者 7 人が人工呼吸器を外され死亡していたことが明らかとなりました。延命治療の中止に必要な要件の「回復の見込みがないという複数の医師の確認」と「本人の意思表示」がないため，医師 2 人は殺人の疑いで書類送検されました。最終的には 2009 年 12 月 21 日，嫌疑不十分で不起訴となりましたが，生命倫理・尊厳死・安楽死をあらためて考えさせられた事件でした。

事例 6　臓器売買

中国安徽省に住む少年が，「iPad2」を買う資金を得るために 2011 年 4 月，インターネット上で臓器売買のブローカーと腎臓の売買契約し，2 万 2000 元（日本円でおよそ 27 万円）を受けとるという事件が発生し，大きな波紋を呼びました。人間の生命の切り売りを少年が判断し行ったことに批判以外に大きな同情が寄せられました。生命倫理と後述する情報倫理が関わるたいへん悲しい事件といえるでしょう。

5.3.6 環境倫理

人間だけでなく自然（生物の種，生態系，景観など）にも権利を認めるという考えが一般的になっています。そのような問題を探求する分野は環境倫理と呼ばれ重要な問題と考えられています。また，世代間倫理と呼ばれますが，現在の世代だけの利益を考える義務があるのではなく，未来の世代の生存と幸福にも現代の世代は責任があるという考えも一般的になっています。さらに，地球全体主義といわれる地球の生態系が閉じた世界であるとする倫理観があります。その価値観を重視した場合には，個人より地球の生態系の維持を重視することになります。

世代間倫理では，現世代は未来世代の生存の可能性に対して責任を負うという立場にあるので，もし現在の世代が，自分たちの世代で石油などの化石燃料を無計画に消費し将来枯渇の可能性を残すこと，原子力発電所の使用済み燃料などの核廃棄物を残すことなどが問題となります。計画性のない地球資源の消費は自然界に温暖化をはじめ生態系の保存にも大きな影響を与えています。「最大多数の最大幸福」という功利主義の原理は，それだけでは現在の世代の利益を重視する原理と考えられるため，未来世代の利益は考慮に入っていません。そこで最近では「最大期間にわたる最大多数の最大幸福」という考えが出てきました。これを実現する方法の一つが，よく耳にする「持続可能な自然の利用」という考えです。

地球全体が物質的には閉鎖系ですので，自然のサイクルで循環するものは自然の手に任せようという考えです。そのため，自然のサイクルに乗らない人為的廃棄物は，人間の手で再びサイクルに乗せる必要が生じます。最近では人間の手によってもリサイクルできないようなものは最初か作らず使わないという考えが盛んにいわれるようになってきています。つまり廃棄が無駄だから再利用する，というのではなく，最初から再利用できるものだけを使用するという考えです。

環境倫理には，国の違い，問題が影響を与える範囲，経済状況などにより考えに大きな温度差があります。しかし，一部の地域や一部の人々が一生懸命対応してもよい解決が得られないことは明らかです。環境倫理は常に皆で真摯に取り組んでいかなければならない倫理の一つだといえます。

5.3.7　情報倫理

現代は，インターネットと携帯電話の普及により，簡単に各種情報を発信したり得ることが瞬時に行える環境にあります。この環境では，情報倫理と呼ばれる規範が求められるようになってきています。明確な基本原理はないのが特徴です。情報の特質として媒体を問わないコピーであり，伝達速度が速く，環境が整っていればだれでも利用できることがあげられます。それらに，高い価値を持っている情報が含まれていること，社会に広く影響を与える可能性がある情報が含まれることがあり，知的所有権の侵害，プライバシーの侵害，コンピュータへの不正アクセス，個人情報の流出などの問題を引き起こしています。

事例7　デマ情報によるチェーンメール

Aさんは警告メール「ウイルスメールを誰かが受け取り，受け取った人はPCが破壊されました。このようなことが起きないようにあなたの知り合い全員に知らせてあげてください」を信じて知り合い全員にメール転送しました。結果的にはチェーンメールとなり，多くの人に迷惑をかけてしまいました。Aさんは加害者ですが被害者ともいえます。

事例8　東日本大地震での迷惑メール

2011年3月11日に発生した東日本大地震のため電力不足が問題となりました。その時，下記のような根拠のない，しかし一見もっともらしい迷惑メールが発信され，結果として，非常に多くの人を混乱させる結果となりました。

「関西地区にお住まいのみなさん。東北三陸沖大地震に伴い，関西電力が東北電力への電力提供を始めました。少しの節電でも立派な支援になります。電子レンジや炊飯器など，普段さしっぱなしのコンセントを今日だけでも抜き，一人一人が出来る節電のご協力をお願い致します。このメールをできる限り広め，節電による送電の支援が出来ればと思いますのでご協力よろしくお願い致します。」

5.3.8 経済倫理

経済（經濟）の本来の意味は「経世済民」，すなわち，世を治め民を救うことだそうです。世とは，世界，民とは，人間を含め全ての生命です。このように，經濟という言葉は本来広く政治・統治・行政を対象としていましたが，現在ではEconomyの翻訳語としての経済として使用されています。

経済の指標としてGNPやGDPというものに変わり，四半期毎の成長率，資金の流れや利潤に一喜一憂するようになりました。利潤追求だけを目標としているような経済活動で翻弄される事件もよく報道されています。経済活動は，文化・思想・宗教などを踏まえる必要があり，また，利潤の確保と他との共生や社会的貢献が重要であるため，経済倫理も必要とされるようになっています。

事例9　インサイダー取引

2011年6月8日に旧ライブドア（LD）によるニッポン放送株取得をめぐるインサイダー取引事件で，証券取引法違反罪に問われた村上ファンド元代表村上世彰被告に対し，懲役2年執行猶予3年そして罰金300万円と追徴金約11億4900万円の判決が確定しました。

村上世彰被告はライブドアの堀江貴文元社長らとの会議でニッポン放送株を大量取得する計画を聞き，約190万株を約100億円で買い付け，ライブドアが取得計画を公表した後，高騰した同株を売却し，約30億円の利益を得たとされています。

5.3.9 最後に

いろいろな立場や分野での応用倫理である「企業倫理」,「技術者倫理」,「生命倫理」,「環境倫理」,「情報倫理」,「経済倫理」などについて紹介しました。最後に次のようにアドバイスしたいと思います。

- 判断が求められるあらゆる場面で，自分でよく考え良心にしたがって何を行うべきかの判断をしてほしいと思います。
- 迷った時には，信頼できる人に相談してください。たとえその場合，明確な返答が得られなくても，他者への説明を通じ自己判断につながる場合も多いと思います。
- 判断は，時と場合により異なる場合もありますが，ふつうはそれほど判断基準は変わらないはずです。自信を持って判断してほしいと思います。また，迷っている人には助言してあげてほしいと思います。

長々と書きましたが，少しでもみなさんの大学での勉強とみなさんの将来の活動に役立ててもらえれば幸いです。

参考文献

金沢大学「大学・社会生活論」テキスト編集会議『知的キャンパスライフのすすめ―スタディ・スキルズから自己開発へ　第2版』学習図書出版社，pp.149-155，2010年4月

能城智也，札野順，板倉周一郎，大場恭子『実践のための技術倫理』東京大学出版会，2005年10月

齊藤了文，坂下浩司『はじめての工学倫理　第2版』昭和堂，2005年10月

田中朋弘，柘植尚則『ビジネス倫理学　哲学的アプローチ』ナカニシヤ出版，2004年11月

（桝谷　浩）

5.4 生命倫理入門—医の倫理から生命倫理へ

5.4.1 倫理と道徳，倫理学と道徳哲学，そして応用倫理学

一般に「倫理」(ethic/ethics) は「道徳」(moral) とほぼ同義で，共に「善し・悪し」や「正・不正」を問いただす行動規範のまとまりを意味している。ただ倫理の方が道徳よりも言葉の響きがなお硬いのは，倫理の方が理屈っぽいという印象があるからであろう。道徳ならば，例えば「嘘をついてはいけません」とか「人に親切にしましょう」といわれて，それをそのまま受け入れる。しかし倫理では，ややもすれば「なぜそうしては／そうしなければ，いけないの？」と理由が問われる。同じ子供でも，道徳は素直な子供を，倫理は生意気盛りを相手にしているように見える。あるいは，道徳はより実践的であり，倫理はより理論的であるともいえそうだ。この理論的性格を展開すれば「倫理学」(ethics) となる。倫理学は理由付けを求めて根源に至ろうとするから，自ずと「哲学」となる。古来倫理学は哲学の一分野を構成し，古代ギリシアのストア派によれば哲学は倫理学，自然学，論理学に三分された。したがって倫理学は「道徳哲学」や「実践哲学」ともいわれる。かくて，例えば「キリスト教倫理」(the Christian Ethic) といえばキリスト教の隣人愛を実践する道徳的教えであるが,「キリスト教倫理学」(the Christian Ethics) といえばキリスト教の信仰に基づいて展開された道徳哲学である（ただし，物理学や地理学が物理や地理と単純化されるように，倫理学も倫理と単純化されることがある。つまり，倫理は道徳と同義のばあいもあれば，倫理学・道徳哲学を意味するばあいもある。ここでは必要でない限り倫理と倫理学の区別にこだわらないで説明する)。

現代ではこの「倫理」の頭に様々の名詞が付いて「～倫理」とか「リエゾン倫理学」と呼ばれるものができている，曰く,「政治倫理」,「経済倫理」,「企業倫理」,「情報倫理」,「職業倫理」，そして「環境倫理」。これら「～倫理」では,「～」という特定領域と倫理の共通集合が問題とされている。倫理の側からいえば,「～倫理」は従来の倫理学で培われた規則や論理を特定領域に当てはめたものだから,「応用倫理学」と称される。しかしながら例えば環境倫理では，後の世代への影響を配慮して現世代の行為を判断するという（従来の倫理学にはなかった）観点が，重要視されている。したがって，必ずしも従来の倫理学の単純な「応用」に止まらず，新たな原理・原則を必要としており，応用倫理学の枠をはみ出すものを含んでいる。この可能性は他の「～倫理」においても常に存在するので，もしも「応用倫理学」として括るばあいでも,「応用」を硬直的に解してはならないだろう。

5.4.2 医療倫理—医の倫理と生命倫理

さてこれらの「～倫理」の一つとして「医療倫理」があり，それは医療 (health care) と倫理の共通集合を対象とする。この共通集合は，これまで専ら「医の倫理」(medical ethics) と称されてきた。それに対して最近では,「生命倫理」(bioethics) と呼ばれることが多い。両者の概略は次の表のとおりである（表 5.4.1 参照)。医の倫理は医師の倫理として，その歴史は紀元前3世紀頃成立したといわれる「ヒポクラテスの誓い」にまで遡り，優に2000年を超える。それ

表 5.4.1　医の倫理と生命倫理

	語源	由来	原則	対象
医の倫理（medical ethics）	<medicus（ラテン語　医師）+ ethos（ギリシア語　倫理）	「ヒポクラテスの誓い」に遡る	患者健康（salus aegroti）	医師（医療〔従事〕者）
生命倫理（bioethics）	<bios（ギリシア語　いのち）+ ethos	1970年米国生化学者 V. R. ポッターの造語	患者健康（salus aegroti）＋患者意思（voluntas aegroti）	患者・家族・市民

に対して生命倫理は1970年頃に米国の生化学者 V. R. ポッターによって作られた造語であり，歴史としてはたかだか40年程しかない。またそれらが提示する倫理原則は，医の倫理が「患者健康の重視」であるのに対して，生命倫理には「患者健康の重視」と並んで「患者意思の尊重」が加わる。さらにこれらの倫理が適用される対象は，医の倫理ではまず医師であり，次いで医療従事者（医療者）であるのに対して，生命倫理ではむしろ患者であり，次いで患者家族であり，さらに市民である（この市民はいわば患者予備軍であると同時に，医療制度を支える利害関係者でもある）。

歴史の古さでは，医の倫理と生命倫理にはまるで横綱と幕下の違いがある。しかし最近では新参者の生命倫理が，医の倫理を凌駕する勢いを示している。その理由は，生命倫理が医の倫理にはない新たな原則「患者意思の尊重」を掲げ，それがアメリカのみならず全世界で支持と共感を集めているからである。だからといって医の倫理が駆逐されたりお払い箱になるわけではない。両者は適用される対象が異なっており，生命倫理が広がっても，医師にとって自らの行動の準拠枠が医の倫理であることに変わりはない。ただ重要なのは，時代の必要性に応じて医の倫理が自ら変化させることである。変化の方向性はおそらく二つである。一つは，「患者意思の尊重」を医の倫理が自らの原則として取り込むということである。もう一つは，医療のチーム医療化に伴い，従来の「医師」の倫理からコ・メディカルも含んだ「医療者」の倫理へ変わることである。これらの変化はまた，「医師中心医療」から「患者中心医療」への，あるいは「医師－看護師－患者」の縦関係から対等な横関係への，変化を意味している。

問題は，生命倫理の「患者意思の尊重」がどのような経緯で出現したのか，である。しかしそれを理解するためにも，医の倫理の「患者健康の重視」がいかなる内容であるかを確認しておく必要があるだろう。

5.4.3　「医の倫理」(1)「ヒポクラテスの誓い」

医の倫理の出発点は「ヒポクラテスの誓い」にある。これは紀元前3世紀頃のエジプト・アレクサンドリアの医師たちが，当時既に「医聖」として有名であった紀元前5世紀のヒポクラテスの名に因んで，立てたものだといわれている。そして現代でも（1991年のある調査では），アメリカの医学生は医師になるに際して，その約4割が「ヒポクラテスの誓い」を，その約3

割が「現代のヒポクラテスの誓い」といわれる「ジュネーブ宣言」を，その約1割が12世紀ユダヤ人哲学者で医師のマイモニデスの名前を冠した「マイモニデスの祈り」などを立てている（『生命倫理百科事典』第1巻，丸善株式会社，2007年，238頁）。

> 医神アポロン，アスクレピオス，ヒギエイア，パナケイアおよびすべての男神と女神に誓う，私の能力と判断にしたがってこの誓いと約束を守ることを。この術を私に教えた人をわが親のごとく敬い，わが財を分かって，その必要あるとき助ける。その子孫を私自身の兄弟のごとくみて，彼らが学ぶことを欲すれば報酬なしにこの術を教える。そして書きものや講義その他あらゆる方法で私の持つ医術の知識をわが息子，わが師の息子，また医の規則に基づき約束と誓いで結ばれている弟子どもに分かち与え，それ以外の誰にも与えない。私は能力と判断の限り患者に利益すると思う養生法をとり，悪くて有害と知る方法を決してとらない。
> 頼まれても死に導くような薬を与えない。それを覚らせることもしない。同様に婦人を流産に導く道具を与えない。
> 純粋と神聖をもってわが生涯を貫き，わが術を行う。
> 結石を切りだすことは神かけてしない。それを業とするものに委せる。
> いかなる患家を訪れる時もそれはただ病者を益するためであり，あらゆる勝手な戯れや堕落の行いを避ける。女と男，自由人と奴隷の違いを考慮しない。
> 医に関すると否とにかかわらず他人の生活について秘密を守る。
> この誓いを守りつづける限り，私は，いつも医術の実施を楽しみつつ生きてすべての人から尊敬されるであろう。もしこの誓いを破るならばその反対の運命をたまわりたい。
> （小川鼎三訳，医学の歴史，中公新書，1964，13-14頁）

これは二千年以上前の文書であるため判然としない箇所があり，特に「結石」については正確なことは医学史家にも不明なようである。また致死薬や堕胎の禁止については，はっきりと古代の慣行と異なるといわれている（あえて慣行を否定しようとしたのかも知れない）。現代の代替補完医療（CAM）の代表的存在であるA. ワイルによれば，ここには医の倫理のもっとも良き面と悪しき面の両方が表現されている（A. ワイル著，上野圭一訳『人はなぜ治るのか　増補改訂版』日本教文社，1993年，122頁）。「悪しき面」とは，医術の知識を一門以外の「誰にも与えない」という閉鎖性である。この閉鎖性は，直接には他流派医術に向けられているが，間接には患者にも向けられていた。患者に対する情報の閉鎖性は，「由らしむべし知らしむべからず」という医の倫理のパターナリズムにつながり，近年に至るまで，カルテを患者に理解されないようにわざわざドイツ語で表現した，という慣行に痕跡を留めていたのである。ついでながら，「私は能力と判断の限り患者に利益すると思う養生法をとり」とあるが，原文では「私は私の能力と判断の限り」と表現されており，あくまで患者の利益が何であるかを判断するのは医師である，という姿勢が堅持されている。ここにもパターナリズムを認めることができる。それでは多くの人に感銘を与えた「誓い」の「良き面」とは何か？　それは，プライバシーの尊重や患者の平等な扱いと並んで,「患者に利益する」や「病者を益する」(共にギリシア語原文では「患者のため」である）とあるように，何よりも患者の利益・健康・幸福を優先する，という姿勢である。この姿勢は中世のキリスト教の影響下では，患者への奉仕や医師の自己犠牲という形で，医の倫理の最も大切な教えとして強調された。あるいは否定的な表現方法をとれば,「悪くて有害と知る方法を決してとらない」ということであり，一般にこの否定的な表現は「何はともあれ害する事なかれ」(primum non nocere）として，そして肯定・否定を併せて「益を施せ，害をなすなかれ」(Benefit, do no harm!）として，欧米では人口に膾炙していたのである。

5.4.4　「医の倫理」(2)「ジュネーブ宣言」

「現代のヒポクラテスの誓い」といわれる「ジュネーブ宣言」は，1948年の第2回世界医師会（WMA）総会において採択され，その後数次の部分修正を経て2006年版は次のとおり。

医師の一人として参加するに際し，
私は，人類への奉仕（the service of humanity）に自分の人生を捧げることを厳粛に誓う。
私は，私の教師に，当然受けるべきである尊敬と感謝の念を捧げる。
私は，良心と尊厳をもって私の専門職を実践する。
私の患者の健康を私の第一の関心事とする。
私は，私への信頼のゆえに知り得た患者の秘密を，たとえその死後においても尊重する。
私は，全力を尽くして医師専門職の名誉と高貴なる伝統を保持する。
私の同僚は，私の兄弟姉妹である。
私は，私の医師としての職責と患者との間に，年齢，疾病もしくは障害，信条，民族的起源，ジェンダー，国籍，所属政治団体，人種，性的志向，社会的地位あるいはその他どのような要因でも，そのようなことに対する配慮が介在することを容認しない。
私は，人命を最大限に尊重し続ける。
私は，たとえ脅迫の下であっても，人権や国民の自由（human rights and civil liberties）を犯すために，自分の医学的知識を利用することはしない。
私は，自由に名誉にかけてこれらのことを厳粛に誓う（solemnly, freely and upon my honor)。

（日本医師会訳）

ここでは「ヒポクラテスの誓い」の内容が現代人にも違和感がないように表現されている。中でも「誓い」の核心である「患者の利益」は,「私の患者の健康を私の第一の関心事とする」と明示されている。また「誓い」の「医術の知識を一門以外には伝えない」は削除されている。他方で「誓い」にない要素として冒頭に「人類への奉仕」が，末尾に「人権や国民〔むしろ市民―細見註〕の自由」(を蹂躙しない）(1948年版では「人間性の法理（the laws of humanity）に反しない」と表現されていた）が盛り込まれた。世界医師会はこのジュネーブ宣言を承認することを，世界医師会加入の条件として日本医師会とドイツ医師会に対して突きつけた。第二次大戦中に両国医師たちが非人道的な犯罪行為（もっとも悪名が高いのは，「七三一部隊」による細菌兵器研究開発に伴う中国人大量虐殺とユダヤ人強制収容所における人体実験）に手を染めていたことを問題としたのである。しかしどれほど非人道的行為であっても医師のばあいには，「国家のため」と並んで「科学のため」がしばしば免罪符として用いられた。「人類／人間性」（humanity）の強調は，このような国家理性（Staatsraison）や科学的真理よりも優先されるべきものがあることを示そうとしたのである。

5.4.5　生命倫理という「言葉」の誕生

医療倫理の領域で「患者健康」を重視する「医の倫理」と別に，「患者意思」を尊重する「生命倫理」が誕生したのは1970年代のことであった。「生命倫理」の誕生を振り返るばあい，生命倫理という「言葉」と生命倫理という「概念」を区別する必要がある。というのも，言葉があっても具体的な中身がないばあいもあれば，逆に新しい考え方があるのに適切な言葉が見いだされないばあいもあるからである。

言葉の上で「生命倫理（バイオエシックス）」が初めて登場したのは，アメリカの生化学者V. R. ポッターの1970年の論文（「バイオエシックス—生存の科学」）と，翌71年の著書（『バイオエシックス—未来への架け橋』）においてであった。その著書においてポッターは，「二つの文化」（C. P. スノーのいう自然科学sciencesと人文学humanities）の架橋を目指し，それぞれの代表として生物学（biology）と倫理学（ethics）を選び，両者を統合する新たな学問をバイオエシックス（bio-ethics）と名付けた。それと別個に，ジョージタウン大学の産科医A. ヘレガースが1971年に設立した「ケネディ倫理学研究所」は，発足当初の1年間「人出産とバイオエシックス研究のための…センター」と命名され，やはり生物学と倫理学の統合が構想されていた。ポッターの用語は環境工学的であったのに対して，ヘレガーズのそれは生物医学的であり，後者の軌道上に現在のバイオエシックスは展開している（ポッターは1988年以降自らの立場を「グローバル・バイオエシックス」と呼んだ）。この用語は，同研究所のウォレン・ライクが1972年に編集した百科事典にも『バイオエシックス百科事典』として採用され，さらにその2年後の1974年にはアメリカ国会図書館の件名指標にも採択され，学術用語として定着した（A. R. ジョンセン，p.39-40）。

他方でバイオエシックスの代表的理論書と目されるビーチャムとチルドレスの『バイオメディカル・エシックスの諸原則』（邦題『生命医学倫理』）は1979年の初版以来，「バイオエシックス」の代わりに一貫して「バイオメディカル・エシックス」（直訳すれば「生物医学倫理」）を用いている。またバイオエシックスを立ち上げた世代の一人ロバート・M・ヴィーチは，「メディカル・エシックス」，「バイオエシックス」，「バイオメディカル・エシックス」，場合によれば「エシックスとライフ・サイエンシズ（生命諸科学）」などの区別に拘泥しない，と述べている（ジョンセン，訳者解説，522頁）。彼らにとってバイオエシックスという「表現」が重要なのではなく，この表現にこめられている新しい「概念」こそが重要だったのである。

5.4.6　生命倫理の「概念」の誕生

この新しい概念とは，今日では月並みな言い方になるが，患者の「インフォームド・コンセント（IC）」，「自己決定」，「自律」などであり，それらを「患者の権利」として尊重することである。これらの概念が如何に革新的であったかということの例示として，癌の告知に対するアメリカの医師たちの態度の変化を挙げることができる。1961年にアメリカで行われた癌の告知のアンケートでは，90%を超える医師が「原則として告知しない」と答えていたのに対して，1979年に取られた同形式のアンケートでは，逆に90％を超える医師が「原則として告知する」と答えた。1970年を挟む前後9年間で，アメリカの医師の告知に対する態度が180度変化したのである（香川知晶，死ぬ権利，勁草書房，2006，p.345）。変化の波は病状告知だけに止まらず，当然インフォームド・コンセントの成立にも及んだと思われる。というのも，そもそも告知されなければ，つまり患者が自らの病状を知らなければ，十全の意味で治療に同意することは不可能であり，告知はインフォームド・コンセントの前提である。その前提が充足されるようになり，今やインフォームド・コンセントが成立する条件が整ったのである。

5.4.7　リスボン宣言

「医の倫理」から「生命倫理」へのうねりを具現化するものが，1981年に世界医師会によって採択された「患者の権利に関するリスボン宣言」である。1970年代はアメリカでは病状告知が普及した10年間であったが，同時にまた患者の権利運動の10年間でもあった。1973年にアメリカ病院協会が打ち出した「患者の権利章典」は，患者の権利運動の先駆けとなり，「患者の権利」という考え方が瞬く間に世界中に広がった。「リスボン宣言」はこの運動を公的に権威づけるものとなった。制定以来1995年，2005年と2度にわたって修正を加えられているが，ここでは簡潔に表現された1981年版を提示する。

前文（略）

1. 患者は，自分の医師を自由に選ぶ権利を有する。
2. 患者は，何ら外部からの干渉を受けずに自由に臨床的および倫理的判断を下す医師の治療看護を受ける権利を有する。
3. 患者は十分な説明を受けた後に，治療を受け入れるかまたは拒否する権利を有する。
4. 患者は，自分の医師が患者に関するあらゆる医学的な詳細な事柄の機密的な性質を尊重することを期待する権利を有する。
5. 患者は，尊厳をもって死を迎える権利を有する。
6. 患者は，適当な宗教の聖職者の助けをふくむ精神的および道徳的慰めを受けるか，またはそれを断わる権利を有する。

（日本医師会訳）

第3条は実質上インフォームド・コンセントを患者の権利として認め，さらに「治療拒否権」

をも容認したものである。ただあたかも治療拒否を奨励しているかのような誤解を避けるためであろうと思われるが，1995年以降「自己決定権」という表現を前面に押し出して，次のように修正された。「3.a. 患者は自己決定権，すなわち，自分自身について自由に決定を下す権利を有する。医師は患者が下そうとする決定によってどんな結果がもたらされるかについて，患者に情報を提供すべきである」(細見訳)。また第5条は「尊厳死権」と称しうるが，これも1995年以降「10.c. 患者は人間的な終末期ケアを受ける権利を有し，またできる限り尊厳を保ち，かつ安楽に死を迎えるためのあらゆる可能な助力を与えられる権利を有する」(日本医師会訳) と修正された。またやはり1995年以降患者の権利宣言としては異質な「6. 患者の意に反する処置」が，法律と医の倫理の諸原則が許容する範囲で「例外として」認められた。

5.4.8　生命倫理誕生の社会的背景

それではなぜ1970年代のアメリカにおいて，癌の告知が普及し，インフォームド・コンセントや患者の権利を核とする生命倫理が誕生したのであろうか。その理由を端的に示すことは容易ではないが，背景として考慮すべきは1960，70年代のアメリカ社会の動揺と変貌である。この時代，(1) ベトナム反戦平和運動が吹き荒れた。この戦争は1975年のサイゴン陥落によって幕を閉じた。大義なき戦争での敗北は，アメリカ社会に大きな傷跡を残した。(2) 1954年のブラウン事件判決をきっかけに黒人公民権運動が起こった。翌年のアラバマ州モンゴメリーのバスボイコット運動を指導したキング牧師は，1964年暗殺され，その後も人種差別はアメリカ社会の深刻な問題であり続けた。(3) ラルフ・ネーダー弁護士に指導された消費者運動が，欠陥自動車訴訟を契機として広汎に展開された。(4) B. フリーダンの「全米女性組織」などによる女性解放運動が展開された。(5) さらにR. カーソンの『沈黙の春』(1962年) がきっかけとなって反公害・環境保護運動が始まった。このような社会全体を揺るがす運動は，同時に医療の世界にも波紋を広げた。なかでも (2) 黒人公民権運動は，弱者・少数者救済運動として医療界の弱者である患者の権利運動に波及した。(3) 消費者運動は医療サービスの売り手・買い手という観念を医療界に導入し，従来の専門家が素人を支配する縦関係と異なって，医療サービスという商品を挟んで対等に対峙する医師—患者関係が構想されるようになった。(4) 女性解放運動は，主として女性からなる看護師の地位向上運動に結びついた。

5.4.9　インフォームド・コンセントの確立

このような社会的な変化を背景にして生じた，生命倫理成立に直接関係する出来事として，頻発する医療訴訟，乱脈な研究倫理，医療技術の進歩がもたらす「光と影」，その「影」から起きたカレン事件，疾病構造の変化などを挙げることができる。

そもそもインフォームド・コンセントが法律の原理として確立するためには，アメリカの民事訴訟の長い歴史が必要であった。代表的な判例として，1914年ニューヨーク地裁のカードーゾ判事による「シュレンドルフ事件判決」がある。子宮筋腫のために本人の了解なく子宮を切除した医師を患者が訴えた事件で，判決では医師は無罪とされたが，判決文の中で手術に際して患者の同意が必要であると明示され，この同意条項が以後の裁判の重要な判例とされた。さらに1957年の「サルゴ事件判決」では，血管造影剤の注射で下半身麻痺となった青年が医師を訴えた。この裁判では，患者が検査に同意していたことは認定されていたが，同意に充分な説明がなされていたかが焦点となり，はじめて「インフォームド・コンセント」が法律用語として用いられた（以上，R. フェイドン，T. ビーチャム，酒井・秦訳『インフォームド・コンセント』1994年，第4章参照）。

インフォームド・コンセントの伝統が確立されるために重要なもう一つの系譜は，人体実験への規制である。そしてナチスの非人道的な人体実験を裁くために立てられたのが1947年の「ニュルンベルク綱領」であった。その第1条に「被験者の自発的同意は絶対的に不可欠である。被験者が…実験目的を理解して懸命な決断ができるように，被験者に充分な知識と理解を与えなければならない」とあり，インフォームド・コンセントの実質が既に盛り込まれていた。さらに世界医師会が人体実験を伴う医学研究の原則として立てたのが1964年の「ヘルシンキ宣言」であり，ここでもインフォームド・コンセントの実質的必要性が強調された。しかし1972年に発覚した「タスキーギ事件」は40年に及ぶ梅毒の経過観察実験であったが，対象とされた南部の貧しい黒人らに何らの説明も行わず同意も取らず，効果的な治療薬が既に開発されていたにもかかわらず一切処方せず，200人の被験者の過半が死ぬに任され，史上最悪の医学実験として社会から指弾された。とはいえこの事件は，生命倫理の確立のためには逆に決定的な追い風となった。1974年に「国家研究法」が制定され，その規定に基づき「（生物医学・行動科学研究における被験者保護のための）国家委員会」が設立され，それはさらに「大統領委員会」へと発展し，この二つの委員会の下で膨大な報告書が作成された（ジョンセン，第3章，参照）。また，1975年には世界医師会総会東京大会でヘルシンキ宣言が修正され，「宣言」としてはじめて「インフォームド・コンセント」の概念が盛り込まれ，その必要性が謳われた。

5.4.10　カレン事件と自己決定権

やはり1975年に起きた「カレン・アン・クインラン事件」にも，生命倫理にとって重要な「自己決定」をクローズ・アップさせたものとして，言及しなければならない。大学を卒業したばかりの年齢のカレンさんは，アルコールと精神安定剤の複合作用と推定される原因で植物状態となり，人工呼吸器が装着された。しかし意識回復の見込みが立たないので，両親は呼吸器を外すように主治医に依頼し，断られて裁判となった。第1審では主治医の主張が認められたが，第2審のニュージャージー州最高裁判所は1976年に両親の訴えを容認した。その判決に基づいて人工呼吸器を外したら，カレンさんは自己呼吸を回復し，その後9年間生き続けて，息を引き取ったのは1985年であった。しかしこの間意識はついに戻ることはなかった。第1審の論拠は，人工呼吸器を外せば死亡し，みすみす死亡するとわかっている措置を容認することはできない，というものであり，基本的に「何はともあれ害することなかれ」という「医の倫理」に立脚していた。それに対して州最高裁が抜管を容認したのは，医師の生命維持義務と患者の自己決定権（当時の法律用語では「プライバシーの権利」と称された）の間のディレンマで，カレンさんの状況から判断して後者を優先すべきだと考えたからであった。アメリカの司法は結果として，医の倫理から生命倫理へ向けて，重要な一歩を踏み出したことになった。

同時にまた，人工呼吸器という（当時の）高度な先端医療が，必ずしも患者に利益をもたらすばかりではなく，むしろ「無理な延命」を引き起こす過酷な道具と化しているという現実がはしなくも明るみに出た，ということでもこの事件は重要であった。現代の医学は技術として高度であるだけに，意識を失ったり苦痛に苛まれている人を，いくらでも生命維持できるようになったのである。それは総じて「新医学」といわれる20世紀後半の医学が抱える「光と影」の，「影」の部分であった。この影に直面して，人工呼吸器を付け続けるか外すべきかというカレンさんのばあいのような深刻なディレンマにしても，あるいは手術や抗癌剤治療すべきかそれとも最後の限られた時間を静かに過ごすべきかというような比較的卑近なディレンマにしても，従来の医の倫理では十分に対応できないということが認識されるようになったのである。このようなディレンマに対して，1960年半ばのジョンソン大統領教書「偉大なる社会」から「生命の質」(quality of life : QOL) という概念が援用された。そしてこの生命の質は，従来の生命維持を根拠づける「生命の神聖」(sanctity of life : SOL) を，生命の量的把握 (quantity of life) へと堕していると批判したのである。他方で生命の質はしばしば行き過ぎた選別の論理となることから，生命の神聖が再びその歯止めとして機能するということも事実である。

5.4.11　疾病構造の変化と医師—患者関係の変貌

医の倫理から生命倫理への移行において重要な役割を果たしているのは，20世紀後半における疾病構造の変化である。日本でも，かつて死の病と恐れられた結核が，死因第1位の地位を脳卒中に譲り渡したのは1951年のことであり，50年代中にさらに順位が下がって58年には第4位となり，上位三つを脳卒中，癌，心臓病のいわゆる生活習慣病が占めるようになった。なかでも癌は1980年以来トップの座を占め，現代では二人に一人が癌に罹り，三人に一人が癌で亡くなる，といわれている。結核や肺炎などの感染症と糖尿病や腎臓病などの生活習慣病とでは治療スタイルに顕著な相違があり，前者は病院に入院して治療に専念するが，後者では社会生活を営みながら自宅で食事療法を行い，週何回か例えば透析のために通院するということが多い。それに伴って，感染症では医師のいうことをよく聞く「良い患者」であることが必要とされるが，生活習慣病では自己管理が要求される，というのも塩分や糖分の摂取制限を守るためには，何よりも本人の自覚が必要とされるからだ。

アメリカの精神科医サースとホレンダーによれば，一般に医師—患者関係は次の三つのモデルに類型化される（表5.4.2参照）。臨床の場面の事例でいえば，モデル1は交通事故で大けがを負ったばあい，モデル2は急に肺炎に罹ったばあい，モデル3は糖尿病などの生活習慣病のばあいである。原型でいえば，モデル1とモデル2は，幼児と年長児の相違はあるが共に親と子の関係であり，モデル3は大人同士の関係である（親と子の関係で，親が父のばあいパターナリズム，母のばあいマターナリズムとなり，前者は医師の権威主義的態度を，後者は看護師の押しつけがましい態度を形容するために用いられる）。疾病構造が感染症から生活習慣病へ

表 5.4.2　医師―患者関係

モデル	医者の役割	患者の役割	臨床の場面	原型
1　能動―受動	患者のためにしてやる	対応不能	昏睡・麻酔・急性外傷等	親―幼児
2　指導―協力	患者に指令	協力者	急性病	親―年長児
3　協同作業	患者の自律〔自助―細見註〕を助ける	医者に助けられた協同作業の一員	慢性病	成人―成人

（T. S. Szasz, M. H. Hollender, Contribution to the Philosophy of Medicine. A. M. A. Arch. Int. Med. 97: pp.38-55, 1956; 砂原茂一『医者と患者と病院と』岩波新書，1983年，43頁）

と変化したということは，医師―患者関係もモデル1・モデル2からモデル3へと比重が移ったということである。それに伴って患者自身の態度も医師依存から自助へと，医師の態度も患者の子供扱い（パターナリズム）から大人扱い（患者意思の尊重）へと，比重を移さなければならない。それはまた医の倫理から生命倫理への移りゆきでもある。

5.4.12　生命倫理の三（四）原則

これまで生命倫理の原則として，医の倫理から引き継いだ「患者健康の重視」と，新たに生命倫理に独自なものとして加わった「患者意思の尊重」の二つを挙げてきた。一般に前者は「善行」(beneficence)，後者は「人格・自律の尊重」(respect for person/autonomy）と表現されている。この二つの原則に加えて「正義」(justice）を，生命倫理の三原則として提示したのが，「(生物医学・行動科学研究における被験者保護のための）国家委員会」(5.5.9 参照）の「ベルモント報告」(1978年）である。ここでいわれている「正義」の意味は，利益や負担の公平な配分であり，「配分的正義」といわれるものである。「人格の尊重，善行，正義」の三原則からさらに，「インフォームド・コンセント，危険・利害評価，研究被験者の正当な選択」という三つの行動指針が導かれた（ジョンセン，133頁)。また1979年のビーチャムとチルドレスの『生物医学原理』(5.5.5 参照）は，「善行」(beneficence）と別個に「無危害」(non-maleficence）を立て，四原則とした。これら生命倫理の三（四）原則はきわめて有名であるが，有名すぎてこの原則を顧慮するだけであたかも生命倫理のディレンマが解決するように見なされることがあり，「原則主義」(principlism）と揶揄されることがある（ジョンセン，516頁)。原則を重視するのは良いとしても，この三（四）原則以外に他の原則は存在しないのか，という疑問が突きつけられた（5.5.13 参照)。また原則間の相克に対しても，単なる原則を提示するだけの原則主義からはいかなる解決策も導かれない。例えば，「エホバの証人」の輸血拒否や末期患者の手術拒否のばあい，「人格・自律の尊重」を優先すべきか「善行」を優先すべきか，原則主義が答えを示してくれるわけではない。原則主義と並んで，生命倫理学では「臨床倫理学」，「徳倫理学」，「ケア倫理学」，「ナラティブ・アプローチ」などが試みられている。

5.4.13　生命倫理とアメリカの精神風土

生命倫理は 1960，70 年代のアメリカ社会の変動のなかで生まれ，20 世紀の最後の四半世紀に全世界に広がった。インフォームド・コンセントや患者の権利など，そこにはおそらく文化の相違を越えて妥当する普遍的な価値が表現されていたからであろう。しかし同時に，アメリカの精神風土（エートス）に立脚して生まれた，ということも事実である。この精神風土は主として改良主義（meliorism），道徳主義（moralism），個人主義（individualism）から構成される（A. R. ジョンセン，前掲書，487-496 頁）。改良主義は楽天的で進取の気性（パイオニア精神）に富み，道徳主義はピューリタニズムの伝統に根ざし真摯で厳格であり，それぞれが第二次大戦後の「新医学」のアクセルとブレーキの役目を果たし，相まって生命倫理の誕生を促した。他方でインフォームド・コンセントや自律の尊重に認められるような，アメリカの生命倫理に特徴的な個人的契機の強調は，まさに個人主義の伝統に由来する。この点にパターナリズムや患者意思軽視といった医療の旧弊を打破する契機が存在している。しかし同時に，ややもすれば人間をアトム化して，社会的連帯や相互扶助を軽んじたり，老いに伴う様々の問題を自己責任論で切り捨て，いたずらに「アンチ・エイジング」に趨ったりする所以となっていることも事実である。アメリカの影響を受けながらもヨーロッパやアジアで独自の展開を見せている生命倫理には，個人を共同体の一員と見なし（communitarianism），社会的連帯（solidarity）を重視し，人間の本性（＝自然）との調和を求め，認知能力の有無を超越した「人間の尊厳」（human dignity）を強調する傾向が認められる。これらの傾向を発展させることによって，生命倫理の意義を継承しつつもその狭隘さを克服することが必要とされている。

参考文献

アルバート・R・ジョンセン，細見博志訳『生命倫理学の誕生』勁草書房，2009 年

（細見博志）

付録　日本国憲法

近代的な国家には，その国家の構成，統治機関の組織と権能，国家権力と国民の関係などを定めた根本法たる憲法が存在します。日本国にも「日本国憲法」がありますが，私たちは，ごく一部の条文以外はめったにその文章を読むことはありません。ある意味，意識せずともそこに存在する空気みたいな存在です。しかし，空気が，我々が生きていくうえでなくてはならないものであるように，憲法がなければ近代国家は成り立たず，国民の権利も守られません。こういう点でも憲法は空気とよく似ているのかもしれません。

この付録では，ぜひ一度「日本国憲法」に目を通してもらいたく，ここに全文を掲載しました。また，これからのさらなる国際化に対応できるように，法務省のホームページに掲載されている英文も併記しました。これを一読し，改めて今の日本というのがどのような国家なのかを考えてみてもらえればと思います。

昭和二十一年十一月三日憲法
Constitution November 3, 1946

日本国民は，正当に選挙された国会における代表者を通じて行動し，われらとわれらの子孫のために，諸国民との協和による成果と，わが国全土にわたつて自由のもたらす恵沢を確保し，政府の行為によつて再び戦争の惨禍が起ることのないやうにすることを決意し，ここに主権が国民に存することを宣言し，この憲法を確定する。そもそも国政は，国民の厳粛な信託によるものであつて，その権威は国民に由来し，その権力は国民の代表者がこれを行使し，その福利は国民がこれを享受する。これは人類普遍の原理であり，この憲法は，かかる原理に基くものである。われらは，これに反する一切の憲法，法令及び詔勅を排除する。

We, the Japanese people, acting through our duly elected representatives in the National Diet, determined that we shall secure for ourselves and our posterity the fruits of peaceful cooperation with all nations and the blessings of liberty throughout this land, and resolved that never again shall we be visited with the horrors of war through the action of government, do proclaim that sovereign power resides with the people and do firmly establish this Constitution. Government is a sacred trust of the people, the authority for which is derived from the people, the powers of which are exercised by the representatives of the people, and the benefits of which are enjoyed by the people. This is a universal principle of mankind upon which this Constitution is founded. We reject and revoke all constitutions, laws, ordinances, and rescripts in conflict herewith.

日本国民は，恒久の平和を念願し，人間相互の関係を支配する崇高な理想を深く自覚するのであつて，平和を愛する諸国民の公正と信義に信頼して，われらの安全と生存を保持しようと決意した。われらは，平和を維持し，専制と隷従，圧迫と偏狭を地上から永遠に除去しようと努めてゐる国際社会において，名誉ある地位を占めたいと思ふ。われらは，全世界の国民が，ひとしく恐怖と欠乏から免かれ，平和のうちに生存する権利を有することを確認する。

We, the Japanese people, desire peace for all time and are deeply conscious of the high ideals controlling human relationship, and we have determined to preserve our security and existence, trusting in the justice and faith of the peace-loving peoples of the world. We desire to occupy an honored place in an international society striving for the preservation of peace, and the banishment of tyranny and slavery, oppression and intolerance for all time from the earth. We recognize that all peoples of the world have the right to live in peace, free from fear and want.

われらは，いづれの国家も，自国のことのみに専念して他国を無視してはならないのであつて，政治道徳の法則は，普遍的なものであり，この法則に従ふことは，自国の主権を維持し，他国と対等関係に立たうとする各国の責務であると信ずる。

We believe that no nation is responsible to itself alone, but that laws of political morality are universal; and that obedience to such laws is incumbent upon all nations who would sustain their own sovereignty and justify their sovereign relationship with other nations.

日本国民は，国家の名誉にかけ，全力をあげてこの崇高な理想と目的を達成することを誓ふ。

We, the Japanese people, pledge our national honor to accomplish these high ideals and purposes with all our resources.

第一章　天皇
CHAPTER I. THE EMPEROR

第一条　天皇は，日本国の象徴であり日本国民統合の象徴であつて，この地位は，主権の存する日本国民の総意に基く。

Article 1.　The Emperor shall be the symbol of the State and of the unity of the people, deriving his position from the will of the people with whom resides sovereign power.

第二条　皇位は，世襲のものであつて，国会の議決した皇室典範の定めるところにより，これを継承する。

Article 2.　The Imperial Throne shall be dynastic and succeeded to in accordance with the Imperial House Law passed by the Diet.

第三条　天皇の国事に関するすべての行為には，内閣の助言と承認を必要とし，内閣が，その責任を負ふ。

Article 3.　The advice and approval of the Cabinet shall be required for all acts of the Emperor in matters of state, and the Cabinet shall be responsible therefor.

第四条　天皇は，この憲法の定める国事に関する行為のみを行ひ，国政に関する権能を有しない。

Article 4.　The Emperor shall perform only such acts in matters of state as are provided for in this Constitution and he shall not have powers related to government.

天皇は，法律の定めるところにより，その国事に関する行為を委任することができる。

The Emperor may delegate the performance of his acts in matters of state as may be provided by law.

第五条　皇室典範の定めるところにより摂政を置くときは，摂政は，天皇の名でその国事に関する行為を行ふ。この場合には，前条第一項の規定を準用する。

Article 5.　When, in accordance with the Imperial House Law, a Regency is established, the Regent shall perform his acts in matters of state in the Emperor's name. In this case, paragraph one of the preceding article will be applicable.

第六条　天皇は，国会の指名に基いて，内閣総理大臣を任命する。

Article 6.　The Emperor shall appoint the Prime Minister as designated by the Diet.

天皇は，内閣の指名に基いて，最高裁判所の長たる裁判官を任命する。

The Emperor shall appoint the Chief Judge of the Supreme Court as designated by the Cabinet.

第七条　天皇は，内閣の助言と承認により，国民のために，左の国事に関する行為を行ふ。

Article 7.　The Emperor, with the advice and approval of the Cabinet, shall perform the following acts in matters of state on behalf of the people:

一　憲法改正，法律，政令及び条約を公布すること。

Promulgation of amendments of the constitution, laws, cabinet orders and treaties.

二　国会を召集すること。

Convocation of the Diet.

三　衆議院を解散すること。

Dissolution of the House of Representatives.

四　国会議員の総選挙の施行を公示すること。

Proclamation of general election of members of the Diet.

五　国務大臣及び法律の定めるその他の官吏の任免並びに全権委任状及び大使及び公使の信任状を認証すること。

Attestation of the appointment and dismissal of Ministers of State and other officials as provided for by law, and of full powers and credentials of Ambassadors and Ministers.

六　大赦，特赦，減刑，刑の執行の免除及び復権を認証すること。

Attestation of general and special amnesty, commutation of punishment, reprieve, and restoration of rights.

七　栄典を授与すること。

Awarding of honors.

八　批准書及び法律の定めるその他の外交文書を認証すること。

Attestation of instruments of ratification and other diplomatic documents as provided for by law.

九　外国の大使及び公使を接受すること。

Receiving foreign ambassadors and ministers.

十　儀式を行ふこと。

Performance of ceremonial functions.

第八条　皇室に財産を譲り渡し，又は皇室が，財産を譲り受け，若しくは賜与することは，国会の議決に基かなければならない。

Article 8.　No property can be given to, or received by, the Imperial House, nor can any gifts be made therefrom, without the authorization of the Diet.

第二章　戦争の放棄
CHAPTER II. RENUNCIATION OF WAR

第九条　日本国民は，正義と秩序を基調とする国際平和を誠実に希求し，国権の発動たる戦争と，武力による威嚇又は武力の行使は，国際紛争を解決する手段としては，永久にこれを放棄する。

Article 9.　Aspiring sincerely to an international peace based on justice and order, the Japanese people forever renounce war as a sovereign right of the nation and the threat or use of force as means of settling international disputes.

前項の目的を達するため，陸海空軍その他の戦力は，これを保持しない。国の交戦権は，これを認めない。

In order to accomplish the aim of the preceding paragraph, land, sea, and air forces, as well as other war potential, will never be maintained. The right of belligerency of the state will not be recognized.

第三章　国民の権利及び義務
CHAPTER III. RIGHTS AND DUTIES OF THE PEOPLE

第十条　日本国民たる要件は，法律でこれを定める。

Article 10. The conditions necessary for being a Japanese national shall be determined by law.

第十一条　国民は，すべての基本的人権の享有を妨げられない。この憲法が国民に保障する基本的人権は，侵すことのできない永久の権利として，現在及び将来の国民に与へられる。

Article 11. The people shall not be prevented from enjoying any of the fundamental human rights. These fundamental human rights guaranteed to the people by this Constitution shall be conferred upon the people of this and future generations as eternal and inviolate rights.

第十二条　この憲法が国民に保障する自由及び権利は，国民の不断の努力によつて，これを保持しなければならない。又，国民は，これを濫用してはならないのであつて，常に公共の福祉のためにこれを利用する責任を負ふ。

Article 12. The freedoms and rights guaranteed to the people by this Constitution shall be maintained by the constant endeavor of the people, who shall refrain from any abuse of these freedoms and rights and shall always be responsible for utilizing them for the public welfare.

第十三条　すべて国民は，個人として尊重される。生命，自由及び幸福追求に対する国民の権利については，公共の福祉に反しない限り，立法その他の国政の上で，最大の尊重を必要とする。

Article 13. All of the people shall be respected as individuals. Their right to life, liberty, and the pursuit of happiness shall, to the extent that it does not interfere with the public welfare, be the supreme consideration in legislation and in other governmental affairs.

第十四条　すべて国民は，法の下に平等であつて，人種，信条，性別，社会的身分又は門地により，政治的，経済的又は社会的関係において，差別されない。

Article 14. All of the people are equal under the law and there shall be no discrimination in political, economic or social relations because of race, creed, sex, social status or family origin.

華族その他の貴族の制度は，これを認めない。

Peers and peerage shall not be recognized.

栄誉，勲章その他の栄典の授与は，いかなる特権も伴はない。栄典の授与は，現にこれを有し，又は将来これを受ける者の一代に限り，その効力を有する。

No privilege shall accompany any award of honor, decoration or any distinction, nor shall any such award be valid beyond the lifetime of the individual who now holds or hereafter may receive it.

第十五条　公務員を選定し，及びこれを罷免することは，国民固有の権利である。

Article 15. The people have the inalienable right to choose their public officials and to dismiss them.

すべて公務員は，全体の奉仕者であつて，一部の奉仕者ではない。

All public officials are servants of the whole community and not of any group thereof.

公務員の選挙については，成年者による普通選挙を保障する。

Universal adult suffrage is guaranteed with regard to the election of public officials.

すべて選挙における投票の秘密は，これを侵してはならない。選挙人は，その選択に関し公的にも私的にも責任を問はれない。

In all elections, secrecy of the ballot shall not be violated. A voter shall not be answerable, publicly or privately, for the choice he has made.

第十六条　何人も，損害の救済，公務員の罷免，法律，命令又は規則の制定，廃止又は改正その他の事項に関し，平穏に請願する権利を有し，何人も，かかる請願をしたためにいかなる差別待遇も受けない。

Article 16. Every person shall have the right of peaceful petition for the redress of damage, for the removal of public officials, for the enactment, repeal or amendment of laws, ordinances or regulations and for other matters; nor shall any person be in any way discriminated against for sponsoring such a petition.

第十七条　何人も，公務員の不法行為により，損害を受けたときは，法律の定めるところにより，国又は公共団体に，その賠償を求めることができる。

Article 17. Every person may sue for redress as provided by law from the State or a public entity, in case he has suffered damage through illegal act of any public official.

第十八条　何人も，いかなる奴隷的拘束も受けない。又，犯罪に因る処罰の場合を除いては，その意に反する苦役に服させられない。

Article 18. No person shall be held in bondage of any kind. Involuntary servitude, except as punishment for crime, is prohibited.

第十九条　思想及び良心の自由は，これを侵してはならない。

Article 19. Freedom of thought and conscience shall not be violated.

第二十条　信教の自由は，何人に対してもこれを保障する。いかなる宗教団体も，国から特権を受け，又は政治上の権力を行使してはならない。

Article 20. Freedom of religion is guaranteed to all. No religious organization shall receive any privileges from the State, nor exercise any political authority.

何人も，宗教上の行為，祝典，儀式又は行事に参加することを強制されない。

No person shall be compelled to take part in any religious act, celebration, rite or practice.

国及びその機関は，宗教教育その他いかなる宗教的活動もしてはならない。

The State and its organs shall refrain from religious education or any other religious activity.

第二十一条　集会，結社及び言論，出版その他一切の表現の自由は，これを保障する。

Article 21.　Freedom of assembly and association as well as speech, press and all other forms of expression are guaranteed.

検閲は，これをしてはならない。通信の秘密は，これを侵してはならない。

No censorship shall be maintained, nor shall the secrecy of any means of communication be violated.

第二十二条　何人も，公共の福祉に反しない限り，居住，移転及び職業選択の自由を有する。

Article 22.　Every person shall have freedom to choose and change his residence and to choose his occupation to the extent that it does not interfere with the public welfare.

何人も，外国に移住し，又は国籍を離脱する自由を侵されない。

Freedom of all persons to move to a foreign country and to divest themselves of their nationality shall be inviolate.

第二十三条　学問の自由は，これを保障する。

Article 23.　Academic freedom is guaranteed.

第二十四条　婚姻は，両性の合意のみに基いて成立し，夫婦が同等の権利を有することを基本として，相互の協力により，維持されなければならない。

Article 24.　Marriage shall be based only on the mutual consent of both sexes and it shall be maintained through mutual cooperation with the equal rights of husband and wife as a basis.

配偶者の選択，財産権，相続，住居の選定，離婚並びに婚姻及び家族に関するその他の事項に関しては，法律は，個人の尊厳と両性の本質的平等に立脚して，制定されなければならない。

With regard to choice of spouse, property rights, inheritance, choice of domicile, divorce and other matters pertaining to marriage and the family, laws shall be enacted from the standpoint of individual dignity and the essential equality of the sexes.

第二十五条　すべて国民は，健康で文化的な最低限度の生活を営む権利を有する。

Article 25.　All people shall have the right to maintain the minimum standards of wholesome and cultured living.

国は，すべての生活部面について，社会福祉，社会保障及び公衆衛生の向上及び増進に努めなければならない。

In all spheres of life, the State shall use its endeavors for the promotion and extension of social welfare and security, and of public health.

第二十六条　すべて国民は，法律の定めるところにより，その能力に応じて，ひとしく教育を受ける権利を有する。

Article 26.　All people shall have the right to receive an equal education correspondent to their ability, as provided by law.

すべて国民は，法律の定めるところにより，その保護する子女に普通教育を受けさせる義務を負ふ。義務教育は，これを無償とする。

All people shall be obligated to have all boys and girls under their protection receive ordinary education as provided for by law. Such compulsory education shall be free.

第二十七条　すべて国民は，勤労の権利を有し，義務を負ふ。

Article 27.　All people shall have the right and the obligation to work.

賃金，就業時間，休息その他の勤労条件に関する基準は，法律でこれを定める。

Standards for wages, hours, rest and other working conditions shall be fixed by law.

児童は，これを酷使してはならない。

Children shall not be exploited.

第二十八条　勤労者の団結する権利及び団体交渉その他の団体行動をする権利は，これを保障する。

Article 28.　The right of workers to organize and to bargain and act collectively is guaranteed.

第二十九条　財産権は，これを侵してはならない。

Article 29.　The right to own or to hold property is inviolable.

財産権の内容は，公共の福祉に適合するやうに，法律でこれを定める。

Property rights shall be defined by law, in conformity with the public welfare.

私有財産は，正当な補償の下に，これを公共のために用ひることができる。

Private property may be taken for public use upon just compensation therefor.

第三十条　国民は，法律の定めるところにより，納税の義務を負ふ。

Article 30.　The people shall be liable to taxation as provided by law.

第三十一条　何人も，法律の定める手続によらなければ，その生命若しくは自由を奪はれ，又はその他の刑罰を科せられない。

Article 31.　No person shall be deprived of life or liberty, nor shall any other criminal penalty be imposed, except according to procedure established by law.

第三十二条　何人も，裁判所において裁判を受ける権利を奪はれない。

Article 32.　No person shall be denied the right of access to the courts.

第三十三条　何人も，現行犯として逮捕される場合を除いては，権限を有する司法官憲が発し，且つ理由となつてゐる犯罪を明示する令状によらなければ，逮捕されない。

Article 33.　No person shall be apprehended except upon warrant issued by a competent judicial officer which specifies the offense with which the person is charged, unless he is apprehended, the offense being committed.

第三十四条　何人も，理由を直ちに告げられ，且つ，直ちに弁護人に依頼する権利を与へられなければ，抑留又は拘禁されない。又，何人も，正当な理由がなければ，拘禁されず，要求があれば，その理由は，直ちに本人及びその弁護人の出席する公開の法廷で示されなければならない。

Article 34.　No person shall be arrested or detained without being at once informed of the charges against him or without the immediate privilege of counsel; nor shall he be detained without adequate cause; and upon demand of any person such cause must be immediately shown in open court in his presence and the presence of his counsel.

第三十五条　何人も，その住居，書類及び所持品について，侵入，捜索及び押収を受けることのない権利は，第三十三条の場合を除いては，正当な理由に基いて発せられ，且つ捜索する場所及び押収する物を明示する令状がなければ，侵されない。

Article 35.　The right of all persons to be secure in their homes, papers and effects against entries, searches and seizures shall not be impaired except upon warrant issued for adequate cause and particularly describing the place to be searched and things to be seized, or except as provided by Article 33.

捜索又は押収は，権限を有する司法官憲が発する各別の令状により，これを行ふ。

Each search or seizure shall be made upon separate warrant issued by a competent judicial officer.

第三十六条　公務員による拷問及び残虐な刑罰は，絶対にこれを禁ずる。

Article 36.　The infliction of torture by any public officer and cruel punishments are absolutely forbidden.

第三十七条　すべて刑事事件においては，被告人は，公平な裁判所の迅速な公開裁判を受ける権利を有する。

Article 37.　In all criminal cases the accused shall enjoy the right to a speedy and public trial by an impartial tribunal.

刑事被告人は，すべての証人に対して審問する機会を充分に与へられ，又，公費で自己のために強制的手続により証人を求める権利を有する。

He shall be permitted full opportunity to examine all witnesses, and he shall have the right of compulsory process for obtaining witnesses on his behalf at public expense.

刑事被告人は，いかなる場合にも，資格を有する弁護人を依頼することができる。被告人が自らこれを依頼することができないときは，国でこれを附する。

At all times the accused shall have the assistance of competent counsel who shall, if the accused is unable to secure the same by his own efforts, be assigned to his use by the State.

第三十八条　何人も，自己に不利益な供述を強要されない。

Article 38.　No person shall be compelled to testify against himself.

強制，拷問若しくは脅迫による自白又は不当に長く抑留若しくは拘禁された後の自白は，これを証拠とすることができない。

Confession made under compulsion, torture or threat, or after prolonged arrest or detention shall not be admitted in evidence.

何人も，自己に不利益な唯一の証拠が本人の自白である場合には，有罪とされ，又は刑罰を科せられない。

No person shall be convicted or punished in cases where the only proof against him is his own confession.

第三十九条　何人も，実行の時に適法であつた行為又は既に無罪とされた行為については，刑事上の責任を問はれない。又，同一の犯罪について，重ねて刑事上の責任を問はれない。

Article 39.　No person shall be held criminally liable for an act which was lawful at the time it was committed, or of which he has been acquitted, nor shall he be placed in double jeopardy.

第四十条　何人も，抑留又は拘禁された後，無罪の裁判を受けたときは，法律の定めるところにより，国にその補償を求めることができる。

Article 40.　Any person, in case he is acquitted after he has been arrested or detained, may sue the State for redress as provided by law.

第四章　国会
CHAPTER IV. THE DIET

第四十一条　国会は，国権の最高機関であつて，国の唯一の立法機関である。

Article 41.　The Diet shall be the highest organ of state power, and shall be the sole law-making organ of the State.

第四十二条　国会は，衆議院及び参議院の両議院でこれを構成する。

Article 42.　The Diet shall consist of two Houses, namely the House of Representatives and the House of Councillors.

第四十三条　両議院は，全国民を代表する選挙された議員でこれを組織する。

Article 43.　Both Houses shall consist of elected members, representative of all the people.

両議院の議員の定数は，法律でこれを定める。

The number of the members of each House shall be fixed by law.

第四十四条　両議院の議員及びその選挙人の資格は，法律でこれを定める。但し，人種，信条，性別，社会的身分，門地，教育，財産又は収入によつて差別してはならない。

Article 44.　The qualifications of members of both Houses and their electors shall be fixed by law. However, there shall be no discrimination because of race, creed, sex, social status, family origin, education, property or income.

第四十五条　衆議院議員の任期は，四年とする。但し，衆議院解散の場合には，その期間満了前に終了する。

Article 45.　The term of office of members of the House of Representatives shall be four years. However, the term shall be terminated before the full term is up in case the House of Representatives is dissolved.

第四十六条　参議院議員の任期は，六年とし，三年ごとに議員の半数を改選する。

Article 46.　The term of office of members of the House of Councillors shall be six years, and election for half the members shall take place every three years.

第四十七条　選挙区，投票の方法その他両議院の議員の選挙に関する事項は，法律でこれを定める。

Article 47.　Electoral districts, method of voting and other matters pertaining to the method of election of members of both Houses shall be fixed by law.

第四十八条　何人も，同時に両議院の議員たることはできない。

Article 48.　No person shall be permitted to be a member of both Houses simultaneously.

第四十九条　両議院の議員は，法律の定めるところにより，国庫から相当額の歳費を受ける。

Article 49.　Members of both Houses shall receive appropriate annual payment from the national treasury in accordance with law.

第五十条　両議院の議員は，法律の定める場合を除いては，国会の会期中逮捕されず，会期前に逮捕された議員は，その議院の要求があれば，会期中これを釈放しなければならない。

Article 50.　Except in cases provided by law, members of both Houses shall be exempt from apprehension while the Diet is in session, and any members apprehended before the opening of the session shall be freed during the term of the session upon demand of the House.

第五十一条　両議院の議員は，議院で行つた演説，討論又は表決について，院外で責任を問はれない。

Article 51.　Members of both Houses shall not be held liable outside the House for speeches, debates or votes cast inside the House.

第五十二条　国会の常会は，毎年一回これを召集する。

Article 52.　An ordinary session of the Diet shall be convoked once per year.

第五十三条　内閣は，国会の臨時会の召集を決定することができる。いづれかの議院の総議員の四分の一以上の要求があれば，内閣は，その召集を決定しなければならない。

Article 53.　The Cabinet may determine to convoke extraordinary sessions of the Diet. When a quarter or more of the total members of either House makes the demand, the Cabinet must determine on such convocation.

第五十四条　衆議院が解散されたときは，解散の日から四十日以内に，衆議院議員の総選挙を行ひ，その選挙の日から三十日以内に，国会を召集しなければならない。

Article 54.　When the House of Representatives is dissolved, there must be a general election of members of the House of Representatives within forty (40) days from the date of dissolution, and the Diet must be convoked within thirty (30) days from the date of the election.

衆議院が解散されたときは，参議院は，同時に閉会となる。但し，内閣は，国に緊急の必要があるときは，参議院の緊急集会を求めることができる。

When the House of Representatives is dissolved, the House of Councillors is closed at the same time. However, the Cabinet may in time of national emergency convoke the House of Councillors in emergency session.

前項但書の緊急集会において採られた措置は，臨時のものであつて，次の国会開会の後十日以内に，衆議院の同意がない場合には，その効力を失ふ。

Measures taken at such session as mentioned in the proviso of the preceding paragraph shall be provisional and shall become null and void unless agreed to by the House of Representatives within a period of ten (10) days after the opening of the next session of the Diet.

第五十五条　両議院は，各々その議員の資格に関する争訟を裁判する。但し，議員の議席を失はせるには，出席議員の三分の二以上の多数による議決を必要とする。

Article 55.　Each House shall judge disputes related to qualifications of its members. However, in order to deny a seat to any member, it is necessary to pass a resolution by a majority of two-thirds or more of the members present.

第五十六条　両議院は，各々その総議員の三分の一以上の出席がなければ，議事を開き議決することができない。

Article 56.　Business cannot be transacted in either House unless one-third or more of total membership is present.

両議院の議事は，この憲法に特別の定のある場合を除いては，出席議員の過半数でこれを決し，可否同数のときは，議長の決するところによる。

All matters shall be decided, in each House, by a majority of those present, except as elsewhere provided in the Constitution, and in case of a tie, the presiding officer shall decide the issue.

第五十七条　両議院の会議は，公開とする。但し，出席議員の三分の二以上の多数で議決したときは，秘密会を開くことができる。

Article 57.　Deliberation in each House shall be public. However, a secret meeting may be held where a majority of two-thirds or more of those members present passes a resolution therefor.

両議院は，各々その会議の記録を保存し，秘密会の記録の中で特に秘密を要すると認められるもの以外は，これを公表し，且つ一般に頒布しなければならない。

Each House shall keep a record of proceedings. This record shall be published and given general circulation, excepting such parts of proceedings of secret session as may be deemed to require secrecy.

出席議員の五分の一以上の要求があれば，各議員の表決は，これを会議録に記載しなければならない。

Upon demand of one-fifth or more of the members present, votes of the members on any matter shall be recorded in the minutes.

第五十八条　両議院は，各々その議長その他の役員を選任する。

Article 58.　Each House shall select its own president and other officials.

両議院は，各々その会議その他の手続及び内部の規律に関する規則を定め，又，院内の秩序をみだした議員を懲罰することができる。但し，議員を除名するには，出席議員の三分の二以上の多数による議決を必要とする。

Each House shall establish its rules pertaining to meetings, proceedings and internal discipline, and may punish members for disorderly conduct. However, in order to expel a member, a majority of two-thirds or more of those members present must pass a resolution thereon.

第五十九条　法律案は，この憲法に特別の定のある場合を除いては，両議院で可決したとき法律となる。

Article 59. A bill becomes a law on passage by both Houses, except as otherwise provided by the Constitution.

衆議院で可決し，参議院でこれと異なつた議決をした法律案は，衆議院で出席議員の三分の二以上の多数で再び可決したときは，法律となる。

A bill which is passed by the House of Representatives, and upon which the House of Councillors makes a decision different from that of the House of Representatives, becomes a law when passed a second time by the House of Representatives by a majority of two-thirds or more of the members present.

前項の規定は，法律の定めるところにより，衆議院が，両議院の協議会を開くことを求めることを妨げない。

The provision of the preceding paragraph does not preclude the House of Representatives from calling for the meeting of a joint committee of both Houses, provided for by law.

参議院が，衆議院の可決した法律案を受け取つた後，国会休会中の期間を除いて六十日以内に，議決しないときは，衆議院は，参議院がその法律案を否決したものとみなすことができる。

Failure by the House of Councillors to take final action within sixty (60) days after receipt of a bill passed by the House of Representatives, time in recess excepted, may be determined by the House of Representatives to constitute a rejection of the said bill by the House of Councillors.

第六十条　予算は，さきに衆議院に提出しなければならない。

Article 60. The budget must first be submitted to the House of Representatives.

予算について，参議院で衆議院と異なつた議決をした場合に，法律の定めるところにより，両議院の協議会を開いても意見が一致しないとき，又は参議院が，衆議院の可決した予算を受け取つた後，国会休会中の期間を除いて三十日以内に，議決しないときは，衆議院の議決を国会の議決とする。

Upon consideration of the budget, when the House of Councillors makes a decision different from that of the House of Representatives, and when no agreement can be reached even through a joint committee of both Houses, provided for by law, or in the case of failure by the House of Councillors to take final action within thirty (30) days, the period of recess excluded, after the receipt of the budget passed by the House of Representatives, the decision of the House of Representatives shall be the decision of the Diet.

第六十一条　条約の締結に必要な国会の承認については，前条第二項の規定を準用する。

Article 61. The second paragraph of the preceding article applies also to the Diet approval required for the conclusion of treaties.

第六十二条　両議院は，各々国政に関する調査を行ひ，これに関して，証人の出頭及び証言並びに記録の提出を要求することができる。

Article 62. Each House may conduct investigations in relation to government, and may demand the presence and testimony of witnesses, and the production of records.

第六十三条　内閣総理大臣その他の国務大臣は，両議院の一に議席を有すると有しないとにかかはらず，何時でも議案について発言するため議院に出席することができる。又，答弁又は説明のため出席を求められたときは，出席しなければならない。

Article 63. The Prime Minister and other Ministers of State may, at any time, appear in either House for the purpose of speaking on bills, regardless of whether they are members of the House or not. They must appear when their presence is required in order to give answers or explanations.

第六十四条　国会は，罷免の訴追を受けた裁判官を裁判するため，両議院の議員で組織する弾劾裁判所を設ける。

Article 64. The Diet shall set up an impeachment court from among the members of both Houses for the purpose of trying those judges against whom removal proceedings have been instituted.

弾劾に関する事項は，法律でこれを定める。

Matters relating to impeachment shall be provided by law.

第五章　内閣
CHAPTER V. THE CABINET

第六十五条　行政権は，内閣に属する。

Article 65. Executive power shall be vested in the Cabinet.

第六十六条　内閣は，法律の定めるところにより，その首長たる内閣総理大臣及びその他の国務大臣でこれを組織する。

Article 66. The Cabinet shall consist of the Prime Minister, who shall be its head, and other Ministers of State, as provided for by law.

内閣総理大臣その他の国務大臣は，文民でなければならない。

The Prime Minister and other Ministers of State must be civilians.

内閣は，行政権の行使について，国会に対し連帯して責任を負ふ。

The Cabinet, in the exercise of executive power, shall be collectively responsible to the Diet.

第六十七条　内閣総理大臣は，国会議員の中から国会の議決で，これを指名する。この指名は，他のすべての案件に先だつて，これを行ふ。

Article 67. The Prime Minister shall be designated from among the members of the Diet by a resolution of the Diet. This designation shall precede all other business.

衆議院と参議院とが異なつた指名の議決をした場合に，法律の定めるところにより，両議院の協議会を開いても意見が一致しないとき，又は衆議院が指名の議決をした後，国会休会中の期間を除いて十日以内に，参議院が，指名の議決をしないときは，衆議院の議決を国会の議決とする。

If the House of Representatives and the House of Councillors disagree and if no agreement can be reached even through a joint committee of both Houses, provided for by law, or the House of Councillors fails to make designation within ten (10) days, exclusive of the period of recess, after the House of Representatives has made designation, the decision of the House of Representatives shall be the decision of the Diet.

第六十八条　内閣総理大臣は，国務大臣を任命する。但し，その過半数は，国会議員の中から選ばれなければならない。

Article 68. The Prime Minister shall appoint the Ministers of State. However, a majority of their number must be chosen from among the members of the Diet.

内閣総理大臣は，任意に国務大臣を罷免することができる。

The Prime Minister may remove the Ministers of State as he chooses.

第六十九条　内閣は，衆議院で不信任の決議案を可決し，又は信任の決議案を否決したときは，十日以内に衆議院が解散されない限り，総辞職をしなければならない。

Article 69. If the House of Representatives passes a non-confidence resolution, or rejects a confidence resolution, the Cabinet shall resign en masse, unless the House of Representatives is dissolved within ten (10) days.

第七十条　内閣総理大臣が欠けたとき，又は衆議院議員総選挙の後に初めて国会の召集があつたときは，内閣は，総辞職をしなければならない。

Article 70. When there is a vacancy in the post of Prime Minister, or upon the first convocation of the Diet after a general election of members of the House of Representatives, the Cabinet shall resign en masse.

第七十一条　前二条の場合には，内閣は，あらたに内閣総理大臣が任命されるまで引き続きその職務を行ふ。

Article 71. In the cases mentioned in the two preceding articles, the Cabinet shall continue its functions until the time when a new Prime Minister is appointed.

第七十二条　内閣総理大臣は，内閣を代表して議案を国会に提出し，一般国務及び外交関係について国会に報告し，並びに行政各部を指揮監督する。

Article 72. The Prime Minister, representing the Cabinet, submits bills, reports on general national affairs and foreign relations to the Diet and exercises control and supervision over various administrative branches.

第七十三条　内閣は，他の一般行政事務の外，左の事務を行ふ。

Article 73. The Cabinet, in addition to other general administrative functions, shall perform the following functions:

一　法律を誠実に執行し，国務を総理すること。

Administer the law faithfully; conduct affairs of state.

二　外交関係を処理すること。

Manage foreign affairs.

三　条約を締結すること。但し，事前に，時宜によつては事後に，国会の承認を経ることを必要とする。

Conclude treaties. However, it shall obtain prior or, depending on circumstances, subsequent approval of the Diet.

四　法律の定める基準に従ひ，官吏に関する事務を掌理すること。

Administer the civil service, in accordance with standards established by law.

五　予算を作成して国会に提出すること。

Prepare the budget, and present it to the Diet.

六　この憲法及び法律の規定を実施するために，政令を制定すること。但し，政令には，特にその法律の委任がある場合を除いては，罰則を設けることができない。

Enact cabinet orders in order to execute the provisions of this Constitution and of the law. However, it cannot include penal provisions in such cabinet orders unless authorized by such law.

七　大赦，特赦，減刑，刑の執行の免除及び復権を決定すること。

Decide on general amnesty, special amnesty, commutation of punishment, reprieve, and restoration of rights.

第七十四条　法律及び政令には，すべて主任の国務大臣が署名し，内閣総理大臣が連署することを必要とする。

Article 74. All laws and cabinet orders shall be signed by the competent Minister of State and countersigned by the Prime Minister.

第七十五条　国務大臣は，その在任中，内閣総理大臣の同意がなければ，訴追されない。但し，これがため，訴追の権利は，害されない。

Article 75. The Ministers of State, during their tenure of office, shall not be subject to legal action without the consent of the Prime Minister. However, the right to take that action is not impaired hereby.

第六章　司法
CHAPTER VI. JUDICIARY

第七十六条　すべて司法権は，最高裁判所及び法律の定めるところにより設置する下級裁判所に属する。

Article 76. The whole judicial power is vested in a Supreme Court and in such inferior courts as are established by law.

特別裁判所は，これを設置することができない。行政機関は，終審として裁判を行ふことができない。

No extraordinary tribunal shall be established, nor shall any organ or agency of the Executive be given final judicial power.

すべて裁判官は，その良心に従ひ独立してその職権を行ひ，この憲法及び法律にのみ拘束される。

All judges shall be independent in the exercise of their conscience and shall be bound only by this Constitution and the laws.

第七十七条　最高裁判所は，訴訟に関する手続，弁護士，裁判所の内部規律及び司法事務処理に関する事項について，規則を定める権限を有する。

Article 77. The Supreme Court is vested with the rule-making power under which it determines the rules of procedure and of practice, and of matters relating to attorneys, the internal discipline of the courts and the administration of judicial affairs.

検察官は，最高裁判所の定める規則に従はなければならない。

Public procurators shall be subject to the rule-making power of the Supreme Court.

最高裁判所は，下級裁判所に関する規則を定める権限を，下級裁判所に委任することができる。

The Supreme Court may delegate the power to make rules for inferior courts to such courts.

第七十八条　裁判官は，裁判により，心身の故障のために職務を執ることができないと決定された場合を除いては，公の弾劾によらなければ罷免されない。裁判官の懲戒処分は，行政機関がこれを行ふことはできない。

Article 78. Judges shall not be removed except by public impeachment unless judicially declared mentally or physically incompetent to perform official duties. No disciplinary action against judges shall be administered by any executive organ or agency.

第七十九条　最高裁判所は，その長たる裁判官及び法律の定める員数のその他の裁判官でこれを構成し，その長たる裁判官以外の裁判官は，内閣でこれを任命する。

Article 79. The Supreme Court shall consist of a Chief Judge and such number of judges as may be determined by law; all such judges excepting the Chief Judge shall be appointed by the Cabinet.

最高裁判所の裁判官の任命は，その任命後初めて行はれる衆議院議員総選挙の際国民の審査に付し，その後十年を経過した後初めて行はれる衆議院議員総選挙の際更に審査に付し，その後も同様とする。

The appointment of the judges of the Supreme Court shall be reviewed by the people at the first general election of members of the House of Representatives following their appointment, and shall be reviewed again at the first general election of members of the House of Representatives after a lapse of ten (10) years, and in the same manner thereafter.

前項の場合において，投票者の多数が裁判官の罷免を可とするときは，その裁判官は，罷免される。

In cases mentioned in the foregoing paragraph, when the majority of the voters favors the dismissal of a judge, he shall be dismissed.

審査に関する事項は，法律でこれを定める。

Matters pertaining to review shall be prescribed by law.

最高裁判所の裁判官は，法律の定める年齢に達した時に退官する。

The judges of the Supreme Court shall be retired upon the attainment of the age as fixed by law.

最高裁判所の裁判官は，すべて定期に相当額の報酬を受ける。この報酬は，在任中，これを減額することができない。

All such judges shall receive, at regular stated intervals, adequate compensation which shall not be decreased during their terms of office.

第八十条　下級裁判所の裁判官は，最高裁判所の指名した者の名簿によつて，内閣でこれを任命する。その裁判官は，任期を十年とし，再任されることができる。但し，法律の定める年齢に達した時には退官する。

Article 80. The judges of the inferior courts shall be appointed by the Cabinet from a list of persons nominated by the Supreme Court. All such judges shall hold office for a term of ten (10) years with privilege of reappointment, provided that they shall be retired upon the attainment of the age as fixed by law.

下級裁判所の裁判官は，すべて定期に相当額の報酬を受ける。この報酬は，在任中，これを減額することができない。

The judges of the inferior courts shall receive, at regular stated intervals, adequate compensation which shall not be decreased during their terms of office.

第八十一条　最高裁判所は，一切の法律，命令，規則又は処分が憲法に適合するかしないかを決定する権限を有する終審裁判所である。

Article 81. The Supreme Court is the court of last resort with power to determine the constitutionality of any law, order, regulation or official act.

第八十二条　裁判の対審及び判決は，公開法廷でこれを行ふ。

Article 82. Trials shall be conducted and judgment declared publicly.

裁判所が，裁判官の全員一致で，公の秩序又は善良の風俗を害する虞があると決した場合には，対審は，公開しないでこれを行ふことができる。但し，政治犯罪，出版に関する犯罪又はこの憲法第三章で保障する国民の権利が問題となつてゐる事件の対審は，常にこれを公開しなければならない。

Where a court unanimously determines publicity to be dangerous to public order or morals, a trial may be conducted privately, but trials of political offenses, offenses involving the press or cases wherein the rights of people as guaranteed in Chapter III of this Constitution are in question shall always be conducted publicly.

第七章　財政
CHAPTER VII. FINANCE

第八十三条　国の財政を処理する権限は，国会の議決に基いて，これを行使しなければならない。

Article 83. The power to administer national finances shall be exercised as the Diet shall determine.

第八十四条　あらたに租税を課し，又は現行の租税を変更するには，法律又は法律の定める条件によることを必要とする。

Article 84. No new taxes shall be imposed or existing ones modified except by law or under such conditions as law may prescribe.

第八十五条　国費を支出し，又は国が債務を負担するには，国会の議決に基くことを必要とする。

Article 85. No money shall be expended, nor shall the State obligate itself, except as authorized by the Diet.

第八十六条　内閣は，毎会計年度の予算を作成し，国会に提出して，その審議を受け議決を経なければならない。

Article 86. The Cabinet shall prepare and submit to the Diet for its consideration and decision a budget for each fiscal year.

第八十七条　予見し難い予算の不足に充てるため，国会の議決に基いて予備費を設け，内閣の責任でこれを支出することができる。

Article 87. In order to provide for unforeseen deficiencies in the budget, a reserve fund may be authorized by the Diet to be expended upon the responsibility of the Cabinet.

すべて予備費の支出については，内閣は，事後に国会の承諾を得なければならない。

The Cabinet must get subsequent approval of the Diet for all payments from the reserve fund.

第八十八条　すべて皇室財産は，国に属する。すべて皇室の費用は，予算に計上して国会の議決を経なければならない。

Article 88. All property of the Imperial Household shall belong to the State. All expenses of the Imperial Household shall be appropriated by the Diet in the budget.

第八十九条　公金その他の公の財産は，宗教上の組織若しくは団体の使用，便益若しくは維持のため，又は公の支配に属しない慈善，教育若しくは博愛の事業に対し，これを支出し，又はその利用に供してはならない。

Article 89. No public money or other property shall be expended or appropriated for the use, benefit or maintenance of any religious institution or association, or for any charitable, educational or benevolent enterprises not under the control of public authority.

第九十条　国の収入支出の決算は，すべて毎年会計検査院がこれを検査し，内閣は，次の年度に，その検査報告とともに，これを国会に提出しなければならない。

Article 90. Final accounts of the expenditures and revenues of the State shall be audited annually by a Board of Audit and submitted by the Cabinet to the Diet, together with the statement of audit, during the fiscal year immediately following the period covered.

会計検査院の組織及び権限は，法律でこれを定める。

The organization and competency of the Board of Audit shall be determined by law.

第九十一条　内閣は，国会及び国民に対し，定期に，少くとも毎年一回，国の財政状況について報告しなければならない。

Article 91. At regular intervals and at least annually the Cabinet shall report to the Diet and the people on the state of national finances.

第八章　地方自治
CHAPTER VIII. LOCAL SELF-GOVERNMENT

第九十二条　地方公共団体の組織及び運営に関する事項は，地方自治の本旨に基いて，法律でこれを定める。

Article 92. Regulations concerning organization and operations of local public entities shall be fixed by law in accordance with the principle of local autonomy.

第九十三条　地方公共団体には，法律の定めるところにより，その議事機関として議会を設置する。

Article 93. The local public entities shall establish assemblies as their deliberative organs, in accordance with law.

地方公共団体の長，その議会の議員及び法律の定めるその他の吏員は，その地方公共団体の住民が，直接これを選挙する。

The chief executive officers of all local public entities, the members of their assemblies, and such other local officials as may be determined by law shall be elected by direct popular vote within their several communities.

第九十四条　地方公共団体は，その財産を管理し，事務を処理し，及び行政を執行する権能を有し，法律の範囲内で条例を制定することができる。

Article 94. Local public entities shall have the right to manage their property, affairs and administration and to enact their own regulations within law.

第九十五条　一の地方公共団体のみに適用される特別法は，法律の定めるところにより，その地方公共団体の住民の投票においてその過半数の同意を得なければ，国会は，これを制定することができない。

Article 95. A special law, applicable only to one local public entity, cannot be enacted by the Diet without the consent of the majority of the voters of the local public entity concerned, obtained in accordance with law.

第九章　改正
CHAPTER IX. AMENDMENTS

第九十六条　この憲法の改正は，各議院の総議員の三分の二以上の賛成で，国会が，これを発議し，国民に提案してその承認を経なければならない。この承認には，特別の国民投票又は国会の定める選挙の際行はれる投票において，その過半数の賛成を必要とする。

Article 96. Amendments to this Constitution shall be initiated by the Diet, through a concurring vote of two-thirds or more of all the members of each House and shall thereupon be submitted to the people for ratification, which shall require the affirmative vote of a majority of all votes cast thereon, at a special referendum or at such election as the Diet shall specify.

憲法改正について前項の承認を経たときは，天皇は，国民の名で，この憲法と一体を成すものとして，直ちにこれを公布する。

Amendments when so ratified shall immediately be promulgated by the Emperor in the name of the people, as an integral part of this Constitution.

第十章　最高法規
CHAPTER X. SUPREME LAW

第九十七条　この憲法が日本国民に保障する基本的人権は，人類の多年にわたる自由獲得の努力の成果であつて，これらの権利は，過去幾多の試錬に堪へ，現在及び将来の国民に対し，侵すことのできない永久の権利として信託されたものである。

Article 97.　The fundamental human rights by this Constitution guaranteed to the people of Japan are fruits of the age-old struggle of man to be free; they have survived the many exacting tests for durability and are conferred upon this and future generations in trust, to be held for all time inviolate.

第九十八条　この憲法は，国の最高法規であつて，その条規に反する法律，命令，詔勅及び国務に関するその他の行為の全部又は一部は，その効力を有しない。

Article 98.　This Constitution shall be the supreme law of the nation and no law, ordinance, imperial rescript or other act of government, or part thereof, contrary to the provisions hereof, shall have legal force or validity.

日本国が締結した条約及び確立された国際法規は，これを誠実に遵守することを必要とする。

The treaties concluded by Japan and established laws of nations shall be faithfully observed.

第九十九条　天皇又は摂政及び国務大臣，国会議員，裁判官その他の公務員は，この憲法を尊重し擁護する義務を負ふ。

Article 99.　The Emperor or the Regent as well as Ministers of State, members of the Diet, judges, and all other public officials have the obligation to respect and uphold this Constitution.

第十一章　補則
CHAPTER XI. SUPPLEMENTARY PROVISIONS

第百条　この憲法は，公布の日から起算して六箇月を経過した日から，これを施行する。

Article 100.　This Constitution shall be enforced as from the day when the period of six months will have elapsed counting from the day of its promulgation.

この憲法を施行するために必要な法律の制定，参議院議員の選挙及び国会召集の手続並びにこの憲法を施行するために必要な準備手続は，前項の期日よりも前に，これを行ふことができる。

The enactment of laws necessary for the enforcement of this Constitution, the election of members of the House of Councillors and the procedure for the convocation of the Diet and other preparatory procedures necessary for the enforcement of this Constitution may be executed before the day prescribed in the preceding paragraph.

第百一条　この憲法施行の際，参議院がまだ成立してゐないときは，その成立するまでの間，衆議院は，国会としての権限を行ふ。

Article 101.　If the House of Councillors is not constituted before the effective date of this Constitution, the House of Representatives shall function as the Diet until such time as the House of Councillors shall be constituted.

第百二条　この憲法による第一期の参議院議員のうち，その半数の者の任期は，これを三年とする。その議員は，法律の定めるところにより，これを定める。

Article 102.　The term of office for half the members of the House of Councillors serving in the first term under this Constitution shall be three years. Members falling under this category shall be determined in accordance with law.

第百三条　この憲法施行の際現に在職する国務大臣，衆議院議員及び裁判官並びにその他の公務員で，その地位に相応する地位がこの憲法で認められてゐる者は，法律で特別の定をした場合を除いては，この憲法施行のため，当然にはその地位を失ふことはない。但し，この憲法によつて，後任者が選挙又は任命されたときは，当然その地位を失ふ。

Article 103.　The Ministers of State, members of the House of Representatives, and judges in office on the effective date of this Constitution, and all other public officials, who occupy positions corresponding to such positions as are recognized by this Constitution shall not forfeit their positions automatically on account of the enforcement of this Constitution unless otherwise specified by law. When, however, successors are elected or appointed under the provisions of this Constitution they shall forfeit their positions as a matter of course.

記入例　　年 間 目 標（ 2024 年度）

やってみたいこと	備考	評価
自動車の免許を取る	① ④ 夏休み中に取る。 **費用を調べてあとで書き込む**	半年後 一年後
40単位以上取る。GPAは学期・年間とも2．8以上をめざす	① **1年後に実際に取得した単位数とGPAを書き込む**	半年後
小説を30冊、新書を40冊以上読む	① ② ④ **1年後に実際に読んだ冊数を書き込む**	半年後
少なくとも週に3日は自炊する	②	半年後 一年後
アルバイトで留学費用を貯める。ただし、アルバイトは週2日以下。	① ③ 目標金額25万円	半年後 一年後
授業に遅刻しない	① ②	半年後 一年後
TOEFL を受けてみる。スコアは留学できるくらいをめざす。	① ③ ④ **必要なスコアを調べてあとで書き込む**	半年後
週に1度は博物館・美術館・映画館のどれかに行く	①・②・④	半年後 一年後
何かボランティアをやってみる	① ③	半年後 一年後
ゴミの分別をきちんとおこない、正しい日に正しい場所に出す	②	半年後 一年後

氏名 角間 陽向　　　**目標記入日** 2024 **年** 4 **月** 10 **日**

記入方法

1）まず、この1年間でやってみたいことを、思いつくままに書き出す（10個まで）

2）備考欄に、①「必ずやる」②「すぐやる」③「時間がかかる」④「お金がかかる」、などの区別や、目標達成予定日、必要金額などを、調べて書き込む。

3）評価欄に、半年後、1年後の自分の達成度評価を、◎○△×等の記号を自分で決めて書き込む。記号と評価の関係は、下の凡例欄に書いておく

記号の凡例：	◎は100%達成　○は80%達成　△は60%達成 ×は達成率60%以下

＊表作成に当たっては『知へのステップ　改訂版』(くろしお出版、1996年)を参考にした。

年 間 目 標（　　　　年度）

やってみたいこと	備考	評価
		半年後 一年後
		半年後 一年後
		半年後 一年後
		半年後 一年後
		半年後 一年後
		半年後 一年後
		半年後 一年後
		半年後 一年後
		半年後 一年後
		半年後 一年後

氏名＿＿＿＿＿＿＿＿＿＿＿　　目標記入日　　　年　　月　　日

記入方法

1）まず、この１年間でやってみたいことを、思いつくままに書き出す（１０個まで）

2）備考欄に、①「必ずやる」②「すぐやる」③「時間がかかる」④「お金がかかる」、などの区別や、目標達成予定日、必要金額などを、調べて書き込む。

3）評価欄に、半年後、１年後の自分の達成度評価を、◎○△×等の記号を自分で決めて書き込む。記号と評価の関係は、下の凡例欄に書いておく

記号の凡例：

＊表作成に当たっては『知へのステップ　改訂版』（くろしお出版、１９９６年）を参考にした。

記入例　　週間スケジュール表（　2024　年度 前 期）

履修が決まった時点で、標準的な一週間のスケジュールを考えて、記入しよう。授業時間だけでなく、自習、アルバイト、余暇、通学時間、睡眠時間なども入れておくこと。

曜日	月	火	水	木	金	土	日
5:00 台							
6:00 台							
7:00 台	00　起床 20　朝食	00　起床 20　朝食	00　起床 20　朝食	00　起床 20　朝食	00　起床 20　朝食	00　起床 20　朝食	00　起床 20　朝食
8:00 台	00　通学 45　1限目	もやすゴミ	00　通学 45　1限目	掃除・洗濯など	もやすゴミ 自習		掃除・洗濯
9:00 台		30　通学			30　通学		自習
10:00 台	30　2限目	30　2限目	30　2限目		30　2限目	サークル	
11:00 台				10 通学			
12:00 台							
13:00 台	00　3限目	00　3限目	00　図書館で自習	00　3限目	00　図書館で自習	00　シティカレッジ	アルバイト
14:00 台	自由時間	30　図書館で自習	45　4限目	45　4限目	45　4限目	自由時間	
15:00 台							
16:00 台		30　5限目			30 5限目		買い物
17:00 台	帰宅		買い物	アルバイト			帰宅
18:00 台	自炊	サークル	帰宅 自炊		サークル		自炊
19:00 台	夕食	夕食（外食）	夕食		夕食（外食）		夕食
20:00 台			余暇 or 自習				余暇 or 自習
21:00 台	自習	帰宅			帰宅		
22:00 台		自習		帰宅 余暇	余暇 or 自習		
23:00 台			就寝				
24:00 台	就寝	就寝		就寝	就寝	就寝	就寝
1:00 台							
2:00 台							
3:00 台							
4:00 台							

＊表作成に当たっては『知へのステップ　改訂版』（くろしお出版、１９９６年）を参考にした。

週間スケジュール表（　　年度　　期）

履修が決まった時点で、標準的な一週間のスケジュールを考えて、記入しよう。授業時間だけでなく、自習、アルバイト、余暇、通学時間、睡眠時間なども入れておくこと。

曜日	月	火	水	木	金	土	日
5:00 台							
6:00 台							
7:00 台							
8:00 台							
9:00 台							
10:00 台							
11:00 台							
12:00 台							
13:00 台							
14:00 台							
15:00 台							
16:00 台							
17:00 台							
18:00 台							
19:00 台							
20:00 台							
21:00 台							
22:00 台							
23:00 台							
24:00 台							
1:00 台							
2:00 台							
3:00 台							
4:00 台							

＊表作成に当たっては『知へのステップ　改訂版』(くろしお出版、１９９６年)を参考にした。

MEMO

MEMO

金沢大学「大学・社会生活論」テキスト編集会議［第 4 期］（執筆者を兼ねるものには○）

代表：古畑　徹　　金沢大学人間社会学域国際学類教授　○
堀井祐介　　大阪大学国際共創大学院学位プログラム推進機構教授　○
西山宣昭　　金沢大学学術メディア創成センター教授　○
久保田進一　　元金沢大学国際基幹教育院特任助教　○
改訂編集：渡辺達雄　　金沢大学国際基幹教育院准教授

執筆者（編集会議メンバー以外，執筆順）
橋　洋平　　金沢大学情報部情報サービス課長
志村　恵　　金沢大学人間社会学域国際学類教授
寺沢なお子　　金沢大学人間社会学域地域創造学類教授
水島　淳　　元読売新聞教育ネットワーク事務局
足立英彦　　金沢大学人間社会学域法学類教授，学長補佐（国際）
山本　均　　元金沢大学学生部就職支援室長
吉川弘明　　金沢大学保健管理センター教授
武居　渡　　金沢大学人間社会学域学校教育学類教授
濱田里羽　　金沢大学国際基幹教育院助教
鈴木克徳　　元金沢大学国際基幹教育院教授
桝谷　浩　　金沢大学理工研究域地球社会基盤学系教授
細見博志　　金沢大学名誉教授

知的（ちてき）キャンパスライフのすすめ
―スタディ・スキルズから自己開発へ―

2008 年 4 月 1 日　第 1 版　第 1 刷　発行
2010 年 4 月 1 日　第 2 版　第 1 刷　発行
2012 年 4 月 1 日　第 3 版　第 1 刷　発行
2016 年 4 月 1 日　第 4 版　第 1 刷　発行
2024 年 4 月 1 日　第 4 版　第 9 刷　発行

編　者　金沢大学「大学・社会生活論」テキスト編集会議
発行者　発 田 和 子
発行所　株式会社　学術図書出版社

〒113-0033　東京都文京区本郷 5 丁目 4 の 6
TEL 03-3811-0889　振替　00110-4-28454
印刷　三松堂印刷（株）

定価はカバーに表示してあります．

ISBN978-4-7806-1146-5　C3000

● 大学・社会生活論　感想票

項目	記入欄
日　付	2024年　　　月　　　日
担当教員	
所　属	学類　　　専攻等
名列番号	
氏　名	

＊感想は裏面に書き，教員の指示に従って提出してください。また，感想は授業内容が分かるように書いてください。

● 大学・社会生活論　感想票

項目	記入欄
日　付	2024年　　　月　　　日
担当教員	
所　属	学類　　　専攻等
名列番号	
氏　名	

＊感想は裏面に書き，教員の指示に従って提出してください。また，感想は授業内容が分かるように書いてください。

● 大学・社会生活論　感想票

項目	記入欄
日　付	2024年　　　月　　　日
担当教員	
所　属	学類　　　専攻等
名列番号	
氏　名	

＊感想は裏面に書き，教員の指示に従って提出してください。また，感想は授業内容が分かるように書いてください。

● 大学・社会生活論　感想票

項目	記入欄
日　付	2024年　　　月　　　日
担当教員	
所　属	学類　　　専攻等
名列番号	
氏　名	

＊感想は裏面に書き，教員の指示に従って提出してください。また，感想は授業内容が分かるように書いてください。

●大学・社会生活論　感想票

項目	記入欄
日　付	2024年　　　月　　　日
担当教員	
所　属	学類　　　専攻等
名列番号	
氏　名	

＊感想は裏面に書き，教員の指示に従って提出してください。また，感想は授業内容が分かるように書いてください。

●大学・社会生活論　感想票

項目	記入欄
日　付	2024年　　　月　　　日
担当教員	
所　属	学類　　　専攻等
名列番号	
氏　名	

＊感想は裏面に書き，教員の指示に従って提出してください。また，感想は授業内容が分かるように書いてください。

●大学・社会生活論　感想票

項目	記入欄
日　付	2024年　　　月　　　日
担当教員	
所　属	学類　　　専攻等
名列番号	
氏　名	

＊感想は裏面に書き，教員の指示に従って提出してください。また，感想は授業内容が分かるように書いてください。

●大学・社会生活論　感想票

項目	記入欄
日　付	2024年　　　月　　　日
担当教員	
所　属	学類　　　専攻等
名列番号	
氏　名	

＊感想は裏面に書き，教員の指示に従って提出してください。また，感想は授業内容が分かるように書いてください。